ACÉRCATE A ÉL

UNA CITA QUE CAMBIARÁ TU VIDA PARA SIEMPRE

JOHN BEVERE

CASA CREACIÓN

Para vivir la Palabra

Para vivir la Palabra

MANTÉNGANSE ALERTA;
PERMANEZCAN FIRMES EN LA FE;
SEAN VALIENTES Y FUERTES.
—1 CORINTIOS 16:13 (NVI)

Acércate a Él por John Bevere
Publicado por Casa Creación
Miami, Florida
www.casacreacion.com
©2007, 2020 Derechos reservados

Library of Congress Control Number: 2007932392
ISBN: 978-1-59979-032-9
E-book ISBN: 978-1-941538-97-5

Desarrollo editorial: *Grupo Nivel Uno, Inc.*
Diseño interior: *Grupo Nivel Uno, Inc.*

Publicado originalmente en inglés bajo el título:
Drawing Near
por Thomas Nelson, Inc.
Copyright © 2004 by John Bevere
Todos los derechos reservados.

Impreso en Colombia

21 22 23 24 25 LBS 9 8 7 6 5 4 3 2 1

CONTENIDO

INTRODUCCIÓN

En 1991, Dios me habló una palabra sumamente clara al corazón: "Hijo, quiero que escribas". Los días siguientes estuvieron llenos de sentimientos encontrados. Por un lado, el miedo se asió de mí y bombardeó mi mente con pensamientos de fracaso seguro. Por el otro, sentía que me debía reír. ¡Odiaba escribir! En la escuela, me quedaba mirando durante horas las páginas en blanco cuando se me asignaba una composición creativa. Luego, reprobé la parte verbal de los exámenes generales para entrar a la universidad. Mi desagrado extremo por cualquier cosa que tuviera naturaleza literaria me llevó a estudiar ingeniería. Ahora, Dios me estaba diciendo que escribiera. *¡Claro que no! De seguro no escuché correctamente*, pensé. Así que no hice nada, pero diez meses después de no hacerlo, Dios me envió a dos mujeres, de dos estados distintos con dos semanas de diferencia, que me repitieron mensajes idénticos. Ambas, suave, pero firmemente, me advirtieron: "John, si no escribes los libros que el Señor te ha dado, Él se los dará a alguien más, pero tú serás juzgado por ello".

Cuando la segunda mujer habló, el temor de Dios me golpeó y pesó más que mi temor y mi desagrado por escribir. Así que comencé. Recuerdo lo que sucedió cuando tomé la decisión de obedecer. Mis pensamientos rápidamente se ordenaban, a medida que tecleaba, lo cual nunca me había pasado antes ni escuchado que le pasara a alguien más. Rápido, me di cuenta de que estos no eran mis mensajes; eran de Él. Han pasado doce años desde ese día. Ahora, los mensajes que me dio en forma de libro han sido traducidos a 25 idiomas con más de un millón de ejemplares.

Después de escribir el primero, le hice una promesa personal a Dios de que nunca escribiría un libro sólo por escribir. Sólo escribiría si Él me lo indicaba. Este voto fue probado. Cada año, desde 1992 a 1999, me dio el mensaje que habría de escribir, pero después de escribir *Bajo el abrigo*, pasé tres años sin una indicación de parte de Dios sobre qué escribir. Los editores se me acercaban con frecuencia para preguntarme sobre mi siguiente libro y si lo podían publicar ellos, pero yo no me movía. No tenía una palabra de parte de Dios aún.

Finalmente, después de tres años, Dios nuevamente me dio una palabra sobre la cual escribir: el mensaje que tienes en tus manos. Creo que una de las razones para la demora tenía que ver con lo que el Espíritu Santo necesitaba hacer en mí antes de que este libro pudiera producirse apropiadamente. Había sido ya un creyente durante veinticinco años. No obstante, nunca había estado tan hambriento de estar cerca de Él. He encontrado una intimidad más profunda con el Señor en el último año y medio que la que jamás había conocido antes. Nunca había llorado tanto en toda mi vida como en los últimos dieciocho meses. Quedé sobrecogido por Él en habitaciones de hoteles, en aviones, en mi oficina, en el coche, en casa y en la naturaleza, al pasar tiempo enfocado en oración. La realidad de su presencia nunca había sido tan real y tangible.

Creo que este libro es una compilación de años de entrenamiento por el Espíritu Santo y contiene una invitación del corazón de Dios a un lugar de intimidad contigo, su hijo. Antes de empezar, me gustaría que oráramos juntos. Pronuncia estas palabras desde tu corazón, sabiendo que las he orado por ti en voz alta en mi estudio. Tenemos la promesa de Jesús de "que si dos de vosotros se pusieren de acuerdo en la tierra acerca de cualquiera cosa que pidieren, les será hecho por mi Padre que está en los cielos" (Mateo 18:19). Oremos juntos:

Padre, en el nombre de Jesús, te pido que, a medida que lea el mensaje de este libro, abras mis ojos para ver, mis oídos para oír y que me des un corazón para percibir y entender. Deseo caminar en intimidad contigo y hacerlo todos los días. Deseo conocer tu consejo, tus secretos, tu voluntad y tus pasiones, así como permanecer en tu presencia. Permite que este mensaje no sólo me traiga entendimiento, sino el poder de transformar mi vida en la imagen de tu querido Hijo y mi Señor, Jesús, quien cuando caminó sobre esta tierra exhibió perfectamente tu gloria por lo cerca que Él estaba de ti. Asimismo, que exhiba la gloria de Jesús por lo cerca que llegue a estar de Él por medio de la persona del Espíritu Santo. Te entrego esto a ti ahora, y te doy gracias de antemano por la obra transformadora que harás en mí, a medida que escucho y pongo por obra las palabras que tú has inspirado en este libro. Gracias que mi vida nunca va a volver a ser la misma. Te pido esto en acuerdo con tu siervo John Bevere. Amén.

Ahora, cree y dale gracias a Dios por cumplir tu sincera oración. Me regocijo en saber que incluso ahora el Espíritu Santo ha comenzado a posicionarte para una mayor intimidad por medio de levantar tu oración al trono santo del único que puede realmente satisfacer cada uno de tus anhelos. ¡Que el Padre, Jesús y el Espíritu Santo se vuelvan más reales para ti que nunca antes!

Sinceramente,
John Bevere

CAPÍTULO UNO

LA INVITACIÓN MÁS MARAVILLOSA DE TODOS LOS TIEMPOS

Acercaos a Dios, y él se acercará a vosotros.

SANTIAGO 4:8

Hay un llamado —no, un clamor— que proviene del corazón de Dios y cuya intensidad incrementa con cada día que pasa: "¿Por qué están satisfechos sin mi presencia; por qué permanecen distantes cuando podrían tener intimidad conmigo?".

Todos tenemos amigos o personas a las que admiramos y con quienes queremos estar más cerca. Tienen un lugar especial en nuestro corazón y pasar tiempo con ellos es una dulzura, especialmente cuando es por invitación suya. Una petición suya de compartir su compañía nos llena de expectación, gozo y emoción. Felizmente, hacemos lo que sea necesario para hacer un espacio en nuestra agenda y aceptar su petición.

En el libro de Santiago, encontramos la invitación más maravillosa que jamás se haya extendido: "Acercaos a Dios, y él se acercará a vosotros" (Santiago 4:8). Detente por un momento y medita en esto: el Creador del universo, la tierra y todos sus habitantes, solicita tu presencia. No sólo tu presencia, sino que Él desea estar íntimamente cerca, "pues Jehová, cuyo nombre es Celoso, Dios celoso es" (Éxodo 34:14).

Este es el deseo inmutable de Dios. Él es el que te ha extendido la invitación, porque anhela ser conocido por sus hijos. Desde la caída del hombre, tomó miles de años, una preparación intrincada y un inmenso precio abrir el camino a este tipo de relación íntima. Juan, uno de los amigos más cercanos de Jesús reportó:

A Dios nadie le vio jamás; el unigénito Hijo, que está en el seno del Padre, él le ha dado a conocer.

JUAN 1:18

Adán conoció al Señor abiertamente; pero a causa del pecado, o la desobediencia, fue separado de su gloriosa presencia, y este destino se extendió a toda la humanidad. Los hombres y las mujeres ya no podían ver o conocer a Dios como Adán. No obstante, el Padre anhelaba con gran pasión y compasión redimir nuestra amistad de esta terrible separación. Como respuesta, envió a Jesús, quien había estado con el Padre desde el principio, Dios manifestado en carne, para pagar el precio que nos liberaría de la oscuridad con el fin de reconciliarnos con Dios, si lo recibimos como nuestro Señor.

Sin embargo, esta reunión de Dios y el hombre no ha sido predicada ni experimentada a su máxima capacidad. Hemos enfatizado la liberación del pecado y la muerte, pero hemos descuidado la íntima amistad que le espera a todo aquel que ha sido hecho libre. Este descuido es costoso e incluso desastroso, ya que muchos extrañan la belleza de conocer a Dios íntimamente. Un paralelo de esta tragedia fue protagonizado en el Antiguo Testamento por los descendientes de Abraham.

Dos motivos totalmente diferentes

Siempre me ha maravillado el contraste entre las actitudes y patrones de conducta de Moisés y su pueblo, los hijos de Israel. El libro de Éxodo abre con el sufrimiento de los descendientes de Abraham en dura cautividad. Habían estado en Egipto durante casi cuatrocientos años. Al principio, disfrutaron de favor, pero no pasó mucho tiempo antes de que fueran esclavizados y maltratados cruelmente. En su agonía, comenzaron a clamar a Dios por liberación.

El Señor fue movido por sus oraciones y envió un libertador bajo el nombre de Moisés. Aunque nació como hebreo, escapó de la esclavitud y fue criado como nieto de faraón en palacio. Como príncipe de Egipto, fue conmovido por la angustia de sus hermanos, pero tuvo que huir al desierto para salvar su vida, y para luego volver años después y liberar a Israel de su cautividad por la Palabra de Dios y su poder.

La liberación de Israel de la esclavitud egipcia es un paralelo de nuestra liberación de la esclavitud al pecado. Egipto representa el sistema del mundo así como Israel es un tipo de la Iglesia. Cuando nacemos de nuevo, somos liberados del sistema de tiranía y opresión del mundo.

No es difícil imaginar la crueldad con la que los israelitas eran tratados y maltratados por los ciudadanos de Egipto. Su espalda estaba marcada por los látigos de los capataces de faraón; sus hogares eran los cinturones de miseria y las sobras eran su comida. No tenían esperanza de una herencia mientras construían la prosperidad de sus amos egipcios. Lloraron cuando miles de sus bebés fueron asesinados por orden de faraón.

Aunque sufrieron esta crueldad, fueron rápidos para olvidar. Porque incluso después de su liberación de Egipto, cada vez que las cosas no iban bien, se reprochaban haber huido de Egipto, y se burlaban de sus oraciones por liberación con comentarios como *"nos iba mejor cuando estábamos en Egipto"*. Incluso, se atrevieron a decir: "Designemos un capitán, y volvámonos a Egipto" (Números 14:4).

Pero no Moisés. Él era el único que había disfrutado de buenas condiciones en Egipto. De hecho, nadie en el mundo lo hubiera tenido mejor. Fue criado por el hombre más rico de su época, vivió en lo mejor, comió lo mejor, vistió lo mejor y fue enseñado por los mejores. Sus siervos se encargaban de todas sus necesidades y deseos, y su herencia era grande, tanto en riqueza como en promesa. Voluntariamente, dejó todo eso atrás, y, a diferencia de los hijos de Israel, nunca volteó para atrás ni anheló lo que había dejado.

¿Qué fue lo que marcó la diferencia? La respuesta es que Moisés tuvo un encuentro con Dios. Vio el fuego y se acercó más. Pero cuando los hijos de Israel recibieron una invitación todavía más maravillosa, retrocedieron (lee Éxodo 20:18-21).

Con mucha frecuencia, le pregunto a las congregaciones: "¿Hacia dónde llevaba Moisés a los hijos de Israel cuando salieron de Egipto?". La respuesta normal es: "A la tierra prometida". Pero, en realidad, eso no es cierto. Él iba en dirección del monte Horeb o el Sinaí. Recuerda las palabras de Dios a faraón por medio de Moisés: "Deja ir a mi pueblo, para que me sirva en el desierto" (Éxodo 7:16). No fue: "Deja ir a mi pueblo, para que puedan heredar una tierra". ¿Por qué los iba a llevar Moisés a una tierra prometida sin presentarles primero al que se las prometió; al Deseado de los siglos? Si primero los hubiera llevado a la tierra prometida, hubieran terminado amando más las promesas que al que las hizo, a Dios mismo. Moisés no podía esperar llevarlos al mismo lugar donde Él había tenido un encuentro con Dios.

Hasta cierto punto, hemos hecho lo mismo en nuestras iglesias también: ¡hemos predicado más acerca de lo que Jesús puede hacer por nosotros que quién es Él realmente! Como resultado, hemos cultivado a muchos que sirven a Dios principalmente por los beneficios que por una respuesta gozosa de quién es Él. Se podría comparar a una mujer que se casa con un hombre por su dinero. Su motivo no es conocer a su esposo por quién es él, sino más bien por lo que puede hacer por ella. Sí, puede amarlo en cierto nivel, pero por todas las razones equivocadas.

La gente que hace énfasis en las bendiciones de Dios a expensas de una relación con Él producen discípulos que vienen a Dios para obtener algo, en lugar de responder a Él por quién es. Él es único y nada se compara con la maravilla que es Él. Una vez que hay un encuentro con Dios, como Moisés lo experimentó, todas su promesas entran en una perspectiva distinta. Él es mucho más maravilloso que ninguna otra cosa; incluso que sus bendiciones. El propósito principal de Dios al liberar a Israel era que pudieran amarlo y conocerlo. Él deseaba darse a conocer a ellos. Él dijo: "Cómo os tomé sobre alas de águilas, y os he traído a mí" (Éxodo 19:4). Sin embargo, perdieron su destino.

El anhelo de Dios por intimidad con su pueblo nunca ha disminuido ni ha cambiado, porque este mismo deseo es continuamente expresado en su palabra, y se refleja en la oración apasionada de Pablo:

> Para que el Dios de nuestro Señor Jesucristo, el Padre de gloria, os dé espíritu de sabiduría y de revelación en el conocimiento de él.
>
> EFESIOS 1:17

Él ha dado a conocer su pasión. ¡Desea que cada hijo suyo nacido de nuevo lo conozca profunda e íntimamente! Qué increíble, ¿esto no te emociona? Si no, reflexiona un momento y permítele a la maravilla de ello que te llene hasta rebosar.

Servimos a un Dios vivo, el Padre original cuyo corazón se duele por sus hijos. Es un comunicador que desea interacción. Pablo les señaló esto con rapidez a los creyentes de Corinto que tenían algunas luchas: "Sabéis que cuando erais gentiles, se os extraviaba llevándoos, como se os llevaba, a los ídolos *mudos*". De la exhortación de Pablo podemos ver una de las características principales que diferencia a Dios, nuestro Padre, de todos los dioses e ídolos falsos: ¡Él habla!

"Salte de la carretera"

Hace poco, al ir en el coche, el Espíritu Santo habló a mi corazón: "Tengo algo que decirte. Salte de la carretera".

He aprendido que cuando Dios me dice que haga algo, debo obedecer instantáneamente, sin importar lo trivial o inconveniente que parezca en el momento. ¿No estaba Moisés en una parte desconocida del desierto atendiendo los rebaños de su suegro cuando el Señor captó su atención (hay maneras diferentes en las que Dios capta nuestra atención)? Dios vino a un arbusto e hizo que se quemara sin consumirse.

Leemos cómo se dijo Moisés a sí mismo: "Iré yo ahora y veré esta grande visión, por qué causa la zarza no se quema" (Éxodo 3:3). La palabra *iré* proviene del hebreo *cuwr*. James Strong, un experto en los idiomas originales de la Escritura, define esta palabra como "apagar".

Moisés, deliberadamente, se apartó del curso de acción que había planeado para responderle al Santo que lo había llamado por medio de esta señal.

Una vez que respondió, leemos: "Viendo Jehová que él iba a ver, lo llamó Dios de en medio de la zarza, y dijo: ¡Moisés, Moisés!".

No fue hasta que Dios vio que Moisés avanzó, que lo procuró y llamó por su nombre. Creo que el Señor no hubiera ido más allá si Moisés no hubiera respondido. Dios no lo llamó cuando los rebaños estaban encerrados en los corrales de Jetro. No era el momento más oportuno. Qué hubiera pasado si Moisés hubiera pensado: *Si me distraigo de pastorear estos rebaños van a esparcirse por todos lados y me va a tomar horas, posiblemente el resto del día, juntarlos. Voy a revisar este asunto más tarde cuando todo esté bajo control y no interrumpa mi día.* ¿El resultado hubiera sido el mismo?

Algunos pueden pensar que Dios podría haber hecho algo más dramático, pero ¿es eso constante con su naturaleza? Considera a Samuel, cuando de muchacho servía al sacerdote Elí y sus hijos (ve 1 Samuel 3). Una noche, se acuesta a dormir y escucha una voz que lo llama: "¡Samuel! ¡Samuel!".

Samuel corre a Elí y dice: "Heme aquí; ¿para qué me llamaste?".

Elí responde: "Yo no te llamé; vuelve a la cama".

Samuel nuevamente escucha la voz una segunda vez y corre al sacerdote y obtiene la misma respuesta. Esto sucede tres veces, y finalmente el sacerdote entiende y le dice al muchacho cómo responder. La cuarta vez cuando escucha: "¡Samuel! ¡Samuel!", sabe cómo responder: "Habla, que tu siervo oye". Entonces, el Señor habla y le muestra su voluntad y los misterios por manifestarse.

Dios podría haber hecho algo distinto. Probablemente, la segunda vez que Samuel no estaba entendiendo, le pudo haber dicho: "Samuel, no corras con Elí. Soy yo, el Señor, tu Dios, el que te está llamando y que quiere hablar contigo". ¿Pero así es Él? Él desea ser deseado y reconocido, así como desea ser conocido. Él busca a los diligentes de espíritu, que lo van a buscar y que van a perseverar, incluso si se requiere una persistencia tenaz. Al ver los Evangelios, vemos el mismo patrón. Jesús termina de alimentar a los cinco mil con cinco panes y dos peces. Luego, les dice a sus discípulos que suban a la barca y que vayan delante de Él al otro lado del mar. Él se va a la montaña para pasar tiempo con su Padre. Más tarde, esa misma noche, los discípulos estaban remando con gran fatiga contra el viento para cruzar el mar cuando leemos:

> Cerca de la cuarta vigilia de la noche vino a ellos andando sobre el mar, *y quería adelantárseles*.
>
> MARCOS 6:48; *énfasis del autor*

Observa las palabras: *"Y quería adelantárseles"*. Cuando lo vieron, clamaron, y Él respondió: "¡Tened ánimo; yo soy, no temáis!". Entró en la barca y el viento cesó. Si no hubieran gritado, Él hubiera seguido caminando. Hubiera pasado cerca, pero si no hubieran gritado, no se hubiera obligado a ir a acompañarlos.

Parece ser el patrón de Dios tomar un paso hacia nosotros y si respondemos, toma otro y se acerca más. Si no respondemos, Él no fuerza un encuentro. Quién sabe, si Moisés no hubiera ido, ¿Dios lo hubiera esperado como en el caso de Samuel o Jesús con sus discípulos? Muchas veces, se espera hasta que estemos lo suficientemente hambrientos para responder.

De regreso a mi experiencia cuando estaba conduciendo, ¿qué hubiera pasado si no me hubiera detenido cuando me habló? ¿Me hubiera perdido de ese encuentro? Estoy seguro de que ha habido ocasiones en que así ha sido, pero en ese momento lo que sucedió fue que había un paradero. En el momento en que me salí de la carretera, escuché que el Espíritu de Dios me susurró al corazón:

—¿No te he dicho: 'orad sin cesar'? (1 Tesalonicenses 5:17).

—Sí, Señor, así es —respondí.

—¿Es la oración un monólogo o un diálogo? —siguió sondeándome.

—Es un diálogo, Señor, una conversación de dos vías —respondí.

Sus palabras vinieron rápidamente:

—Bueno, si te he dicho que hay que orar sin cesar, entonces significa que ¡estoy dispuesto a comunicarme contigo sin cesar!

No es necesario decir que me emocioné. Entendí la maravillosa oportunidad que se me había dado y no me ha sido extendida solamente a mí, sino a cada uno de sus hijos.

Ahora bien, quizá preguntes: *¿Significa que Dios te va a hablar sin cesar?* Eso no es lo que me habló al corazón. Él dijo que está *dispuesto* a comunicarse incesantemente. Las palabras son una de muchas formas variadas de comunicación. Mi esposa, con una mirada, puede decirme algo sin palabras, y algunas veces puedo escribir tres páginas sobre lo que ella dijo con sólo una mirada. ¿Por qué? Porque he vivido con ella más de veinte años, y he aprendido las maneras y gestos con los que se comunica. Podrías estar en la misma habitación cuando ella me diera alguna de esas miradas y no significaría nada para ti. ¿Por qué? Porque no la conoces como yo. De hecho, los primeros años de casados, yo tampoco hubiera entendido el mensaje. Ahora, después de veinte años con ella, he aprendido un poco más acerca de la manera en que se comunica.

El llamado a acercarse más

Es importante que sepas que este libro no es un manual que te dice "cómo" hacer las cosas, podría asemejarse más a una guía o a un mapa que da direcciones hacia el destino final: el corazón de Dios. Si tuviera acceso al mapa de un tesoro mostrándome el camino hacia un tesoro enterrado en una isla desierta, no me sería de utilidad, hasta no viajar a la isla y familiarizarme con el terreno para darme una idea; y luego, necesitaría llevar a cabo algún tipo de esfuerzo para caminar por los senderos, escalar los riscos y cruzar los valles para obtener el tesoro escondido. Habría cierto costo que pagar, energía y esfuerzo de mi parte. El mapa sólo me indicaría el camino y me ayudaría a evitar malgastar mi energía en esfuerzos y exploraciones fútiles, además de que me protegería de las trampas escondidas. Este libro es como ese mapa. Es una invitación para que me acompañes en un viaje maravilloso y emocionante: el viaje al corazón de Dios. La Palabra de Dios contenida en estas páginas te guardará de fosos, trampas y peligros que podrían sacarte del camino. Debería poder mantenerte a salvo de problemas innecesarios y gastos inútiles de energía.

Así que si estás listo, ¡comencemos!

PREGUNTAS DE ESTUDIO

1. ¿Qué suceso o experiencia en tu vida desató el deseo de leer este libro?

_____

_____

_____

2. Considera estos ejemplos de la invitación de Dios a acercarte más:

- Moisés vio una zarza ardiente y fue a investigar. Al hacerlo, Dios lo llamó.
- El joven Samuel escuchó una voz cuatro veces antes de responder: "Habla, que tu siervo oye".
- Cuando los discípulos vieron a Jesús caminando sobre el agua, con la intención de adelantárseles, gritaron.

3. ¿Cuál de estos ejemplos describe mejor la invitación de Dios para ti?

_____

_____

_____

¿Respondiste ya? ¿Si así fue, cuál fue la naturaleza de tu respuesta?

_____

_____

_____

4. Si consideras que la oración es un diálogo, una conversación de dos vías, ¿qué es lo que Dios te ha estado comunicando, verbalmente o de otras maneras?

_____

_____

_____

CAPÍTULO DOS

LA BÚSQUEDA DE DIOS

El Señor dijo: "Te estimé más que a mí mismo".

L a Biblia comunica temas importantes; estas verdades corren desde Génesis hasta Apocalipsis. Uno de estos temas es el deseo apasionado de Dios por el hombre y su búsqueda de él. Es un hecho, ¡Dios desea acercarse más a nosotros de lo que nosotros queremos acercarnos a Él! De hecho, nos anhela (lee Santiago 4:5). La palabra *anhelo* significa "desear intensamente". Este ha sido el clamor de su corazón desde el principio de los tiempos. Después de que Adán pecó, las primeras palabras de Dios no fueron una declaración de juicio, sino más bien: "Adán, ¿dónde estás?". ¿Puedes escuchar el sincero clamor de su corazón al decir: "¿Por qué te estás escondiendo de mí?"? Vamos a rastrear su anhelo por nosotros a lo largo del curso de la historia.

El tátara, tátara, tátara, tataranieto de Adán

El tátara, tátara, tátara, tataranieto de Adán se llamaba Enoc. Creo que llegó el día en que Enoc fue a ver a Adán y le pidió que le contara acerca del tiempo cuando estaba en el huerto. Él quería saber como era caminar en realidad con el Dios viviente. Quizá te preguntes, ¿cómo pudo Enoc hablar con su tátara, tátara, tátara, tatarabuelo? La respuesta es que cuando uno llega a vivir 930 años, es seguro que va a conocer a sus tátara, tátara... tataranietos. Adán solo tenía 622 años cuando nació Enoc.

Matemáticamente, la Biblia nos dice que Adán tenía 687 años cuando se le acercó Enoc a la edad de 65 años. Esto se deduce por el relato de Génesis que dice que Enoc caminó con Dios 300 años, al haber vivido 365 años.

Y caminó Enoc con Dios, después que engendró a Matusalén, trescientos años, y engendró hijos e hijas. Y fueron todos los días de Enoc trescientos sesenta y cinco años.

GÉNESIS 5:22-23

Por lo tanto, es probable que a los 65 años, todo cambió para Enoc, cuando extrajo la bendición y el clamor del corazón de los labios del patriarca Adán.

Sólo lo estoy imaginando, no tengo escritos que respalden esto: que le tomó años a Enoc reunir el valor para ir con su renombrado ancestro y preguntar sobre el huerto, porque Adán no estaba dispuesto a hablar de ello. Todos los descendientes de Adán lo sabían, y es más que probable que le hayan advertido a Enoc desde joven que no hablara de ello con Adán.

Los escritos históricos judíos hablan de la depresión que sufrió Adán después de haber sido expulsado del huerto. El peso era casi insoportable. Algunos escritos relatan cómo Adán y Eva se sentaban en cuevas oscuras incapaces de mirarse por la vergüenza de lo que sucedió. Adán había perdido su esplendor. Una cosa es escuchar la promesa de caminar con Dios, pero es otra completamente distinta el haber perdido la realización tangible de morar en su gloria. Adán había sufrido una pérdida inefable, pero Enoc se esforzó y tomó el antiguo relato de quebranto del corazón de Adán y lo mezcló con fe y expectación. Aunque hubo generaciones que murmuraron su decepción por la pérdida de Adán, Enoc percibía una promesa: "Yo voy a caminar con Dios".

Me imagino el encuentro entre los dos. Enoc temblaba, pero su pasión finalmente venció su temor. En medio de las sombras de la derrota, insistió y creyó en la luz de algo más. Para él, la historia de Adán era más que un cuento de fracaso, pues era la revelación del máximo deseo de Dios de caminar con el hombre. Me imagino que Adán captó una muestra del fuego de Enoc al transferir la bendición distante encontrada en el recuerdo de su vida en el huerto del paraíso.

Adán lloró al ir relatando su historia descorazonadora: "¡Enoc, caminé con Él... en su gloria. El Creador del universo, el Hacedor de todo lo que ves, caminaba a mi lado! Compartimos la íntima sabiduría de su plan maestro; la manera en que colocó y arregló las estrellas del universo con sus dedos. Esos mismos dedos me crearon y sostuvieron mi mano. Llamaba a cada estrella por nombre y las estableció como señales para la navegación y las estaciones. Me mostró cómo equilibró la tierra con campos gravitacionales y campos electromagnéticos, y creó un clima perfecto. Me compartió el secreto de la semilla y cómo produce vida según su especie; cómo es regada por los manantiales del abismo, colocados estratégicamente a lo largo de la tierra. Enoc, me confió el privilegio de ponerles nombre a los animales, ¡con más de cinco mil millones de especies! Hablamos sobre diferentes opciones, ¡pero me dejó la decisión final a mí!".

Entre más hablaba Adán, Enoc se sentía más hambriento, hasta que la pasión lo sobrecogió. Debía caminar con Dios como Adán; él no sería rechazado.

Enoc incluso heredó algo que Adán no; el polvo de Adán regresó a la tierra, pero Génesis nos dice: "Caminó, pues, Enoc con Dios, y desapareció, porque le llevó Dios". Él dejo la tierra sin ver muerte.

Enoc fue un gran profeta. Lo fue para sus días así como para nuestros tiempos. Profetizó acerca de los impostores que se levantarían en la Iglesia en los postreros días, actuando como, e incluso creyendo, que habían sido salvos por gracia y el juicio que caería sobre ellos (lee Judas 1-15). Vio las visiones del juicio de Dios, y declaró la segunda venida del Señor miles de años antes de su nacimiento virginal.

¿Por qué fue que Dios se lo llevó cuando apenas tenía 365 años? ¿Fue por su gran ministerio profético? No, fue por que él "caminó con Dios" y el libro de Hebreos nos dice que "tuvo testimonio de haber agradado a Dios" (Hebreos 11:5).

No me malentienda, su caminar con Dios produjo un ministerio poderoso y eficaz, pero fue su ardiente deseo por conocer a Dios íntimamente que agradó al Señor. Había tocado el anhelo del corazón de Dios, una relación íntima con Él, en la manera que Él nos desea.

El clamor del corazón de Dios a lo largo de los siglos

¡Este ha sido el clamor del corazón de Dios a lo largo de los siglos! ¡Un pueblo que desee conocerlo en respuesta a su deseo por nosotros! Después de Enoc, vino Noé, otro nieto que tocó el corazón de Dios. Génesis nos dice: "Con Dios caminó Noé" (Génesis 6:9). Noé respondió al deseo de Dios de tener amistad y acercarse a Él. Al acercarse a Él, Dios se acercó más a Noé y le advirtió los sucesos por venir. El juicio que tomó al mundo por sorpresa, primero fue un secreto entre Noé y Dios. La cercana relación de Noé con Dios nació de la confianza de que Dios les responde a los que se atreven a creer y acercarse más para experimentar intimidad con Él.

Somos testigos de lo mismo con Abraham cuando Dios lo invita y le dice: "Anda delante de mí" (Génesis 17:1). Esta invitación es extendida una y otra vez con Isaac y Jacob; incluso antes de que Jacob naciera, Dios dijo: "A Jacob amé" (Romanos 9:13). El Señor lo procuró, como lo hace con todos nosotros, incluso cuando Jacob no estaba buscando a Dios. Cuando Jacob huyó de su hermano, encontró a Dios que esperaba capturarlo. Cuando Jacob durmió sobre un almohada de piedra, Dios lo despertó con un sueño: una escalera con ángeles que subían y bajaban de ella. Era una conexión divina revelada entre Dios y los hombres.

Después de cuatrocientos años de esclavitud, los hijos de Israel, los descendientes de Jacob, estaban confundidos acerca del propósito principal de Dios para liberarlos de su cautiverio. Ellos pensaron que tenía que ver con heredar una tierra prometida, pero era sobre algo mucho más allá. El máximo deseo de Dios era tener intimidad, y Él lo dejó en claro cuando se dirigió a toda la nación con palabras poéticas y apasionadas:

Vosotros visteis lo que hice a los egipcios, y cómo os tomé sobre alas de águilas, y *os he traído a mí.*

Éxodo 19:4, *énfasis del autor*

No obstante, sus deseos no se vieron reflejados en las palabras de los hijos de Israel. Su diálogo traiciona un motivo sumamente distinto: "Ni tampoco nos has metido tú en tierra que fluya leche y miel, ni nos has dado heredades de tierras y viñas" (Números 16:4). Su corazón estaba puesto en *qué* iban a heredar, más que en a *quién*.

Moisés repetidamente aclara el deseo de Dios a los descendientes de Abraham. Uno de sus comentarios fue registrado así:

Pues Jehová, cuyo nombre es Celoso, Dios celoso es.

Éxodo 34:14

Dios le declaró a todo Israel: "Yo os he amado, dice Jehová; y dijisteis: ¿En qué nos amaste?" (Malaquías 1:2). Ciegos al hecho de que su corazón los anhelaba a ellos, malentendieron sus intentos de acercarse a ellos como actos de juicio.

A pesar de una repetida desobediencia, su deseo permaneció firme. En los días de Jeremías, clamó: "Aunque os hablé desde temprano y sin cesar, no oísteis, y os llamé, y no respondisteis" (Jeremías 7:13). Él da a conocer que los había estado procurando de esta forma desde el día en que los sacó de Egipto hasta ese mismo instante (lee Jeremías 7:25).

En medio de todo esto, su amor nunca varió, sino que la mayor evidencia de su máximo deseo por nosotros se encuentra en Jesús. Jesús mismo lo explica diciendo: "Porque el Hijo del Hombre vino a *buscar* y a salvar lo que se había perdido" (Lucas 19:10, *énfasis del autor*). ¡Él no sólo vino a salvar; también vino a *buscar*, incluso cuando éramos sus enemigos!

Sus pensamientos hacia nosotros de manera individual

Cuando anhelamos a alguien, pensamos en esa persona con frecuencia. Descubrimos que nuestros pensamientos se enfocan en ella durante el día e incluso la buscamos cuando estamos dormidos por la noche. Podemos también volvernos vulnerables y compartir con otros la frecuencia con la que deseamos su compañía y la consideramos en nuestros pensamientos. Dios no es distinto. Dios le dijo a David acerca de sus pensamientos sobre nosotros. Dios da cuenta de la maravillosa consideración que tiene por cada uno de nosotros:

> ¡Cuán preciosos me son, oh Dios, tus pensamientos!
> ¡Cuán grande es la suma de ellos!
> Si los enumero, se multiplican más que la arena.
>
> SALMOS 139:17-18

¡Es casi imposible de captar, pero sus pensamientos acerca de cada uno de nosotros son más que todos los granos de arena sobre la tierra! Piensa en ello por un momento. Imagínate cada grano de arena recogido del planeta entero: cada playa, desierto, lago, mar y lecho marino, y, por supuesto, cada campo de golf. Cuando miro sólo una trampa de arena en el campo de golf, no me puedo imaginar la cantidad de granos de arena en esa pequeña trampa. No obstante, ¡Dios habla de cada grano de arena sobre la tierra! ¡El número es insondable! A lo largo de los últimos veintiún años, he tenido muchos pensamientos amorosos acerca de mi esposa, pero incluso en todas las veces en que sueño despierto con ella, dudo que el día más destacado apenas haya llenado un pequeño tarro, ¡ya no hablemos de toda la tierra!

Uno procura lo que valora

¡Este tipo de pensamientos está reservado para aquellos a los que amas y anhelas, y con quienes deseas tener intimidad! ¿Estás comenzando a comprender cuánto te ama Él? Alguna vez te has detenido a meditar lo mucho que significas para Él? Cuando vamos de compras, deambulamos por tiendas llenas de artículos con etiquetas. Algunos artículos tienen descuento, otros son costosos. A cada uno se le asigna el precio de acuerdo con el valor que conlleva. Pero si somos compradores sabios, siempre vamos a comprar artículos que valgan tanto o más de lo que pagamos por ellos.

Todo en la vida tiene un valor asignado. El valor está determinado por la percepción del comprador. Hace algunos años, estaba en venta una pelota de béisbol. Pero no era cualquier pelota vieja; era la que golpeó Mark McGuire cuando hizo su cuadrangular número setenta. En ese momento, estableció la marca de más cuadrangulares en una sola temporada en las grandes ligas. ¡La pelota se vendió por 2.7 millones de dólares! Pero, incluso, si hubiera tenido el dinero, no hubiera pagado tanto por la pelota. ¿Por qué? Porque no era valiosa para mí. No obstante, recuerdo haber leído que otros hubieran estado dispuestos a pagar mucho más si hubieran tenido la oportunidad. Pero ahora que su récord ha sido roto, dudo que alguien pagara una fracción de ese precio por la una vez altamente codiciada pelota. Su valor ha decaído.

Así que la pregunta no es: ¿Cuál es nuestro valor para la sociedad? Eso podría variar. Incluso, el valor de la vida humana varía entre los hombres, porque hay millones de padres que matan a sus hijos no natos. La vida del bebé no vale la incomodidad que les provoca. Hay esposos que abandonan a su esposa y sus hijos porque no ven la relación como digna de su tiempo y energía. Su propia comodidad y placer vale mucho más que la vida de su pareja o sus hijos. Y están los que se venden a la prostitución. La lista se extiende de manera interminable y resulta en millones de heridos en nuestra sociedad. Están aquellos que no se sienten amados o queridos por el hecho de que han visto su valía por medio de los ojos de otros.

Nuestro valor para Dios Padre

¿Cuál es nuestro valor para Dios? Allí es donde encontramos nuestro verdadero valor. Dios es el que establece los estándares de valía en este universo, no los hombres. Porque "lo que los hombres tienen por sublime, delante de Dios es abominación" (Lucas 16:15).

Jesús dijo: "Porque ¿qué aprovechará al hombre, si ganare todo el mundo, y perdiere su alma? ¿O qué recompensa dará el hombre por su alma?" (Mateo 16:26). Considera por un momento toda la riqueza de este mundo. Piensa en las mansiones multimillonarias; todas las gemas y metales preciosos; todos los coches finos, yates y aviones; todos los aparatos electrónicos más avanzados. Todos estos son sólo algunas de las cosas "lindas". Hay tantos tesoros más en este mundo que no caben en la imaginación. Unos estudios recientes estiman que el producto interno bruto del mundo es de $35.8 mil millones de dólares. Eso es una gran cantidad de riqueza, y eso es antes de contar los bienes raíces. Aun así, ¡Jesús dice que el que intercambia su vida por toda esta riqueza la está malbaratando!

Si nuestro verdadero valor, el valor que Dios nos ha dado, es mucho más que toda la riqueza en y de este mundo, ¿cuál es nuestro valor para Él? Se nos dice que: "Porque de tal manera amó Dios al mundo, que ha dado a su Hijo unigénito, para que todo aquel que en él cree, no se pierda, mas tenga vida eterna" (Juan 3:16). Estábamos bajo el reino del príncipe impío Lucifer, después de que fuimos entregados por Adán (lee Lucas 4:6). La desobediencia de Adán se transmitió a todos, y éramos esclavos del pecado, un dominio sobre el que Lucifer reina como señor. Él tenía derecho sobre nosotros y no nos dejaba ir libres. Nuestro destino era la oscuridad eterna sin esperanza de liberación. La única manera en que podíamos ser libertados era que fuéramos redimidos; pero el precio era demasiado alto para que lo pudiera pagar un hombre.

Dios dio a Jesús como rescate por nosotros. Nadie ni nada nos podrían haber comprado de vuelta, porque Dios dice: "Porque la redención de su vida es de gran precio, y no se logrará jamás" (Salmos 49:8). Dios valora nuestra vida tanto, que nos compró con Jesús mismo. Pablo dice: "Porque habéis sido comprados por precio; glorificad, pues, a Dios en vuestro cuerpo y en vuestro espíritu, los cuales son de Dios" (1 Corintios 6:20). De nuevo, dice que "tenemos redención por su sangre, el perdón de pecados según las riquezas de su gracia" (Efesios 1:7).

No hay nadie ni nada más valioso para Dios Padre que su Hijo, Jesús. No obstante, Dios declaró nuestro valor como comparable al de su mayor tesoro. Aquí hay algo sorprendente: si para Dios hubiéramos valido un centavo menos que el valor de Jesús mismo, el Padre nunca lo hubiera entregado, ¡porque Dios nunca hace negocios que no le convengan! Una mala compra o intercambio se da cuando uno da algo de más valor por menos. ¡Qué increíble! ¿Ves lo importante que eres para el Padre? Jesús lo confirmó cuando dijo: "La gloria que me diste, yo les he dado, para que sean uno, así como nosotros somos uno. Yo en ellos, y tú en mí, para que sean perfectos en unidad, para que el mundo conozca que tú me enviaste, y que los has amado a ellos *como también a mí* me has amado. Padre, aquellos que me has dado, quiero que donde yo estoy, también ellos estén conmigo, para que vean mi gloria que me has dado; porque me has amado desde antes de la fundación del mundo" (Juan 17:22-24). ¡Jesús declara plenamente que el Padre nos ama como lo ama a Él! ¿Escuchaste eso? ¿Ves tu verdadero valor? ¿Ves por qué te procura?

"Sí, pero sólo soy uno entre muchos"

Alguno podría discutir: "Sí, Dios hizo eso por toda la humanidad junta, pero ¿quién soy yo entre tantos?". La respuesta a esto es que si tú hubieras sido el único, aun así te hubiera procurado y te hubiera rescatado a ese gran precio. Esto se ve claramente en el ministerio de Jesús. Él pasó todo el día hablando con las multitudes acerca del Reino de Dios. Estaba cansado. Sin embargo, había algo que no podía esperar. Por la dirección del Espíritu Santo, Jesús les dice a sus discípulos que aborden una barca y que cruzaran el mar de Galilea. En medio del mar, se levanta una tormenta y amenaza sus vidas, pero Jesús está tan exhausto que duerme. Temerosos, los discípulos lo despiertan y le hablan del peligro en el que están. Jesús responde ordenándole a las olas y los vientos que se callen.

Pasaron una buena parte de la noche cruzando un mar embravecido. Ahora que han llegado al otro lado, quizá podrán finalmente descansar. Pero al desembarcar, se encuentran con un hombre loco poseído por demonios. Vive entre las tumbas, y no puede ser retenido ni siquiera con cadenas. Todo el día y a lo largo de la noche, deambula entre tumbas gritando y cortándose con piedras (lee Marcos 5:3-5).

Si viviera en la actualidad, habría sido remitido a una institución mental, muy probablemente bajo confinamiento solitario. Se le hubieran administrado fármacos y se le hubiera dejado solo. La mayoría lo considerarían un marginado, que tendría que ser conservado vivo porque las leyes no permiten su ejecución. Sería visto como un desecho sin valor de la sociedad. Su valor sería casi nada. Pocos procurarían conocerlo.

No obstante, este loco tuvo un gran valor para el Padre, para Jesús y para el Espíritu de Dios. Jesús lo ministró de una manera poderosa. Tan eficaz fue su liberación que, antes de que terminara el día, estaba sentado a los pies de Jesús, vestido y en su sano juicio. Ahora, esta es la parte sorprendente: después de que Jesús lo ministró, se subió de vuelta a la barca y pasó "otra vez Jesús en una barca a la otra orilla" (Marcos 5:21). Nunca voy a olvidar el día en que Dios me mostró esto. Quedé anonadado. Estaba tan asombrado de que Jesús, exhausto de un día difícil, cruzara el mar y peleara a través de una tormenta, sólo para ministrar a un poseso marginado que la sociedad consideraba inútil, para subirse a la barca y viajar de regreso. ¡Hizo todo esto sólo por un hombre!

Cuando vi esto, comprendí completamente que si yo hubiera sido el único, Él todavía me hubiera buscado y hubiera pagado mi rescate, para que pudiera tener amistad con Él. ¡No es maravilla que los ángeles del cielo cantaran en la noche de su nacimiento, al celebrar la paz sobre la tierra y la buena voluntad de Dios para con los hombres! ¡La búsqueda de Dios por nosotros se estaba desplegando delante del mundo!

La manera en que Jesús ve a cada uno de nosotros

Una de las revelaciones más grandes que el Señor me ha dado, vino poco después de haber recibido la salvación. Estaba teniendo comunión con Él mientras iba conduciendo mi coche y, aparentemente de la nada, comenzó a hablar de algo que revolucionó mi manera de pensar. Lo escuché susurrar a mi corazón: "John, ¿sabes que te estimo como un ser más importante que mi mismo?".

Recuerdo que cuando escuché esta declaración brevemente, la consideré blasfema e inspirada por el infierno. Razoné que era completamente presuntuosa e irreverente. Casi se me escapó un: "¡Quítate de delante de mí, Satanás!". No obstante, en lo profundo de mi corazón sentí que era la voz de Dios. Así que hice lo que sabía sería lo más seguro. Respondí: "Señor, esto es demasiado extremo como para que lo pueda creer. Me parece blasfemo que tú, Señor Jesús, que creaste los cielos y la tierra me consideres, siendo la persona débil que soy, más importante que tú. La única manera en que podría aceptar ese pensamiento es si me das tres versículos del Nuevo Testamento que lo prueben".

Después de decir esto, sentí su placer y, de inmediato, escuché en mi corazón: "¿Qué dice Filipenses 2:3?".

Como me es familiar el versículo, lo cité en voz alta: "Nada hagáis por contienda o por vanagloria; antes bien con humildad, estimando cada uno a los demás como superiores a él mismo".

El Señor me dijo: "Ahí tienes tu primer versículo".

Contesté: "Señor, ese es Pablo hablándole a los creyentes, diciéndoles que consideren a los demás como superiores a ellos mismos. No habla acerca de tu relación conmigo".

De inmediato, escuché: "¡Hijo, nunca le pido a mis hijos que hagan algo que yo no haga!". Luego, me mostró que este es el problema en muchos hogares. Los padres esperan de sus hijos un comportamiento que ellos no observan. El Señor nunca espera nada de nosotros que Él mismo no sea ejemplo de ello.

Pude entenderlo, pero todavía no me convenció de que me estimara como mejor que sí mismo. Dije: "Señor, ese es solo un versículo, necesito dos más". No estaba siendo irreverente, sino cauto.

Luego, me hizo una pregunta que remachó mi corazón: "John, ¿quién colgó de la cruz, tú o yo?".

Sorprendido por lo que ya sabía, pero que ahora se había vuelto mucho más real, mi respuesta fue sobria: "Tú, Señor Jesús".

Continuó: "Tú deberías haber colgado de esa cruz, pero yo llevé tus pecados, tu juicio, tus enfermedades, tu dolor, tu pobreza. Lo hice porque te estimo como superior a mí mismo".

Temblé al escuchar sus palabras. Toda duda fue erradicada por lo que dijo. Sobriamente pensé en cómo Él no se merecía ni un gramo de todo lo que sufrió. Él era justo e inocente. Primera de Pedro 2:24 me vino a la mente: "Quien llevó él mismo nuestros pecados en su cuerpo sobre el madero, para que nosotros, estando muertos a los pecados, vivamos a la justicia; y por cuya herida fuisteis sanados".

Supe entonces que Él verdaderamente me consideraba más importante que a Él mismo. Comencé a llorar y a adorarlo. Ya sabía que habría un tercer versículo y desde luego habló a mi corazón: "¿Qué dice Romanos 12:10?".

Nuevamente, era un versículo familiar y otra vez lo cité: "Amaos los unos a los otros con amor *fraternal*; en cuanto a honra, *prefiriéndoos los unos a los otros*".

Lo escuché decir: "¿No soy yo el primogénito entre muchos hermanos (Romanos 8:29)? Prefiero a mis hermanos y a mis hermanas, y los prefiero sobre mí mismo".

Había escuchado a menudo como Jesús nos amaba. Pero cuando dijo estas cosas a mi corazón, se hizo muy real lo especiales que somos para Él como individuos. De hecho, Él llama a los de su familia sus tesoros. Nos dice que somos especiales. Dice que somos como la niña de sus ojos. Trata de entender esto: ¡Se regocija sobre nosotros! Claro que sí, escucha esta palabras verdaderas y hermosas: "Jehová está en medio de ti, poderoso, él salvará; se gozará sobre ti con alegría, callará de amor, se regocijará sobre ti con cánticos" (Sofonías 3:17).

¿Qué es el hombre?

Los ángeles miran con curiosidad al ver que el majestuoso y santo Dios le presta tanta atención a meros hombres. Leemos: "Cuando veo tus cielos, obra de tus dedos, la luna y las estrellas que tú formaste, digo: ¿Qué es el hombre, para que tengas de él memoria, y el hijo del hombre, para que lo visites?" (Salmos 8:3-4). Aunque estas palabras fueron escritas por David, siento la certeza de que Dios le permitió escuchar los pensamientos de los poderosos seres angelicales que rodean su trono. Estos ángeles ven a este poderoso Dios del universo, y están tan asombrados por Él que continuamente claman: "Santo, Santo, Santo", los unos a los otros, porque cada momento que pasa les es revelada otra faceta de su gloria de tal manera que todo lo que pueden hacer es clamar: "¡Santo!", por toda la eternidad. Claman en tan alta voz, que hacen temblar los quiciales del salón del trono (¡un auditorio en el que caben por lo menos diez millones de personas!). No obstante, se preguntan por qué este Dios tan magnífico es tan considerado con nosotros. Perciben que sus pensamientos de amor y bondad hacia nosotros no pueden ser contados, porque son mayores que todos los granos de arena que se pueden encontrar en la tierra. ¡Sorprendido por esto!

Somos sus atesoradas posesiones, sus joyas buscadas, las piedras vivas, que edifican el tabernáculo en el que Él desea vivir. ¿Por qué Dios siente de esta manera por nosotros? ¿Qué hemos hecho para merecer un amor así? Esta es la mayor verdad de todas: no hemos hecho nada para merecer su amor y su búsqueda. Porque cuando todavía éramos pecadores perdidos y decrépitos enemigos, Él nos buscó. Él vio en nosotros lo que sólo su amor podría ver. Él vio tesoros en medio de corrupción, pecado y perversión. Compró como precioso lo que muchos consideraban de poco valor o incluso sin valor. Vio más allá de nuestro estado y miró algo que sólo su gracia podía producir.

Ahora, podemos comprender mejor las palabras de la Escritura: "Por precio fuisteis comprados; no os hagáis esclavos de los hombres" (1 Corintios 7:23). ¿Por qué una persona que ha sido tan amada y valorada podría querer regresar al sistema donde una vez fue esclavizado y visto como tan insignificante en relación con su verdadero valor?

Cuando podemos realmente entender que Él es el ser más prominente de todo el universo, y al mismo tiempo el más personal, y que, además, está en pos de nosotros, ¿cómo podemos ignorar una invitación tan maravillosa a acercarnos a Él? Ya no podemos rehusarnos a Él, porque sólo la ignorancia podría permitir tal carencia trágica de acción.

(Nota importante: La Escritura declara que aunque Dios nos procura, necesitamos responder para entrar en una relación con Él. Si nunca has recibido a Jesucristo como tu Señor y Salvador personal, entonces en este punto es muy importante que inmediatamente vayas al Apéndice A al final de este libro.)

PREGUNTAS DE ESTUDIO

1. Cuando los hijos de Israel fueron liberados de cuatrocientos años de esclavitud en Egipto, se confundieron con respecto al propósito principal de Dios para liberarlos. El Señor declaró: "Os he traído a mí". No obstante, se quejaron y murmuraron, al pensar que se trataba de heredar la tierra prometida. Como el autor declara, su corazones estaban en el qué y no en a Quién iban a heredar. Dios te ha hecho libre de la esclavitud al pecado, con el deseo de traerte a sí mismo. ¿Alguna vez te has quejado o has murmurado? ¿Has confundido el qué con el quién?

_____

_____

_____

2. En este capítulo, se hizo la pregunta: "¿Por qué una persona que ha sido tan amada y valorada podría querer regresar al sistema donde una vez fue esclavizado?". ¿Cómo podrías responder esa pregunta?

_____

_____

_____

3. El autor comparte una conversación que tuvo con Dios, poco después de haber recibido su salvación, con respecto a lo mucho que era estimado a los ojos de Dios. ¿De qué manera saber que eres una joya sumamente valorada y buscada modifica tu vida o debería modificarla?

_____

_____

_____

CAPÍTULO TRES

PROTEGE TU HAMBRE

Tendremos hambre de lo que solemos alimentarnos

Antes de que una persona pueda acercarse al Dios viviente, el Señor mismo primero debe atraerlo hacia Él. A. W. Tozer escribió: "Antes de que un hombre pecador pueda pensar un pensamiento cuerdo acerca de Dios, debe llevarse a cabo una obra de iluminación dentro de Él" (*En la búsqueda de Dios*). Jesús mismo nos dice: "Ninguno puede venir a mí, si el Padre que me envió no le trajere" (Juan 6:44). Por eso es que la intercesión por los que no tienen una relación con Dios por medio de Jesús es tan crucial. Aunque Dios "quiere que todos los hombres sean salvos y vengan al conocimiento de la verdad" (1 Timoteo 2:4), y ha perseguido este fin continuamente a lo largo de la historia, aun así Él quiere que sus hijos perciban su pasión por los perdidos y clamen a Él de su parte. Por esta razón, Jesús dijo: "A la verdad la mies es mucha, mas los obreros pocos. Rogad, pues, al Señor de la mies, que envíe obreros a su mies" (Mateo 9:37-38).

Una vez que hemos sido salvos mediante la revelación de Jesús, tenemos una invitación abierta a Dios. Él les dice a los suyos: "Acérquense a mí". Dios ya ha tomado el primer paso por medio de esta invitación eterna. La zarza está ardiendo... Él llama nuestro nombre... ¡Está justo afuera de la barca!... ¡Esperando nuestra respuesta!

Recientemente, otro creyente me dijo: "John, entre más he vivido y servido a Dios, más me he dado cuenta de que nuestro acercamiento a Él depende de que nos atraiga a sí".

Respondí: "No, eso no es así".

Entonces, me citó las palabras de Jesús de que nadie puede venir a Él a menos que el Padre no los traiga.

Contesté: "Sí, eso es cierto para los incrédulos. Pero Dios dice que tú eres suyo, y te pide que te acerques a Él, y Él se acercará a ti. Él declara que nosotros podemos dar este paso en cualquier momento".

Sí, hay momentos en los que Él quiere encontrarse con nosotros y Él da el paso. No obstante, no quiere decir que nosotros no podamos dar el primer paso hacia Él. Estamos en una relación con Él, y como en cualquier relación normal entre un padre y su hijo, hay momentos en los que el hijo comienza el contacto y hay otros en los que el padre hace lo mismo.

¿Por qué no responder más a su invitación?

La pregunta impresionante es esta: ¿Entonces por qué tantos creyentes tienen una relación superficial con Dios? ¿Por qué no vienen a una relación más profunda y constante con Él? ¿Qué los detiene? ¿Qué es lo que los encendería y los llevaría a responder a su llamado de acercarse más? La respuesta no es compleja: es nuestra hambre y sed de conocerlo. David clamó:

> Mi alma tiene sed de Dios, del Dios vivo;
> ¿Cuándo vendré, y me presentaré delante de Dios?
> Fueron mis lágrimas mi pan de día y de noche,
> Mientras me dicen todos los días: ¿Dónde está tu Dios?
> Me acuerdo de estas cosas, y derramo mi alma dentro de mí;
> De cómo yo fui con la multitud, y la conduje hasta la casa de Dios,
> Entre voces de alegría y de alabanza del pueblo en fiesta.
>
> Salmos 42:2-4

Antes de seguir, vuelve a leer esos versículos lentamente y digiere cada palabra. Observa que David dijo: "Me *acuerdo* de estas cosas, y derramo mi alma dentro de mí". La palabra hebrea para *acuerdo* es *zakar*. W. E. Vine nos dice que esta palabra griega, al igual que su contraparte española, significa: "más que 'recordar'; significa 'retener en los pensamientos'". Esto ciertamente se aplica aquí. David en realidad está diciendo: "Cuando *retengo en mis pensamientos el deseo por Dios* me provoca derramar mi alma dentro de mí". ¡Esto produce un hambre insaciable por Él! Esta hambre nos lleva a acercarnos más sin importar los obstáculos que enfrentemos: espiritual, mental o físicamente. ¡Así que es importante que protejamos, al mismo tiempo que incrementamos, nuestra hambre por Él!

¡Señor, incrementa mi hambre!

Muchos oran: "Señor, incrementa mi hambre por ti". Pero esto no es correcto. Nosotros somos los que determinamos nuestra hambre, no Él. En Estados Unidos, tenemos abundancia de posesiones materiales, entretenimiento, placer y riqueza. La única manera en que podamos crear y mantener nuestra hambre de Dios es proteger nuestra alma por medio de escoger con qué la llenamos. Proverbios 27:7 declara que: "El hombre saciado desprecia el panal de miel". En pocas palabras, si tu alma está llena de preocupaciones, placeres, el amor a las riquezas o los deseos de este mundo, vas a rechazar el panal de miel de la amistad con Dios. Piensa en el Día de Acción de Gracias. La mayoría de los estadounidenses se reúne con sus familiares y amigos para tener un festín en esta celebración. Muchos se saltan el desayuno para incrementar su capacidad de recibir comida más tarde. El festín comienza, sale un pavo inmenso, relleno, camotes, verduras, salsa de arándano, tartas y demás. Consumimos grandes cantidades porque nuestro apetito se ha agrandado. Una vez que terminamos, gemimos por haber comido demasiado. ¡Estamos llenos! Luego, un par de horas más tarde vamos a casa de otro miembro de la familia. ¡La comida vuelve a la mesa en toda su gloria! Esta vez, las recetas son todavía más finas, pero en lugar de anhelar esta comida excelente nos causa repulsión y desviamos la mirada. Estamos tan llenos de la comida anterior, que si le damos una sola mirada al festín sabemos que simplemente no vamos a comer nada. No importa que esta comida sea superior, la realidad es que la rechazamos. Esto es lo que Proverbios está comunicando.

Para llevar esto un paso más adelante, necesitamos darnos cuenta de que es proporcional. Si tu alma está cargada con todos los deseos de esta vida, quizá no desprecies el festín, pero es probable que lo tomes a la ligera. Si no estás lleno, sino que tuviste una comida normal unas horas antes, y te presentan un festín, no lo rechazas. Quizá comas un poco o lo ignores. Muchas veces, me ofrecen comidas en buenos restaurantes cuando llego a una ciudad, pero no tengo hambre porque comí unas pocas horas antes, así que cortésmente declino la invitación. El pensamiento de comer no me causa repulsión como en la escena de Acción de Gracias que describí anteriormente, simplemente no me apetece. Pero si se le hiciera el mismo ofrecimiento a alguien que no haya comido en un día o dos, va a generar una respuesta totalmente distinta. Esta persona va a desear intensamente la comida que tú ves con indiferencia. Así que la verdad es que, el grado en que estés lleno de las cosas de la vida va determinar tu respuesta a su llamado. Demasiado a menudo, la gente de las iglesias son indiferentes en su deseo por las cosas de Dios. La mayoría no rechaza su presencia, pero en comparación con el hombre que ayunó dos días, se muestran tranquilos delante del festín que se les está presentando. Después de todo, ya comieron de la mesa del mundo hace unas horas y están satisfechos. Los he observado decir que lo desean a Él, pero sus acciones traicionan sus palabras. Tú tienes este libro en tus manos porque creo que quieres más de Él, pero ¿tu alma brama por Él? ¿Eres como el hombre que no ha comido en días, como el alcohólico que no ha tomado un trago o como el adicto que necesita su dosis? Este es el tipo de hambre que necesitamos desarrollar con el fin de esforzarnos hacia Él.

Una iglesia indiferente

Después de un cuidadoso estudio de las palabras de Jesús a la última iglesia en el libro de Apocalipsis, descubrimos un hecho sorprendente. Primero, hay que entender que Jesús les envió estos mensajes a siete iglesias en Asia, pero estos mensajes no estaban dirigidos sólo a esas iglesias históricas, sino a todos nosotros, o no los tendríamos en la Escritura. El sólo hecho de que aparezcan en la Escritura, significa que tienen aplicación profética y que todavía nos hablan el día de hoy.

Los mensajes proféticos a menudo pueden tener muchas aplicaciones, significados o cumplimientos. Cada mensaje está dirigido a nosotros hoy en día, pero especialmente el último, porque trata con la iglesia poco antes de su regreso. Esto es lógico, ya que al terminar el mensaje a esta iglesia, Juan dice: "Después de esto miré, y he aquí una puerta abierta en el cielo; y la primera voz que oí, como de *trompeta*, hablando conmigo, dijo: Sube acá, y yo te mostraré las cosas que sucederán después de estas" (Apocalipsis 4:1, *énfasis del autor*). Observa la palabra *trompeta*. Sabemos que en los postreros días descenderá "el Señor mismo con voz de mando, con voz de arcángel, y con *trompeta* de Dios" (1 Tesalonicenses 4:16-17, *énfasis del autor*). Creo que hay un énfasis especial en el mensaje a esta iglesia para los tiempos que estamos viviendo.

Jesús declaró que esta iglesia se encontraría en un estado de tibieza. Para ponerlo en términos modernos: les faltaría pasión y tratarían de manera superficial lo que es importante para Él. Raramente, se saldrían de su camino para agradarle. ¿Qué causaba este comportamiento?

Recuerda que esta no es una iglesia impostora que Dios no reconoce, ya que Jesús mismo los identifica. Jesús dice: "Porque tú dices: Yo soy rico, y me he enriquecido, y de ninguna cosa tengo necesidad; y no sabes que tú eres un desventurado, miserable, pobre, ciego y desnudo" (Apocalipsis 3:17). Estas palabras traicionan su falta de pasión, ya que su alma está satisfecha, tristemente: no de Él, sino de cosas.

Un diagnóstico poco profundo

Algunos podrían decir que el problema de esta iglesia es la abundancia de dinero o cosas. Esto sería, como máximo, una valoración superficial de lo que dijo Jesús. Si miramos a David, era un hombre con multitud de sirvientes y riquezas. De hecho, le dejó a Salomón "cien mil talentos de oro, y un millón de talentos de plata, y bronce y hierro sin medida" (1 Crónicas 22:14). No obstante, cuando se describe a sí mismo dice: "Inclina, oh Jehová, tu oído, y escúchame, porque estoy *afligido y menesteroso*" (Salmos 86:1, *énfasis del autor*). ¡Se llama a sí mismo afligido y menesteroso! Ahora, sabemos que no estaba siendo cortés, porque no puedes engañar cuando estás siendo inspirado por Dios. En realidad, él se veía afligido y menesteroso, ¡a pesar de las pilas de plata! Su necesidad era de Dios mismo; y era cultivada por hambre divina. Escucha de nuevo su clamor: "Inclina, oh Jehová, tu oído, y escúchame...". Está desesperado por la respuesta de Dios. ¡Está hambriento y sediento de intimidad! Por eso es que tenía tanta pasión: "Fueron mis lágrimas mi pan de día y de noche, mientras me dicen todos los días: ¿Dónde está tu Dios?" (Salmos 42:3).

La iglesia de Laodicea no tenía problemas con las cosas materiales, sino que permitieron que lo material satisficiera sus almas. David nunca permitió que eso sucediera. Nunca permitió que su gran riqueza llenara el apetito de su alma. Es sumamente probable que los miembros de esta congregación tuvieran mucho menos dinero que David, pero se alimentaban de lo que poseían y estaban satisfechos. Esto obstaculizaba su pasión interna por la presencia y amistad de Dios.

Un contraste marcado

He visto esto demasiado a menudo en los últimos veinte años. Recuerdo haber viajado cierta vez para visitar a los indios Cree en el norte de Canadá. Fueron la última tribu indígena de América del Norte en establecerse en una reservación. De hecho, sólo veinte años antes, estas nobles personas vivían en tipis a medida que seguían el rastro de los alces. Era un pueblo sencillo que poseía poco. Apenas diez años atrás, fue que compraron televisiones para sus modestos hogares. Aproximadamente mil de ellos, se juntaron para las reuniones. Estuve allí algunos días y noté algo raro. Casi sin excepción, todos los que eran mayores de veinte años estaban extremadamente hambrientos por las cosas de Dios. Tenían más pasión que la mayoría de las personas en América del Norte. Estaban desesperados por conocer a Dios. No obstante, los menores de veinte parecían indiferentes y carecían de todo tipo de hambre.

En una reunión, la unción estaba sumamente fuerte para enseñar y predicar. Y la gente en la carpa principal estaba realmente recibiendo. Pero, en cierto momento, noté fuera de la carpa y en la parte trasera que los jóvenes se veían extremadamente aburridos e indiferentes. Sé cuando lo que predico es aburrido, pero este no era el caso. Se estaba experimentando una envestidura sorprendente del Espíritu Santo para proclamar su Palabra. De pronto, antes de darme cuenta lo que estaba haciendo, comencé a correr por el pasillo, pasando más allá de los hambrientos para abrirme paso a los jóvenes en la orilla de la carpa. Les rogué que entraran y escucharan. Se me quedaron viendo como si estuviera loco y no tuviera ni idea de la vida.

Fue cuando noté sus camisetas y gorras deportivas Era como si lo que estaba escrito en ellas se hubiera iluminado y se veía resaltado. Llevaban las insignias de varios equipos de básquetbol y fútbol americano profesional. El Espíritu Santo me mostró que estaban intoxicados y llenos de lo que se mostraba en televisión. ¡Tristemente, le habían dado el hambre de su alma a lo que no les podía dar ganancias! Me di cuenta de que los mayores no habían sido criados con una dieta de televisión. Esto respondió mi sorpresa con respecto a la discrepancia entre los mayores y los menores de veinte años.

Por favor, entiende lo que te estoy tratando de comunicar. La televisión no siempre va en detrimento de nuestro crecimiento y hambre, el punto radica en cómo la manejemos. Ahora, nuestra familia tiene una televisión, aunque cuando nos casamos no tuvimos una durante años. He sido inspirado y educado por varios programas. Puedo llevar el pulso de los sucesos mundiales por medio del uso de la televisión. No obstante, no es lo que me alimenta o lo que me satisface. No es mi pasión. Puedo verla y seguir anhelando las cosas de Dios y permanecer en comunión con el Espíritu Santo. Aunque eran pobres, estos jóvenes le habían entregado sus apetitos a lo que no produce ganancia.

Poco después de ese viaje, fui a la parte noroeste de Estados Unidos. Me invitaron a predicar el viernes por la noche. La reunión estaba abierta a toda la iglesia, pero para mi sorpresa noté que más de quinientos de los setecientos asistentes eran adolescentes. Cuando la reunión terminó, me encontré rodeado de decenas de adolescentes que me hacían preguntas sobre lo espiritual. Vi mi reloj y se estaba acercando la media noche. Habíamos estado hablando de las cosas de Dios durante bastante tiempo después de que la reunión había terminado. Finalmente, dije: "¡Esto me encanta! ¡Ustedes están tan hambrientos de Dios!".

Me preguntaron si me podían llevar a comer al día siguiente antes de que me fuera. No pude rechazar su oferta, así que reservaron un gran salón en el primer piso de un restaurante y la conversación continuó. ¡Fue sorprendente y fresco! Había un contraste irónico entre los dos grupos de jóvenes, los jóvenes y pudientes del noroeste estaban hambrientos, a pesar de que poseían más cosas que los jóvenes indígenas.

En la iglesia del noroeste, los mayores de veinte no estaban tan hambrientos como los jóvenes. ¿Por qué no me rodearon ellos? ¿Por qué los adolescentes sobrepasaban en número a todos los grupos de edades sumados en la reunión? Creo que el alma de los adultos estaba cargada con las preocupaciones y los placeres de la vida. Las cosas de Dios eran parte de su vida, pero no su pasión, a pesar de haber confesado el señorío de Jesús.

Después de reunirme con el pastor principal y el pastor de jóvenes de esta iglesia, se me hizo evidente que el pastor principal se estaba reproduciendo en la gente y que el pastor de jóvenes estaba haciendo lo mismo. Oseas 4:9 se volvió bastante obvio para mí: "Y será el pueblo como el sacerdote; le castigaré por su conducta, y le pagaré conforme a sus obras". Con toda facilidad, podría también haber dicho: "Y será el pueblo como el sacerdote; si al pastor le falta pasión, el pueblo también será indiferente". Dios llevó a este pastor de jóvenes tan lleno de visión y de celo a otra congregación, y, en la actualidad, está tocando a una ciudad distinta en maneras poderosas.

El remedio para una iglesia indiferente

Esta apatía que está tan difundida en la iglesia de hoy, era exactamente lo que Jesús estaba tratando con su mensaje a esta iglesia de Asia. Escucha sus palabras:

He aquí, yo estoy a la puerta y llamo; si alguno oye mi voz
y abre la puerta, entraré a él, y cenaré con él, y él conmigo.

APOCALIPSIS 3:20

Me sorprende la cantidad de veces que los ministros utilizan esta
escritura para llamar a los perdidos. Sin embargo, no era de eso de
lo que estaba hablando Jesús. Él le está hablando a su iglesia. Le está
hablando a creyentes con falta de pasión. Observa que dice: "Si alguno oye mi voz [...]". ¿Qué nos detiene de escucharlo? El alma que
ya está satisfecha es lo que nos estorba para escuchar su voz. Dios
envió a Moisés al patio trasero del desierto, lejos de las distracciones
de Egipto para llamar su atención. En un sólo encuentro, Dios captó
el interés de Moisés y nunca se volvió a distraer, sin importar donde
estuviera, ¡incluso cuando regresó a Egipto!

Jesús dijo que si alguno oye su voz y abre la puerta de su alma,
que Él va a entrar a Él y a cenar con Él. Él le va a servir el "Pan
de vida" a nuestra alma; Él es el Pan de vida. Cierta versión de la
Biblia en inglés dice: "Si me escuchas llamando a la puerta y abres
la puerta, voy a entrar y vamos a compartir una comida como amigos" (NIV). Me encanta porque en ese entonces, mucho más que en
nuestros días, compartir los alimentos denotaba un nivel más alto
de intimidad social. Cuando viajo siempre me gusta por lo menos
comer una vez con el organizador del congreso o con el pastor antes
de irme, porque en este tipo de comunión tenemos la oportunidad de
conocernos realmente. Se lleva a cabo un intercambio sobre la comida que es mayor que en ningún otro escenario. Por eso es que Pablo
nos dice que no comamos con alguien que llamándose hermano viva
en un pecado habitual (lee 1 Corintios 5:11). Abrimos nuestro corazón y tenemos intimidad cuando comemos, y si esto se lleva a cabo
con alguien que vive en rebelión manifiesta, el intercambio no es
sano espiritualmente.

Tendremos hambre de lo que solemos alimentarnos

El hambre es el elemento clave para ver si procuramos o no tener
intimidad con Dios. Por lo tanto, necesitamos tener en mente que
tenemos el control de nuestro apetito, no Dios. La pregunta es: ¿qué
apetitos y anhelos vamos a desarrollar? Hay un principio espiritual
que nunca cambia:

Tendremos hambre de lo que solemos alimentarnos

Nací de nuevo en 1979, en la fraternidad de la universidad. Estaba en la cocina de la fraternidad una noche buscando qué comer cuando escuché que el Señor dijo: "¡Tu cuerpo es mi templo, cuídalo!". En esa época, me encontraba adicto a la comida chatarra. El termino adicto creo que es apropiado, ya que describe a alguien que no puede dejar algo. Yo comía comida chatarra porque era lo que se me antojaba. Me encantaban los refrescos, la comida rápida, las donas, la comida grasosa y todo tipo de productos hechos a base de harina blanca, ya saben cuáles. Mi idea de una buena comida era una hamburguesa, un refresco y papas fritas.

Cuando Dios me dijo esto, me di cuenta de que mi cuerpo era una unidad habitacional que daba alojamiento a su espíritu y al mío. Me vino el pensamiento de que si fuera dueño de un coche caro nunca le pondría gasolina sucia o aceite reciclado. Sólo le pondría la mejor gasolina y el mejor aceite para que corriera mejor y durara más. Razoné que sólo se me había dado un cuerpo físico que no podía ser reemplazado, mientras que un coche caro podía ser reemplazado. De inmediato, cambié mis hábitos alimenticios. Comencé a leer y a hacer preguntas para aprender lo que mi cuerpo necesitaba para funcionar a su máximo potencial y que durara todo lo que tenía que durar. Fue un proceso, pero después de unos años mis patrones de alimentación cambiaron.

Todo esto fue excelente, pero vino con un beneficio adicional que no me había dado cuenta que sucedería. Cuando comencé a comer comida saludable, no me gustaba el sabor, pero me la comía porque me convenía. Luego de un tiempo, mis gustos cambiaron. Solía ser que si me dabas a escoger entre una comida rápida o una ensalada verde de mezcla salvaje con pescado y pan integral, hubiera escogido la hamburguesa sin remordimientos al mismo tiempo que rechazaba el pescado y la ensalada. Pero, en la actualidad, si se me presentaran las mismas dos opciones, escogería la saludable sin pensar dos veces en la chatarra. De hecho, muchas veces cuando voy de viaje prefiero quedarme sin comer si las únicas opciones son comida chatarra. Preferiría quedarme con hambre que comer lo que solía desear. ¡Simplemente ya no se me antoja! ¡Ni siquiera me gusta!

El mismo principio es cierto para nuestra alma. Nuestra alma desea aquello que solemos darle. Si tenemos una dieta constante de deportes, se nos va a antojar el canal deportivo. Si tenemos una dieta constante de películas y chismes sobre las estrellas se nos van a antojar los canales de cine, las revistas y las conversaciones que calmen este apetito. Si nos alimentamos constantemente del mundo de los negocios y los sucesos de actualidad, eso es lo que vamos a anhelar. Si nuestra satisfacción está en nuestras casas, coches, ropa y demás, entonces nos vamos a encender con pasión cuando hablemos de ir de compras, de un coche nuevo o de ideas para decorar la casa, y vamos a encontrar insípidas las conversaciones espirituales. Vamos a tener dificultades para leer las Escrituras o velar en el closet de oración. No obstante, si nos alimentamos de una dieta constante de la Palabra de Dios es fácil apartar tiempo para orar y las conversaciones sobre cosas espirituales nos vendrán con facilidad y fluirán naturalmente. Se nos va a antojar la presencia de Dios y vamos a desear tener intimidad con Él.

Un extremo dañino

Esto puede ser llevado a un extremo poco sano. Vivimos en un cuerpo físico. Periódicamente necesitamos recreación y sano entretenimiento. Cuando estaba en la escuela bíblica, trabajaba cuarenta y ocho horas a la semana y estudiaba a tiempo completo. Cierto fin de semana, mi compañero de cuarto me invitó a jugar fútbol americano con un grupo de amigos. Decliné la invitación para poder estudiar la Escritura. En el momento en que mi amigo se fue, saqué mi Biblia para leer y orar, pero todo estaba como apagado. No podía escuchar la voz de Dios. Era como si estuviera leyendo palabras sin sentido. Mi compañero de cuarto tenía casi una hora de haberse ido y clamé: "¿Señor, por qué estoy teniendo tantos problemas para sacarle algo a las Escrituras o escuchar tu voz? ¿Qué está mal? ¿He hecho algo que no te ha agradado o he cometido un pecado?".

En respuesta, lo escuché decirme: "Vete a jugar fútbol americano".

Contesté y cuestioné: "¡Qué! ¿Jugar fútbol americano? ¡Eso no edifica la fe, ni me va acercar más a ti! ¿Cómo puedes pedirme que haga eso?".

Entonces, el Señor me recordó un versículo que de pronto tomó vida: "Ahora, hijo mío, a más de esto, sé amonestado. No hay fin de hacer muchos libros; y *el mucho estudio es fatiga de la carne*" (Eclesiastés 12:12, *énfasis del autor*). Me dijo: "Hijo, vives en un cuerpo físico (parte del cual es tu cerebro) y necesita diferentes formas de descanso. Si no le das el descanso que requiere, en realidad, lo que vas a hacer es bloquear tu capacidad de escucharme y crecer". Entonces me mostró cómo los discípulos despés de que habían ministrado a muchos se les dijo: "Venid vosotros aparte a un lugar desierto, y descansad un poco". Porque eran muchos los que iban y venían, de manera que ni aun tenían tiempo para comer" (Marcos 6:31). En pocas palabras, Jesús les estaba diciendo: "Vengan aparte antes de que se me desbaraten".

Salí y me fui a jugar fútbol americano. Más tarde, cuando me senté de nuevo con mi Biblia, las Escrituras se abrieron, y una vez más sentí la vida de Dios fluyendo en mi ser al tener comunión con el Espíritu Santo alrededor de la Palabra de Dios.

Demasiado ocupado

Este error de pasar tiempo excesivo estudiando, al mismo tiempo que nos negamos el descanso que el alma y el cuerpo requieren, no es un error en el que muchos caigan en estos días o en esta época. Más bien, el ladrón más grande que nos roba nuestra hambre por Dios es nuestro estilo de vida lleno de actividades. Muchos creyentes bien intencionados han caído en esta trampa y han reemplazado el tiempo con Dios con estilos de vida cristianos atiborrados de actividades. Esto también puede incluir la labor engañosa y continua del ministerio.

Vamos a hacer una pregunta sencilla para iluminarnos: ¿Por qué nos alimentamos físicamente? Tu respuesta, espero, podría ser: para traer nutrición y fuerza a nuestro cuerpo. ¿Te puedes imaginar llevar tu vida a la máxima velocidad continuamente sin comer? Si como un experimento nos pasáramos sin comer algunos días, pero siguiéramos invirtiendo largas horas de trabajo físico sin dormir horas extra, ¿qué sucedería? Sólo piénsalo por un momento. ¡Caeríamos agotados!

No obstante, qué fácil es hacer esto espiritualmente. Hay una razón por la que lo toleramos en lo espiritual aunque no en lo físico. Si dejamos de comer demasiado tiempo, nuestro estómago se queja y no sólo una vez. Las quejas se vuelven cada vez más fuertes y gritan con más dolor al pasar el tiempo. Todo nuestro cuerpo clama: "Estoy hambriento. ¡Aliméntame!". Sin embargo, nuestro espíritu no grita así. Parece que lo opuesto es lo que sucede; la voz de nuestro hombre interior comienza a apagarse con el correr del tiempo. Esa es la razón por la que no la escuchamos. Nuestro espíritu se debilita y nuestra carne se vuelve más dominante.

Perdemos el apetito cuando no comemos durante un periodo largo. Si dejas de comer durante más de cinco días, el grito físico de hambre se acalla. La comida pierde su atractivo y un pedazo de carne parece tan agradable como comerse una suela de zapato. Tu apetito se va y no regresa hasta que las reservas internas se terminan y comienza el proceso de morirse de hambre.

He notado que si permito que mis actividades reemplacen mi tiempo con el Señor, sucede lo mismo. Primero, mi interés en las Escrituras disminuye y luego mi deseo de orar decrece. Si oro o leo esporádicamente, no siento la vida fluyendo en mi interior. La Biblia no me habla como solía cuando me alimentaba constantemente de las Escrituras.

He ayunado de comida física hasta el punto en que mi apetito se va y que la única manera de hacerlo volver es forzándome a comer. Lo mismo es verdad espiritualmente. Si pierdo mi apetito espiritual, abro mi Biblia, me arrepiento de mi negligencia, y luego con expectativa busco escuchar la voz de Dios. ¡Sigo leyendo hasta que algo me hable! No suele pasar mucho tiempo; cuando sigo leyendo, Él es fiel para hablarme. Otra manera en que me reconecto es que me voy a un lugar apartado un día o dos y sólo leo y oro hasta quedar saturado.

Tu termómetro espiritual

Esta es una disciplina que todos debemos tener. La apostasía no comienza cuando uno se encuentra en la cama con una mujer extraña o descubre que nuevamente anhela el alcohol o la pornografía. No comienza cuando el hombre rechaza a sus seres queridos y abandona a sus hijos, y demás. No, el regresar al mundo comienza cuando nos volvemos indiferentes a las Escrituras y a las cosas de Dios. Sucede cuando nos encontramos más emocionados por las cosas naturales que por las cosas de Dios.

El hambre es tu termómetro espiritual. Piensa en ello desde un punto de vista natural. ¿Qué es lo primero que se va cuando una persona se enferma? La respuesta es: su apetito. Si alguna vez has tenido catarro recordarás que... simplemente no quieres comer. Mira a los pacientes que están en las etapas finales de una enfermedad terminal; pierden entre treinta y cuarenta kilogramos y tienen que ser alimentados por vía intravenosa. Los enfermos tienen poco o nada de deseo de comer. Seguro has escuchado decir: "Tiene un apetito sano". No es distinto espiritualmente. Una señal de salud espiritual es el apetito por la Palabra de Dios. Una señal de enfermedad espiritual es la pérdida de apetito por las cosas de Dios.

He estado cerca de ministros que les emociona más hablar acerca de sus proyectos de construcción, su coche nuevo, equipos de deportes y demás, en lugar de las cosas del Señor o lo que ha estado hablando a su corazón. Se iluminan cuando hablan acerca de la nueva casa que acaban de construir. Los veo en la adoración. Miran a su alrededor, hablan con otras personas, repasan sus apuntes sobre lo que van a predicar, en lugar de levantar sus manos y enfocarse en aquel que debería ser la persona más amada por ellos. Pero este es un síntoma de un problema más profundo.

En estas iglesias, he notado una carencia de la presencia de Dios. Cuando hago un llamado al arrepentimiento y los invito a que se acerquen más a Dios, el Espíritu Santo desciende y quedan sorprendidos. O recuerdan de donde han caído o lo hacen a un lado como si fuera un don peculiar de nuestro ministerio. Algunos incluso presentan resistencia a lo que sucede. En cualquier caso, si hay un deseo remoto en ellos, la presencia de Dios despierta nuevamente su hambre.

Isaías nos dice: "Ni apagará el pábilo que humeare" (Isaías 42:3). La frase se refiere literalmente a cuando se termina la llama en una lámpara, cuando el aceite está casi consumido por completo y la llama da lugar a un vapor débil de humo. Él está identificando lo que es tenue, pequeño, delgado y frágil. Él no va a apagar la ascua a punto de morir, sino que la va a avivar a que sea nuevamente una brasa encendida. Recuerda, Él sigue procurándonos incluso cuando no somos más que una ascua humeante.

¡Cuánto mejor es cuando cooperamos y respondemos, ya que Él no nos va a forzar a tener comunión con Él!

Veo esto frecuentemente. He visto cómo el Señor ha avivado hasta las llamas a la que alguna vez fue una pequeña llama a punto de apagarse en muchos. En las iglesias y en congresos o convenciones, repetidas veces me dicen que no se habían dado cuenta de lo lejos que habían caído, hasta que la llama fue reavivada y su deseo de buscarlo fue reencendido. Se dan cuenta de que no guardaron su corazón y que perdieron el apetito que acompaña a un corazón saludable.

Guarda lo que es más precioso

Se nos dice: "Sobre toda cosa guardada, guarda tu corazón; porque de él mana la vida" (Proverbios 4:23). ¡No hay nada más importante que guardar, vigilar o proteger! Cuando considero estas palabras, pienso en la manera en que los hombres protegen artículos de valor. Todos hemos visto gemas en exhibición bajo el abrigo de un vidrio irrompible. Descansan en un ambiente controlado, sensible a cualquier cambio de peso o temperatura en el que la infracción más leve hará sonar alarmas y cerrará las puertas. Hay rayos láser que si son perturbados de inmediato convocan hombres armados a la invasión. Se le paga a guardias de seguridad que vigilen estos artículos las veinticuatro horas del día los siete días de la semana. Múltiples miles de dólares se invierten en guardar y proteger... *¡una piedra!*

Dios nos dice que la posesión más valiosa sobre la tierra es nuestro corazón, no las piedras. No obstante, entregamos nuestro corazón por cosas que no producen ganancias, sino que incluso nos dañan. Vemos y leemos casi cualquier cosa mientras no contenga demasiadas palabras altisonantes o desnudos. Fallamos en reconocer que el espíritu del mundo está en enemistad con el Espíritu de Dios. Sin embargo, en esto, los hombres de este mundo son mucho más astutos, porque guardan diligentemente lo que más valoran: mientras que los creyentes son descuidados, ya que andan por la vida sin lograr guardar su corazón de las codicias y los deseos que roban el hambre del único que los puede satisfacer verdaderamente.

El Señor "sacia al alma menesterosa, y llena de bien al alma hambrienta" (Salmos 107:9). Él está esperando satisfacernos. No obstante, su bien no nos va a satisfacer si ya estamos llenos de otras cosas. Mantengamos nuestro corazón hambriento y no tomemos a la ligera su llamado sobre nosotros. ¡Porque cuando nos acerquemos, Él ha prometido acercarse a nosotros!

PREGUNTAS DE ESTUDIO

1. Proverbios 27:7 dice: "El hombre saciado desprecia el panal de miel". A medida que reflexionas sobre este versículo, ¿a qué preocupaciones, a qué deseos y a qué placeres eres más vulnerable? ¿Cómo pueden amolar tu hambre por el "dulce panal de miel" de la comunión con Dios?

_____

_____

_____

_____

2. En este capítulo, el autor comparte sus observaciones acerca de los mayores de veinte y los menores de veinte en dos congregaciones diferentes con respecto a su pasión, su hambre de Dios. Cuando ves la vida de tu iglesia, ¿cómo podrías caracterizar el apetito de tu familia espiritual: satisfecho, hambriento o indiferente?

_____

_____

_____

3. A la luz de la exhortación de Proverbios 4:23 de que "sobre toda cosa guardada guarda tu corazón", ¿qué pasos puedes tomar el día de hoy para proteger tu corazón? ¿Hay un poco de "comida chatarra" espiritual en tu dieta que necesita ser eliminada o reemplazada?

_____

_____

_____

_____

CAPÍTULO CUATRO

PASIÓN POR SU PRESENCIA

La Palabra hablada es escuchada cuando
estamos en su presencia

A lo largo de los últimos veinte años de ministerio, he viajado a
cada continente, excepto Antártica, enseñando la Palabra de
Dios tanto en iglesias como congresos o convenciones. He tenido el
privilegio de trabajar con dos equipos ministeriales en dos congregaciones durante un periodo combinado de siete años antes de viajar a tiempo completo. A lo largo de este tiempo, he descubierto dos
grupos principales dentro de la Iglesia, y la brecha entre su manera
diferente de pensar parece hacerse cada vez más ancha al acercarse la
venida del Señor. Los primeros son los que buscan a Dios por lo que
puede hacer, mientras que los segundos son los que buscan a Dios por
quién es Él.

La motivación medular de Israel

Este contraste se puede ver entre Moisés y los hijos de Israel. Vamos a
explorar esto a mayor profundidad. Israel deseaba apasionadamente ser
libre de la opresión y clamaron a Dios, reconociéndolo como su libertador. Estos descendientes de Abraham podrían ser comparados con el
grupo de los que lo buscan por lo que Él puede hacer. También están
los que en la Iglesia no quieren la cautividad que acompaña al sistema
del mundo. No obstante, sin saberlo, siguen cautivos. Profesan y reconocen a Jesús como Señor, y lo buscan para liberación y provisión. Sin
embargo, de la misma manera que los hijos de Israel, su corazón se
revela por sus deseos, sus acciones, sus palabras y su mundanalidad.

Durante cientos de años, Israel lloró por la liberación de Dios.
Luego, Dios se le apareció a Moisés y le dijo que era tiempo, y le
dio su Palabra para comunicarla. Antes de acercarse a faraón, Moisés se reunió con los ancianos de Israel y les proclamó la promesa de

45

liberación de Dios. Al escuchar las buenas noticias, "el pueblo creyó; y oyendo que Jehová había visitado a los hijos de Israel, y que había visto su aflicción, se inclinaron y adoraron" (Éxodo 4:31). ¡Imagínate la emoción de esa reunión! Durante toda su vida, estos líderes habían escuchado acerca del advenimiento del libertador de parte de Dios. La esperanza prometida de una tierra de libertad y leche y miel había sido pasada de abuelos a padres. Vieron cómo sus mayores vivieron y murieron y nunca lo vieron. Estos líderes habían luchado con la misma pregunta: ¿Veremos su cumplimiento en nuestra vida o moriremos antes del cumplimiento de la promesa? Ahora bien, ellos están en presencia de un ex príncipe de Egipto, un líder entrenado, que lleva la confirmación del milagro de la mano de Dios sobre sí. El que debería haber gobernado sobre ellos ahora sería su libertador. ¡Sólo Dios podría hacer una maravilla como esa! Sus corazones rebosaban de asombro y gozo. No podían hacer otra cosa que alabar a Dios en adoración y acciones de gracias.

Moisés los deja y se encuentra con faraón. Pero el líder de Egipto no se impresiona con el mensaje de liberación de Dios. Se burla de Moisés y los descendientes de Abraham e incrementa su duro trabajo con cargas brutales casi imposibles de soportar. Las cosas comienzan a cambiar con rapidez. Los mismos líderes comienzan a reclamar y a hablar duramente contra Moisés. Quedó olvidada su adoración; se descorazonan y se frustran de tal manera con Moisés ¡que piden juicio sobre él! (Lee Éxodo 5:21).

No obstante, con el correr del tiempo Dios en su misericordia los libera con muchas señales y maravillas. Cuando faraón por fin da la orden, nuevamente hay un cambio dramático de actitud. Se llenan de gozo y salen con gran gloria y bendición. Imagínate la atmósfera de liberación al danzar en su salida de Egipto regocijándose en la bondad y fidelidad de Dios. No sólo son libres, sino que llevan abundantes tesoros de plata y oro que les entregaron los egipcios, así como salud y fuerza impartidas al comer del cordero de la pascua. Estos ex esclavos no sólo estaban agradecidos con Dios, sino que su confianza en Moisés estaba en su punto más alto.

Una vez fuera de Egipto, Dios dirige a Moisés a llevarlos a las costas del Mar Rojo. Miran hacia atrás y se dan cuenta de que faraón está marchando en su contra. Y sucede otro cambio inmenso de actitud. Se quejan amargamente y le reclaman a Moisés: "¿No había sepulcros en Egipto, que nos has sacado para que muramos en el desierto? ¿Por qué has hecho así con nosotros, que nos has sacado de Egipto? ¿No es esto lo que te hablamos en Egipto, diciendo: Déjanos servir a los egipcios? Porque *mejor nos fuera* servir a los egipcios, que morir nosotros en el desierto" (Éxodo 14:11-12, *énfasis del autor*). En Egipto, cuando las cosas no estaban saliendo bien le pidieron a Moisés que los dejara en paz. Ahora, nuevamente, se sienten infelices con su líder incompetente y repiten la queja. Pensaban que estaban murmurando contra Moisés y Aarón, pero Moisés les dijo: "Vuestras murmuraciones no son contra nosotros, sino contra Jehová" (Éxodo 16:8). Su deseo por lo que mejor les convenía prevalecía sobre su deseo por cumplir la voluntad de Dios. Observa las palabras *mejor nos fuera*. Les faltaba un deseo ardiente por el corazón de Dios, pero los consumía el amor por su propia vida.

Una vez más, Dios es misericordioso, y parte el Mar Rojo y los lleva por tierra seca. Luego, de un sólo golpe, Dios entierra al ejército más poderoso de la tierra y a los que fueron los opresores de los israelitas durante casi cuatrocientos años. ¡Y ahora se ponen felices! Se regocijan y danzan delante del Señor. Leemos: "Y Miriam la profetisa, hermana de Aarón, tomó un pandero en su mano, y todas las mujeres salieron en pos de ella con panderos y danzas" (Éxodo 15:20). ¿Te puedes imaginar a entre ochocientas mil y un millón de mujeres danzando y tocando el pandero? ¡Qué servicio de alabanza! Nunca habían conocido tanta alegría. Pero les duró poco cuando el agua comenzó a faltar sólo unos tres días más tarde. Nuevamente, se quejan amargamente, y Dios les provee.

Pasan unos pocos días más, y se presenta el asunto de la comida. Se quejan: "Ojalá hubiéramos muerto por mano de Jehová en la tierra de Egipto, cuando nos sentábamos a las ollas de carne, cuando comíamos pan hasta saciarnos; pues nos habéis sacado a este desierto para matar de hambre a toda esta multitud" (Éxodo 16:3).

¿Puedes ver el patrón? Están felices y agradecidos mientras que Dios está haciendo lo que ellos quieren en el momento que quieren, y se enojan cada vez que Dios no hace lo que quieren en el momento que quieren. Su motivación medular se hace evidente por su conducta y sus palabras bajo presión: todo tiene que ver con ellos mismos. Ponen sus deseos por sobre la presencia o el corazón de Dios.

La motivación medular de Moisés

Este ciclo se repite una y otra vez, hasta que Dios se harta y le dice a Moisés:

Anda, sube de aquí, tú y el pueblo que sacaste de la tierra de Egipto, a la tierra de la cual juré a Abraham, Isaac y Jacob, diciendo: A tu descendencia la daré; y yo enviaré delante de ti el ángel, y echaré fuera al cananeo y al amorreo, al heteo, al ferezeo, al heveo y al jebuseo (a la tierra que fluye leche y miel); pero yo no subiré en medio de ti, porque eres pueblo de dura cerviz, no sea que te consuma en el camino.

ÉXODO 33:1-3

Dios le dijo a Moisés que él podía llevar al pueblo a la tierra prometida que había esperado durante tanto tiempo, y que, incluso, les enviaría a un ángel escogido para echar sus enemigos de la tierra para que la tierra fuera tomada. No obstante, ¡Él (su presencia) no iría!

Fue bastante bueno que Dios le dijera esto a Moisés, porque si le hubiera hecho este ofrecimiento a los hijos de Israel, ¡lo hubieran aceptado con alegría, hubieran hecho una fiesta, hubieran empacado y se hubieran ido! ¿Por qué creo esto? Piénsalo, si estaban dispuestos a regresarse a Egipto sin ángel y sin Dios, sólo para escaparse de las incomodidades del desierto, estoy seguro de que hubieran tomado la tierra prometida con un ángel. Sin embargo, escucha la respuesta de Moisés al ofrecimiento de Dios:

Si tu presencia no ha de ir conmigo, no nos saques de aquí.

ÉXODO 33:15

Debemos recordar lo que significaba "aquí". Era el desierto; el lugar de dificultades; ¡una tierra carente de comodidades o placer! No había abundancia, sólo se satisfacían las necesidades diarias, e incluso eso se hacía de manera sobrenatural. No había huertos, recursos naturales o seguridad en esta tierra. No había casas, ríos, viñas, campos o árboles frutales de los cuales comer. No había tiendas, ni recreación o entretenimiento. (A menos que disfrutaras el espectáculo de ver a tus seres queridos ser mordidos por serpientes.) Estas rodeado de lo árido y estéril. No había nada de bello en ese lugar. Sin embargo, Moisés declara: "¡Prefiero tu presencia en lo indeseable y en lo incómodo que una tierra de abundancia y belleza carente de tu presencia!".

¿Cuál era el clamor de su corazón? ¡La presencia de Dios! Deseaba más al Señor mismo que sus bendiciones prometidas. Valoraba la intimidad con Dios sobre cualquier tesoro que Dios pudiera proveer. Esto diferenciaba a Moisés de los hijos de Israel. ¡Ellos buscaban a

Dios por lo que podía hacer, mientras que Moisés buscaba a Dios por quién es Él! Esta motivación básica separa a los creyentes en dos grupos, incluso en la actualidad. La división va más allá de las líneas denominacionales. Están los que no saben que pueden buscar a Dios más allá de su protección, provisión y promoción; que lo pueden abrazar por quién es Él y conocerlo íntimamente. ¿Cuál es la diferencia con una mujer que se casa por dinero? No se casa con su esposo por quién es él, sino por lo que puede hacer por ella. En este arreglo, ambos pierden, porque la intimidad no puede florecer con una motivación así.

La recompensa

He visitado algunos de los lugares más hermosos del mundo, y he visto casas y edificios lujosos más allá de toda comparación que no me impresionaron por estar vacíos de la presencia de Dios. He estado en lugares desagradables también como prisiones, naciones del tercer mundo y casas llenas de cosas indeseables. No obstante, están llenas de la presencia de Dios. Puedo con toda honestidad decir que prefiero estar en esos lugares difíciles e incómodos donde mora el Espíritu de Dios que en mansiones llenas de tesoros, carentes de su presencia.

Tuve el privilegio de jugar tenis en la NCAA, en el circuito USTA, en partidos de Copa Davis para menores y de ganar el título de nuestro estado. Logré premios académicos y obtuve estatus social así como el respeto de mis compañeros, mis líderes y hombres de negocios. Salí con las muchachas más hermosas y populares. Todo esto representa lo que la gente no sólo desea, sino que procura de todo corazón. En realidad, la gloria y el placer de todo esto combinado nunca podría ni remotamente compararse a treinta segundos en la presencia de Dios. ¡La comparación es imposible! Escucha la manera en que la Escritura describe a Moisés:

> Por la fe Moisés, hecho ya grande, rehusó llamarse hijo de la hija de Faraón, escogiendo antes ser maltratado con el pueblo de Dios, que gozar de los deleites temporales del pecado, teniendo por mayores riquezas el vituperio de Cristo que los tesoros de los egipcios; porque tenía puesta la mirada en el galardón. Por la fe dejó a Egipto, no temiendo la ira del rey; porque se sostuvo como viendo al Invisible.
>
> Hebreos 11:24-27

Observa cómo él escogió sufrir aflicción. Él se encontraba en una posición distinta a los hijos de Israel. Ellos no habían escogido el sufrimiento, por lo tanto, se quejaban y él no. Por su propia voluntad, dejó atrás lo mejor que el mundo pudiera ofrecer, así como el mayor estatus que una persona pudiera obtener. ¿Por qué? Él buscaba otra recompensa. Su recompensa no era la tierra prometida, sino la promesa de su presencia. Después de un sólo encuentro con Dios en la zarza, todo lo que quiso desde ese punto en adelante era conocer a Dios íntimamente.

He predicado en miles de congresos e iglesias; he ministrado a millones por televisión y por medio de mis libros. Dios nos ha bendecido en maneras que me han dejado perplejo. Sin embargo, si tuviera que escoger, sin dudar, cambiaría el éxito aparente que me ha dado por su presencia manifiesta. No hay nada como eso. Sentir su cercanía y escuchar su voz susurrando lo que nunca he conocido en mi corazón es mucho mejor que predicarle a las multitudes y vender libros por millones. ¡La gloria de su presencia es mucho más excelente que cualquier otra cosa!

Se me rompe el corazón cuando veo a ministros procurando éxito, creyendo que allí es donde van a encontrar satisfacción. Ser estimados y reconocidos por otros es su meta tácita. He observado a los que buscan su propósito y plenitud por medio de logros ministeriales caer en desaliento y finalmente en las garras de las tinieblas. Construyen grandes ministerios y terminan en inmoralidad o atrapados por la codicia antes de darse cuenta de lo vacío que es todo ello.

He sido testigo de cómo cada vez más personas que nunca han experimentado el éxito terminan en el mismo trágico final. Se desanimaron porque nunca pudieron romper la marca de los doscientos miembros, los quinientos miembros, los mil miembros, los cinco mil miembros o algún otro objetivo en el que hubieran puesto su corazón. Sus ventas de libros nunca alcanzaron sus metas y nunca fueron invitados a los "grandes" congresos donde les hubiera gustado hablar. Buscaron su realización donde no la había. Esto no es diferente de las personas que buscan estatus y logros en el mercado secular. Estos creyentes se pierden de lo que fueron creados.

En contraste, he conocido hombres y mujeres de grandes ministerios que han experimentado el éxito, pero que su corazón anhela más de Dios. Me han comentado lo felices que serían de tener que dejarlo todo y servir en otro ministerio o hacer otras cosas si fuera el deseo de Dios. La mayoría nunca buscó abiertamente la posición que ahora tienen. Confiesan que saben que Dios los puso allí y que todo lo que quieren hacer es agradarle. He escuchado el clamor de su corazón en nuestras conversaciones y lo he visto en sus acciones; no son distintos de David que experimentó un gran éxito y que aun así se consideraba afligido y menesteroso.

También he conocido a los que tienen pequeños ministerios en comparación, y que caminan en paz y bendición porque saben que han hecho lo que fueron llamados a hacer. Su pasión no está en los números ni en el éxito externo, sino más bien en conocer más íntimamente a Dios y su presencia manifiesta. Esto debería ser así en cada ser humano. Todos fuimos creados por Dios, y ninguno de nosotros va a encontrar verdadera plenitud fuera de conocerlo y caminar en su presencia. Allí es donde residen toda la paz y satisfacción verdaderas.

Dos presencias de Dios

En este punto, debemos definir dos presencias de Dios presentadas en las Escrituras; primero, está su *omnipresencia*. David habla de ella cuando escribe: "¿A dónde me iré de tu Espíritu? ¿Y a dónde huiré de tu presencia?" (Salmos 139:7). La omnipresencia quiere decir que Dios está en todos lados. David también dijo: "Si subiere a los cielos, allí estás tú; y si en el Seol hiciere mi estrado, he aquí, allí tú estás. Si dijere: Ciertamente, las tinieblas me encubrirán; aun la noche resplandecerá alrededor de mí. Aun las tinieblas no encubren de ti, y la noche resplandece como el día; lo mismo te son las tinieblas que la luz" (Salmos 139:8,11-12). Esto habla de la promesa de Dios de nunca dejarnos (Hebreos 13:5). Aunque no podemos sentir esta presencia, no quita que Él esté allí. Simplemente no somos conscientes de ello.

La segunda presencia que define la Escritura es su *presencia manifiesta*. La palabra *manifiesta* significa traer lo invisible, lo desconocido y lo jamás escuchado a ser visto, conocido y escuchado. La presencia manifiesta del Señor era lo que Moisés deseaba tan apasionadamente. Es cuando Dios se revela a sí mismo, no sólo a nuestro espíritu, sino cuando nuestra mente y nuestros sentidos se vuelven conscientes de su cercanía también. Es cuando su conocimiento es revelado a nuestra mente. Es la presencia de la que Jesús habló cuando dijo:

> El que tiene mis mandamientos, y los guarda, ése es el que me ama; y el que me ama, será amado por mi Padre, y yo le amaré, y me manifestaré a él.
>
> JUAN 14:21

El salmista se refiere a ello al declarar: "Bienaventurado el pueblo
que sabe aclamarte; andará, oh Jehová, a la luz de tu rostro" (Salmos
89:15). Pedro exhortó a las personas hambrientas de conocer más a
Dios a lo siguiente: "Así que, arrepentíos y convertíos, para que sean
borrados vuestros pecados; para que vengan de la *presencia* del Señor
tiempos de refrigerio" (Hechos 3:19, *énfasis del autor*).

Dios puede manifestar su presencia de diferentes maneras. En las
Escrituras, algunos lo vieron; unos escucharon su voz sin verlo, mientras que otros percibieron su cercanía e inmediatamente supieron cosas
que nunca habían conocido por su revelación. Pero una cosa es cierta,
cuando el viene, te das cuenta, lo sientes dentro de tu ser espiritual
más profundo, y sabes que está allí.

¿Buscar al Señor o las manifestaciones?

He visto a personas desesperadas por experimentar su presencia, ser
desviados. Buscan una manifestación en lugar de la persona del Señor.
Dios pasó cerca de Elías y sucedieron grandes manifestaciones. Primero un fuerte viento, pero el Señor no estaba en el viento; luego un
terremoto, pero Dios no estaba en el terremoto; luego un fuego, pero
Dios no estaba en el fuego. Luego un silbo apacible; en ese momento
fue que Elías supo que se había encontrado personalmente con la presencia de Dios.

He observado a la gente que busca manifestaciones, pensando que
encontrarán a Dios en las manifestaciones, en lugar de buscar a Dios en
su corazón y así experimentar su presencia manifiesta. A menudo, después de predicar un mensaje lleno del aliento de Dios, que convence el
corazón, llamo a la gente al frente para encontrarse con Dios. Hay veces
en las que la gente ora de tal manera que perturba, distrae y va en contra del fluir de lo que está sucediendo. Otros se ríen, tiemblan o exhiben
algún otro tipo de gesto externo. La razón es que en cierto momento en
el pasado al buscar a Dios se estremecieron, lloraron o se rieron en su
presencia por lo que ahora hacen esas cosas de manera inconsciente con
la esperanza de encontrar a Dios en esas manifestaciones, pero Él no
está allí. Muchas veces, aquieto a la gente o les digo que no hagan nada,
que sólo estén quietos y que en su corazón busquen a Jesús. Si sucede
una manifestación, ¡qué bueno! Pero no debemos buscarlo por medio de
manifestaciones. ¡Debemos buscar al Señor mismo!

Recuerdo una reunión en Asia en la que muchos respondieron a
mi llamado al arrepentimiento. No había lugar para hacerlos pasar al

frente, ya que hubo muchos en el auditorio que respondieron al llamado, así que les pedí que oraran y que lo buscaran donde estaban. La presencia de Dios recorrió el auditorio de una manera maravillosa. Es sorprendente ver cuando Él toma el control y se manifiesta. Lo he experimentado muchas veces, pero nunca se vuelve común u ordinario. Muchas veces, uno lo puede sentir más claramente que las personas a su alrededor. Una vez que su presencia vino, cierto número de personas comenzó a reírse, pero sentí un pesar en Él, y fue confirmado; más pronto de lo que había llegado al edificio, se fue, incluso cuando la gente seguía riendo y levantando su voz como si estuviera presente.

Los detuve, y los reprendí al darme cuenta de que sólo estaban imitando lo que había sucedido en su presencia unos meses antes cuando un evangelista los había visitado. El ministerio del evangelista produce una fuerte manifestación de lo que se suele llamar la "risa santa". Yo creo que hay momentos en los que Dios viene en que la gente va a reír. De hecho, yo lo he experimentado personalmente, así como lo he visto suceder en nuestras reuniones. Una vez en Indonesia, el Espíritu de Dios cayó en la reunión un día y durante dos horas mi intérprete y yo vimos a la gente reírse tan fuerte que estaban girando sobre su espalda. Comenzó con cinco mujeres que estaban llorando y se convirtió en carcajadas que se esparcieron en toda la congregación. Ellos nunca habían experimentado algo así. ¡Estaban buscando a Dios!

No obstante, en esta ocasión era distinto. Sus ojos estaban puestos en las manifestaciones en lugar de en Dios mismo. Habían llegado a la conclusión de que si no se manifestaba la risa entonces no había llegado la presencia de Dios. Muchas veces, he estado en la presencia de Dios y lo he percibido fuertemente, sin experimentar una manifestación externa. Y también he estado en su presencia llorando sin control, pero reconozco que es sólo el resultado de buscarlo a Él y entrar en su presencia.

Para aclarar este punto, considera este ejemplo sencillo de ponerse unos pantalones. ¿Qué pasaría si al ponérmelos meto las manos en los bolsillos para desarrugarlos y descubro un billete de cien dólares? No me puse los pantalones para descubrir dinero, pero lo encontré allí en el proceso de ponérmelos. Busqué vestirme y, al hacerlo, encontré el beneficio y la sorpresa del dinero. No buscamos la manifestación, sino más bien a la persona del Señor; todo lo demás es en nuestro beneficio.

Después de corregir a la congregación en Asia, les dije que entendía su hambre por su presencia y les advertí que no reemplazaran a Dios mismo con una experiencia. Después de esta exhortación, la presencia del Señor volvió con asombro santo. Esta vez muchos de ellos estaban llorando en lugar de riendo, pero la conclusión es que todos los que lo estábamos buscando fuimos tocados profundamente por su maravillosa presencia, sin importar si lloramos o no.

Las manifestaciones no satisfacen

Nunca lo olvides, el maná nunca satisfizo a los hijos de Israel. Dios les dio maná en el desierto para mostrarles de manera práctica su desesperante necesidad por algo más... su presencia. Moisés dijo:

> Y te acordarás de todo el camino por donde te ha traído Jehová tu Dios estos cuarenta años en el desierto, para afligirte, para probarte, para saber lo que había en tu corazón, si habías de guardar o no sus mandamientos. Y te afligió, y te hizo tener hambre, y te sustentó con maná, comida que no conocías tú, ni tus padres la habían conocido, para hacerte saber que no sólo de pan vivirá el hombre, mas de todo lo que *sale* de la boca de Jehová vivirá el hombre.
>
> DEUTERONOMIO 8:2-3, *énfasis del autor*

Examina con cuidado la palabra *sale*. No dijo: *salió*, sino *sale*; esto esta en presente, no en pretérito. ¡La Palabra hablada se escucha cuando estamos en su presencia! Elías no se dejó engañar por las manifestaciones de Dios pasando por allí; sino que escuchó al silbo apacible de su presencia antes de responder. En Asia, se dejaron llevar por la manifestación de cuando Dios pasó en una ocasión anterior, pero Dios ya había cambiado. Ya no estaba allí. Había hecho algo nuevo, mientras ellos seguían tratando de encontrarlo donde había estado antes.

Así como el maná nunca satisfizo a los hijos de Israel, las manifestaciones (las mana-festaciones) nunca van a satisfacer nuestros anhelos profundos; no son un fin en sí mismas. Procurarlas nos van a llevar por un camino de insatisfacción, hasta que nos volvamos de lo que no sacia y busquemos la intimidad que proviene de Él.

Conformarse con una relación mental

Hay otra cosa triste que sucede cuando los creyentes exaltan las manifestaciones por sobre buscar a Dios mismo. Hace que muchos otros se apaguen y no encuentren la verdadera presencia de Dios.

Desilusionados por el comportamiento fuera de sincronía y fuera de ritmo de los buscadores de manifestaciones, se retraen y se conforman con una relación mental con Dios. Esto es trágico, ya que hemos sido creados para mucho más. A. W. Tozer escribió que, en estos últimos tiempos, la doctrina de justificación por la fe ha sido:

[...] Interpretada de tal manera que de hecho separa a los hombres del conocimiento de Dios. Toda la transacción de la conversión religiosa se ha convertido en algo mecánico y carente de espíritu [...] La persona es "salvada" pero no tiene hambre ni sed de Dios. De hecho, se le enseña específicamente a satisfacerse y se le anima a contentarse con poco.

EN LA BÚSQUEDA DE DIOS

Una relación mental con Dios es mecánica y carente de espíritu. Fuimos creados para morar con Él en la realidad, no sólo en la teoría. Hasta que hayamos experimentado la plenitud de esto nunca deberíamos estar satisfechos. Jesús murió para remover el velo que nos separaba de la misma presencia de Dios. Por esta razón, escuchamos al salmista clamar:

¡Cuán amables son tus moradas, oh Jehová de los ejércitos! Anhela mi alma y aun ardientemente desea los atrios de Jehová; mi corazón y mi carne cantan al Dios vivo. Aun el gorrión halla casa, y la golondrina nido para sí, donde ponga sus polluelos, cerca de tus altares, oh Jehová de los ejércitos, Rey mío, y Dios mío. Bienaventurados los que habitan en tu casa; perpetuamente te alabarán. Selah

SALMOS 84:1-4

El segundo versículo dice: "Mi corazón y mi carne cantan al Dios vivo". Y el escritor continúa diciendo que el gorrión y la golondrina hallan nido para sí en la casa de Dios; no obstante, se considera a sí mismo un indigente, porque anhelaba la morada de Dios. La declara su casa anhelada... el lugar donde está la presencia de Dios. Observa que dice: "Bienaventurados los que habitan en tu casa". ¡Esta es la meta de los que aman a Dios! Tienen hambre por su presencia manifiesta. Entre más cerca estamos de Él más fuerte se vuelve, y más nos afecta.

PREGUNTAS DE ESTUDIO

1. Al principio de este capítulo, el autor dice: "A lo largo de este tiempo he descubierto dos grupos principales dentro de la Iglesia [...] Los primeros son los que buscan a Dios por lo que puede hacer; mientras que los segundos son los que buscan a Dios por quién es Él". Sé honesto, ¿en cuál de los dos grupos te encuentras?

_____

_____

_____

_____

_____

2. Siguiendo su liberación de la cautividad en Egipto, los israelitas frecuentemente alababan y adoraban a Dios por su provisión un día, y se quejaban y reclamaban al siguiente porque no les proveyó lo que querían. Al recordar "experiencias en el desierto" en tu propia vida, ¿qué similitudes encuentras en tu actitud en comparación con la de los hijos de Israel?

_____

_____

_____

_____

3. Posiblemente estés leyendo este libro porque en la actualidad estás pasando por una "experiencia en el desierto". Si es así, ¿qué puedes aprender de la experiencia de Elías con las manifestaciones del viento, el terremoto y el fuego?

_____

_____

_____

_____

CAPÍTULO CINCO

DETRÁS DEL VELO

La presencia de Dios es lo que nos separa de
los demás sobre la faz de la tierra.

L a presencia del Señor siempre trae una mayor revelación de quién
es Él, y con cada encuentro somos cambiados para siempre. Al
escudriñar la Biblia, encontramos que los que caminaron en un mayor
entendimiento de los caminos de Dios, fueron los que procuraron y
experimentaron su presencia.

El factor de separación

En el último capitulo, vimos a Moisés rechazando una oferta dada por
Dios. El Señor le puso en una charola sus promesas, pero sin su presencia. Moisés rápidamente respondió: "Si tu presencia no ha de ir conmigo,
no nos saques de aquí" (Éxodo 33:15). Moisés estableció el preceden-
te de que la cercanía a Dios sobrepasaba las promesas sin su presencia.
Escucha el razonamiento de Moisés al rechazar la escolta angélica:

Si tu presencia no ha de ir conmigo, no nos saques de aquí.
¿Y en qué se conocerá aquí que he hallado gracia en tus ojos,
yo y tu pueblo, sino en que tú andes con nosotros, y que *yo y
tu pueblo seamos apartados de todos los pueblos que están
sobre la faz de la tierra*?
ÉXODO 33:15-16, *énfasis del autor*

Como respuesta, surge una verdad poderosa. La presencia de Dios
es lo que nos separa de los demás sobre la faz de la tierra. No es que
confesemos ser cristianos; que asistamos a congregaciones que crean
en la Biblia o que seamos personas buenas que una vez hicieron la
oración de arrepentimiento con un amigo o como respuesta a una

invitación durante una conferencia. Es su misma presencia lo que nos distingue y nos hace santos (separados para Él). Su presencia es lo que hace esto evidente a los que moran sobre la tierra. ¿Por qué entonces tantos se han conformado con una relación intelectual con Dios? ¿Por qué nos hemos contentado con un cristianismo carente de la presencia de Cristo? ¿Cómo fue que aprendimos a estar satisfechos sin intimidad? ¿Por qué hemos enseñado el cristianismo de una manera que no desarrolla pasión en la gente por acercarse y morar en su presencia? A. W. Tozer escribió:

> Dios quiere que nos abramos paso a su presencia y que vivamos toda nuestra vida allí. Esto es ser conocido por nosotros en una experiencia consciente. Es más que sostener una doctrina; es una vida que se disfruta cada momento de cada día.
>
> En la búsqueda de Dios

Muchos se han conformado con el conocimiento intelectual de pertenencia, sin jamás procurar la realidad de la interacción con Él en el momento. El concepto de la salvación lo tienen tan profundamente incrustado que pocos van más allá. Han dicho las oraciones necesarias y un día van a morir y se van a ir con Él. No obstante, se pierde la realidad de Cristo y la poderosa revelación del deseo de Dios por caminar con nosotros. No es una experiencia remota de un día, sino su verdadero deseo por permanecer en comunión. Viajemos juntos por las Escrituras para investigar.

¿Quién experimentó su presencia?

Vemos que su presencia manifiesta se encuentra entretejida en toda la Biblia. En el huerto, Adán y Eva caminaron con Dios hasta que la desobediencia los llevó a esconderse "de la presencia de Jehová Dios entre los árboles del huerto" (Génesis 3:8). En este punto, el hombre se separó de la presencia de Dios. Su hijo Caín se distanció todavía más de la presencia de Dios como resultado de un corazón endurecido.

Sin embargo, Dios no se dio por vencido, y todavía tenía el deseo de tener intimidad con el hombre que amaba. Con el tiempo, hombres como Enoc y Noé respondieron y a su vez tocaron el corazón de Dios por su búsqueda incesante. Como resultado, caminaron más cerca de Él que ningún otro en su milenio, desde que Adán salió del huerto de Edén.

Abraham a menudo experimentó la presencia manifiesta durante el curso de su vida. Cierto encuentro sucedió cuando Dios vino a hablar con Él sobre el futuro de Sodoma y de Gomorra. Después del juicio sobre las ciudades leemos: "Y subió Abraham por la mañana al lugar donde había estado delante de Jehová" (Génesis 19:27). Esta sólo fue una de las numerosas ocasiones en que Abraham disfrutó de comunión con Dios en su misma presencia. De hecho, en su avanzada edad, Abraham se dirigió a su siervo con las palabras: "Jehová, en cuya presencia he andado, enviará su ángel contigo, y prosperará tu camino" (Génesis 24:40).

Leemos que Samuel "creció, y Jehová estaba con él, y no dejó caer a tierra ninguna de sus palabras" (1 Samuel 3:19). ¿Cómo fue que ninguna de las palabras de Samuel podía fallar? La respuesta se encuentra en el siguiente versículo: "Y visitó Jehová a Ana, y ella concibió, y dio a luz tres hijos y dos hijas. Y el joven Samuel crecía delante de Jehová" (1 Samuel 2:21). Nuevamente, vemos que Dios se revela en su presencia. Cuando lo conocemos hablamos palabras que no fallan.

David que amaba y experimentaba la presencia de Dios más que cualquier otro en el Antiguo Testamento, con excepción de Moisés, clamó: "Jehová de los ejércitos es Dios sobre Israel; y que la casa de tu siervo David sea firme delante de ti" (2 Samuel 7:26). Como Moisés, él no quería tener nada que ver con el éxito a expensas de la presencia de Dios. De hecho, más tarde cuando cometió sus terribles pecados de adulterio y asesinato, su apasionado clamor de arrepentimiento era: "No me eches de delante de ti, y no quites de mí tu santo Espíritu" (Salmos 51:11). ¡Él sabía que la vida estaba vacía en realidad y que no tenía significado fuera de la presencia de Dios! Él escribió las palabras: "Me mostrarás la senda de la vida; en tu presencia hay plenitud de gozo; delicias a tu diestra para siempre" (Salmos 16:11).

La psicología nos dice que las relaciones que hemos tenido en los últimos cinco años van a darle forma a nuestra personalidad. No puedo evitar estar de acuerdo con ello, ya que la Escritura nos dice: "No erréis; las malas conversaciones corrompen las buenas costumbres" (1 Corintios 15:33); y otra vez: "El que anda con sabios, sabio será" (Proverbios 13:20). ¿Qué hay de David? Él estaba solo en el desierto cuando: "Se juntaron con él todos los afligidos, y todo el que estaba endeudado, y todos los que se hallaban en amargura de espíritu, y fue hecho jefe de ellos; y tuvo consigo como cuatrocientos hombres" (1 Samuel 22:2). ¡Qué barbaridad, qué gente con la cual pasar más de diez años! ¡Los descontentos, los afligidos y los endeudados! Estaban enojados, cerrados y lo más probable es que eran groseros e insensibles. ¿Moldearon ellos la personalidad de David? ¡No! ¿Por qué? ¡Porque David pasaba tanto tiempo en la presencia de Dios que mantuvo su porte real y como consecuencia los forjó en grandes líderes de renombre para muchas generaciones!

Uno de mis pasajes favoritos es la respuesta de David a la gran invitación de Dios. Escribió:

> Mi corazón ha dicho de ti: Buscad mi rostro. Tu rostro buscaré, oh Jehová.
>
> SALMOS 27:8

Esa era su vida; pasaba tanto tiempo en la presencia de Dios que no sólo influyó a cuatrocientos hombres enojones, sino que impactó a toda una nación. Él era una persona de influencia, porque pasaba tiempo con la fuente de toda sabiduría, conocimiento y entendimiento. No obstante, David no lo hacía para "obtener" las sabiduría de Dios, perseveraba porque anhelaba su corazón. Lo amaba más que a cualquiera o cualquier otra cosa y la razón es porque había pasado mucho tiempo con Él.

Si sólo el hijo de David, Salomón, hubiera heredado este deseo ardiente. Él vio al Dios de Israel dos veces, y pidió mayor sabiduría que la de todos los que le habían precedido o le fueran a suceder. Sin embargo, falló en darse cuenta de la importancia de permanecer en su presencia. Al final de sus días, cuando sus años habían sido consumidos, escribe el triste libro de Eclesiastés. Aunque poseyó sabiduría, riquezas incontables, las mujeres más hermosas de la tierra así como fama e influencia a lo largo y a lo ancho, todo lo que pudo fue clamar: "¡Vanidad de vanidades!". Si hubiera tenido el corazón de su padre, el rey David, la historia de Israel hubiera sido bastante diferente.

De hecho, mucha de la historia bíblica sería distinta si varios individuos hubieran conocido la importancia de procurar la presencia de Dios. Trágicamente, un gran número de ellos experimentó un grado de su presencia, pero de alguna manera fallaron en darse cuenta qué era lo que habían gustado. Permanecieron ignorantes al hecho de que en la presencia de Dios hay satisfacción perdurable y que la longevidad solo se encuentra en la búsqueda continua de Él. Uno de esos hombres fue un descendiente distante de David llamado Uzías. Buscó a Dios en sus primeros años, y como resultado experimentó un gran éxito, pero luego olvidó el origen de su éxito. En su orgullo, ya no buscó al Señor y como resultado murió en aislamiento como leproso (lee 2 Crónicas 26).

La mayor de las tragedias

Podríamos continuar por todo el Antiguo Testamento, pero una de las mayores tragedias la encontramos años antes de David, cuando sus ancestros, los descendientes de Abraham, salieron de Egipto. En un capítulo anterior, vimos cómo el deseo de Dios era liberarlos para traerlos a sí mismo. Él quería acercarse para manifestar sus presencia, pero como leemos con tristeza: "Entonces el pueblo estuvo *a lo lejos*, y Moisés *se acercó* a la oscuridad en la cual estaba Dios" (Éxodo 20:21, *énfasis del autor*). Qué trágico. El Señor se revela y ellos ¡se alejaron! Sólo Moisés tuvo la pasión de perseverar y acercarse. Como consecuencia de su respuesta, Dios tuvo que formar un sacerdocio que pudiera estar delante de Él a favor del pueblo. Se erigiría un tabernáculo con el fin de que la presencia velada de Dios habitara entre ellos. Después de construirlo cuidadosamente siguiendo las especificaciones de Dios, finalmente fue erigido y leemos:

> Entonces una nube cubrió el tabernáculo de reunión, y la *gloria de Jehová* llenó el tabernáculo. Y no podía Moisés entrar en el tabernáculo de reunión, porque la nube estaba sobre él, y la gloria de Jehová lo llenaba.
>
> Éxodo 40:34-35, *énfasis del autor*

Varios grados de la presencia de Dios

En esta coyuntura, debo tomar un paso a un lado y hablar de los diferentes grados de la presencia de Dios. Observa las palabras *gloria de Jehová* en los versículos anteriores. Cuando el tabernáculo fue erigido por primera vez, su presencia fue tan gloriosa que Moisés, el hombre que hablaba cara a cara con Dios como amigo, no podía entrar. ¿Puedes imaginarte la intensidad de su majestuosidad, una presencia a la vez maravillosa y terrible en ese momento?

Años más tarde, bajo el liderazgo de Elí, un juez, sacerdote y descendiente distante de Aarón, la presencia de Dios era casi insignificante en el tabernáculo. De hecho, no sólo podían entrar sin consecuencias, sino que cometieron pecados vergonzosos en el mismo lugar donde Moisés no podía entrar. Leemos: "Y la palabra de Jehová escaseaba en aquellos días; no había visión con frecuencia" (1 Samuel 3:1). ¿Por qué la Palabra de Dios escaseaba? Nuevamente, la revelación de Dios, incluyendo su Palabra, se encuentra en su presencia. Donde no hay presencia no hay revelación, ¡y donde hay una fuerte presencia hay gran revelación! En este capítulo, se nos dice que la lámpara de Dios (su presencia) se había apagado y que estaba a punto de extinguirse (nada de presencia). Esto sucedió al final del gobierno de Elí, cuando el arca fue capturada por los filisteos. En el último día de su vida, el nombre *Ichabod* fue anunciado, que quiere decir "la gloria se ha ido".

A diferencia de los días de Elí, cuando la presencia de Dios escaseaba y era casi indetectable a causa del pecado, hay escenarios en los que, aunque su presencia no es tan gloriosa como cuando se erigió el tabernáculo, permanece sumamente real y su revelación es rica. En estos tiempos, Dios se acerca de una manera más sutil, escogiendo no manifestar su gloria. Vemos esto con Jacob. Peleó con Dios y lo vio cara a cara, pero obviamente no en su gloria. No obstante, Jacob fue transformado y creció en la revelación de Dios como resultado de este encuentro (Génesis 32:24-30). Josué vio al Señor y ni siquiera reconoció que con quien hablaba era el Comandante de los ejércitos del cielo. Sin embargo, por otro lado, Moisés clamó para ver el rostro de Dios y se le respondió: "No podrás ver mi rostro; porque no me verá hombre, y vivirá" (Éxodo 33:20). Vemos el deseo de Moisés de ver a Dios en toda su gloria y no pudo, pero Josué y otros vieron el rostro de Dios y vivieron. ¿Por qué? Porque no vieron al Señor en la plenitud de su gloria.

La luz de su rostro

Primero, hablemos brevemente acerca de la gloria del Señor. Algunos se imaginan que es un vapor, una nube o una manifestación semejante. Esto da pie a declaraciones como: "La otra noche, la gloria de Dios cayó en la reunión". Pero esto limita y oscurece el consejo con palabras sin sabiduría (lee Job 38:2).

Primero, la gloria de Dios no es una nube. Entonces puedes preguntar: "¿Entonces porque cada vez que se menciona la manifestación de la gloria de Dios en la Escritura se menciona también una nube?". La razón es que Dios se esconde en la nube. Es demasiado majestuoso para contemplar así que la nube cubre su rostro, de otro modo, toda carne a su alrededor sería consumida y moriría instantáneamente. Recuerda, Dios le dijo a Moisés que ningún hombre podría ver su rostro y seguir vivo. Esto entonces da pie a la pregunta: ¿Cómo es que Isaías, Ezequiel y el apóstol Juan vieron la gloria de Dios y sobrevivieron para escribir acerca de ello? La respuesta es sencilla: estaban en el espíritu y fuera del cuerpo. La carne mortal no puede estar delante de la presencia del

Dios santo en toda su gloria. Él es el fuego consumidor en quien no hay tinieblas (Hebreos 12:29; 1 Juan 1:5). Pablo escribe sobre Jesús:

> La cual a su tiempo mostrará el bienaventurado y solo Soberano, Rey de reyes, y Señor de señores, el único que tiene inmortalidad, que habita en luz inaccesible; a quien ninguno de los hombres ha visto ni puede ver, al cual sea la honra y el imperio sempiterno. Amén.
>
> 1 Timoteo 6:15-16

Jesús habita en luz inaccesible, que ninguno de los hombres ha visto ni puede ver. De hecho, el salmista declara que el Señor se cubre de luz como de una vestidura (lee Salmos 104:2). Pablo podía escribir esto fácilmente porque él había experimentado una medida de esta luz inaccesible de su gloriosa presencia en el camino a Damasco. Se lo relata al rey Agripa de la siguiente manera:

> Cuando a mediodía, oh rey, yendo por el camino, vi una luz del cielo que sobrepasaba el resplandor del sol, la cual me rodeó a mí y a los que iban conmigo.
>
> Hechos 26:13

Pablo no vio el rostro de Jesús; sólo vio la luz emanando de Él que sobrepasó y fue más brillante que el brillante sol del Oriente Medio! Él estaba en la presencia de su gloria. Y no era el sol de la mañana ni de la tarde, sino más bien el sol de mediodía. Viví en el "estado del resplandor del sol", Florida, durante doce años, y nunca *tuve* que usar lentes oscuros. Sin embargo, hace algunos años, Lisa y yo viajamos al Oriente Medio; ¡allí *tuve* que usar lentes de sol! El sol era mucho más brillante en el clima seco desértico, y su proximidad al ecuador magnificaba muchas veces su brillantez. El sol era tolerable temprano en la mañana y en la tarde, pero de las once de la mañana a las dos de la tarde era sumamente brillante. Aun así, ¡Pablo dice que la luz de Jesús era más brillante que el mismísimo sol de mediodía en Oriente Medio! Toma un momento para recordar la última vez que intentaste mirar de frente el sol de mediodía. Es difícil, a menos que se encuentre velado o cubierto por una nube. La gloria del Señor excedía esa brillantez bastantes veces.

Esto explica por qué tanto Joel como Isaías dijeron que en los últimos días, cuando se revele la gloria del Señor, el sol se oscurecerá.

"He aquí el día de Jehová viene [...] las estrellas de los cielos y sus luceros no darán su luz; y el sol se oscurecerá al nacer, y la luna no dará su resplandor" (Isaías 13:9-10). Permítanme explicarlo un poco más. En el cielo claro de la noche, ¿qué es lo que vemos? ¡Estrellas! Están en todos lados en el cielo durante la noche. ¿Pero cuando el sol se levanta en la mañana qué sucede? ¿Adónde se van? ¿Las estrellas huyen hasta la hora del ocaso y vuelven de prisa de su escondite bajo el horizonte para tomar sus lugares? La respuesta, obviamente, es "no". ¿Entonces qué sucede? La gloria de las estrellas está a cierto nivel, pero la gloria del sol es tan grande en comparación que parece que las estrellas se han oscurecido. Todavía están allí, pero no las podemos ver. De la misma manera, cuando Jesús regrese, su gloria será mucho mayor que la del sol. Lo oscurecerá. ¡No se podrá ver aunque esté presente! ¡Qué increíble! ¿Entiendes por qué Pablo escribió: "A quien ninguno de los hombres ha visto ni puede ver"? La gloria del Señor sobrepasa todas las demás luces. Él es luz perfecta y consumidora. Por eso es que en su segunda venida los hombres se "meterán en las cavernas de las peñas y en las aberturas de la tierra, por la presencia temible de Jehová, y por el resplandor de su majestad" (Isaías 2:19, *énfasis del autor*). Juan lo describe:

> Y los reyes de la tierra, y los grandes, los ricos, los capitanes, los poderosos, y todo siervo y todo libre, se escondieron en las cuevas y entre las peñas de los montes; y decían a los montes y a las peñas: Caed sobre nosotros, y escondednos *del rostro* de aquel que está sentado sobre el trono, y de la ira del Cordero.
>
> APOCALIPSIS 6:15-16, *énfasis del autor*

¿Qué es la gloria de Dios?

Vamos a responder a la pregunta: ¿Qué es la gloria del Señor? Para responderla, regresemos a la conversación entre Moisés y Dios. Moisés no sólo pidió la presencia de Dios, sino que solicitó ver su gloria.

> El entonces dijo: Te ruego que me muestres tu *gloria*.
>
> ÉXODO 33:18, *énfasis del autor*

La palabra hebrea para *gloria* es *kabowd*. El diccionario bíblico de Strong la define como "el peso de algo, pero sólo de manera figurada en un buen sentido". Esta definición también habla de esplendor, abundancia y honor, Moisés le estaba pidiendo a Dios: "Muéstrame *todo* tu esplendor". Observa la cuidadosa respuesta de Dios:

Yo haré pasar todo mi *bien* delante de tu rostro, y proclamaré el nombre de Jehová delante de ti.

ÉXODO 33:19, *énfasis del autor*

Moisés pidió toda su gloria, y Dios responde con "todo mi *bien*". La palabra hebrea para *bien* es *tuwb*. Significa "bueno en el sentido más amplio". En otras palabras, sin reservas.

Luego Dios dice: "Proclamaré el nombre de Jehová delante de ti". Antes de que un rey terrenal entre a la sala del trono, su nombre es anunciado por el heraldo. La proclamación es acompañada de trompetazos al tiempo que entra en el salón del trono en todo su esplendor. La grandeza del rey es revelada, y en su corte no hay ninguna duda de quien es el rey. Su presencia majestuosa llena a la gente de asombro. Pero, ¿qué pasaría si este mismo monarca saliera a la calle de la ciudad vestido en ropa ordinaria sin sirvientes? La verdad es que, lo que era obvio en la escena de la corte no lo entenderían los muchos que pasaran a su lado, no lo identificarían. Su presencia no sería tan arrebatadora y notable como en la gloria del salón del trono. En esencia. Eso es exactamente lo que Dios hizo por Moisés al decirle: "Yo haré pasar todo mi bien delante de tu rostro, y proclamaré el nombre de Jehová delante de ti".

En el Nuevo Testamento, se nos dice que la gloria del Señor se revela en el rostro de Jesucristo (2 Corintios 4:6). Muchos que han estado en la presencia del Señor han testificado haber visto una visión de Jesús al ver su rostro. Esto es sumamente posible, pero les voy a decir esto, ellos no lo vieron en toda su gloria.

Otros quizá cuestionen que los discípulos miraron el rostro de Jesús después de que resucitó. Esto también es correcto, pero no fue una exhibición abierta de su gloria. Como mencioné anteriormente hubo quienes vieron y experimentaron la presencia del Señor en el Antiguo Testamento, pero no en la revelación de su gloria. El Señor le apareció a Abraham en el encinar de Mamre, pero no en toda su gloria (Génesis 18:1-2). Jacob luchó con Dios, y Josué (Josué 5:13-15) ni siquiera lo reconoció. Y así muchos otros.

Cuando Josué miró su rostro antes de la invasión de Jericó, el Señor parecía un varón. Sin darse cuenta de quién era Josué le preguntó:

"¿Eres de los nuestros, o de nuestros enemigos?". El Señor entonces se *revela* como el Príncipe del ejército de Jehová, y le ordena a Josué que se quite las sandalias, ¡porque la tierra era santa! Jacob peleó con Dios toda la noche y cuando ya rayaba el alba finalmente clamó: "Declárame ahora tu nombre" (Génesis 32:29). De regreso a nuestro ejemplo del rey en ropa ordinaria que caminó por las calles de su reino, pasó inadvertido por muchos. Esto ilustra lo que les sucedió a Josué y a Jacob. No obstante, ellos recibieron una gran revelación de parte de Él. Lo mismo sucede con la resurrección. La primera persona con la que Jesús habló fue María Magdalena y ella pensó que era el hortelano (Juan 20:15-16). Los discípulos desayunaron pescado con Jesús en la orilla del mar (Juan 21:9-10) y al principio no lo reconocieron, ni siquiera el timbre de su voz. No fue sino hasta que hizo algo familiar que lo reconocieron. De nuevo después de su resurrección, caminó con dos discípulos, a quienes antes de su muerte se les había dicho lo que sucedería, pero no lo percibieron porque "los ojos de ellos estaban velados" (Lucas 24:16), y ellos tampoco reconocieron su rostro, ni la forma de su cuerpo ni su voz. Todos contemplaron su rostro y experimentaron su presencia, pero no en una exhibición abierta de su gloria. Sin embargo, todos recibieron revelación de su presencia.

En contraste, el apóstol Juan lo vio en el Espíritu mientras estaba en la isla de Patmos, pero tuvo un encuentro totalmente diferente desde el comienzo a la orilla del mar, porque Juan allí lo vio en su gloria. Describe a Jesús: "Su rostro era como el sol cuando resplandece en su fuerza. Cuando le vi, caí como muerto a sus pies" (Apocalipsis 1:16-17). La presencia gloriosa del Señor era tan fuerte que Juan cayó como muerto.

La gloria del Señor es todo lo que hace que Dios sea Dios. Todas sus características, su autoridad, su poder, su sabiduría; ¡literalmente su inconmensurable peso y magnitud; sin reservas ni nada velado! Esta gloriosa presencia puede experimentarse cuando se puede ver solo una parte de Dios como Moisés que solo vio sus pies y su espalda, o como en el caso de Saulo camino a Damasco, que no vio ninguna forma, sino solo una luz inaccesible y una voz.

Su morada

Volvamos con los descendientes de Abraham. Cuando Dios manifestó su presencia por primera vez en el Sinaí, recularon y clamaron: "He aquí Jehová nuestro Dios nos ha mostrado su *gloria* y su grandeza, y hemos oído su voz de en medio del fuego [...] Ahora, pues, ¿por qué vamos a morir? Porque este gran fuego nos consumirá; si oyéremos otra vez la voz de Jehová nuestro Dios, moriremos" (Deuteronomio 5:24-25, *énfasis del autor*). No pudieron soportar su presencia gloriosa porque sus conciencias estaban manchadas con sus caminos egoístas.

Luego, se erige el tabernáculo y Dios moró en la sección interna llamada el "Lugar Santísimo". Allí sólo el sumo sacerdote podía entrar una vez al año. En esta ocasión el sacerdote entraba primero al atrio donde se ofrecía un sacrificio de sangre en el altar de bronce para ajustar cuentas con Dios por su propio pecado y por el del pueblo. Después de hacer esto, el sacerdote se lavaba en la fuente adyacente al altar. Luego entraba al Lugar Santo por medio de una cortina. En este lugar no entraba luz natural. La única luz provenía del candelero de oro, que representa a Jesús, nuestra Luz (Juan 9:5). También en este lugar estaba el pan de la proposición que habla de Jesús como nuestro Pan de Vida (Juan 6:48). El tercer artículo en ese lugar era el altar del incienso, que representa una vida de continua oración y adoración.

Todavía en ese lugar no había entrado al lugar donde moraba la presencia de Dios. Todavía faltaba pasar otro velo que separaba el Lugar Santo del Lugar Santísimo. En este lugar, sobre el asiento de la propiciación moraba la presencia manifiesta de Dios. Este es el velo que se rasgó cuando Jesús entregó el Espíritu: "Y he aquí, el velo del templo se rasgó en dos, de arriba abajo; y la tierra tembló, y las rocas se partieron" (Mateo 27:51). Observa que se rasgó de arriba abajo, no de abajo arriba. ¡Dios, y no el hombre, fue quién rasgó este velo porque iba de salida! Estaba preparando un nuevo lugar de residencial, el lugar de morada que había anhelado todo el tiempo: el corazón de sus hijos regenerados. ¿Cuándo sucedió esto? Cincuenta y tres días después, el día de Pentecostés, Dios entró a morar a su tan esperado tabernáculo. Leemos:

> Y de repente vino del cielo un estruendo como de un viento recio que soplaba, el cual llenó toda la casa donde estaban sentados; y se les aparecieron lenguas repartidas, como de fuego, asentándose sobre cada uno de ellos. Y fueron todos llenos del Espíritu Santo, y comenzaron a hablar en otras lenguas, según el Espíritu les daba que hablasen.
>
> HECHOS 2:2-4

Así como la presencia de Dios no podía entrar en el tabernáculo hasta que Moisés *terminara* la obra, cuando Jesús dijo: "Consumado es. Y habiendo inclinado la cabeza, entregó el espíritu" (Juan 19:30) una vez más, el Señor se mudo a su nueva moradsa preparada por la sangre del Cordero eterno.

> Así que, hermanos, teniendo libertad para entrar en el Lugar Santísimo por la sangre de Jesucristo, por el camino nuevo y vivo que él nos abrió a través del velo, esto es, de su carne, y teniendo un gran sacerdote sobre la casa de Dios, acerquémonos con corazón sincero, en plena certidumbre de fe, purificados los corazones de mala conciencia, y lavados los cuerpos con agua pura. Mantengamos firme, sin fluctuar, la profesión de nuestra esperanza, porque fiel es el que prometió.
>
> HEBREOS 10:19-23, *énfasis del autor*

¡Tenemos la confianza de *acercarnos* a Aquel que habita en el "Lugar Santísimo"! ¡Este lugar no es en una tienda o en un templo, ahora es nuestro cuerpo! Sí, Dios se mudó a los corazones de los seres humanos que fueron consagrados por el sacrificio de Jesús. Muchas veces clamamos a Él, imaginándonos entrando en un distante salón del trono a millones de kilómetros de distancia. No, ¡su morada es nuestro corazón! Todavía no hemos aprendido a volvernos hacia adentro, ¡seguimos buscando allá afuera! La escritura del Nuevo Testamento nos lo dice llanamente: "No digas en tu corazón: ¿Quién subirá al cielo? (esto es, para traer abajo a Cristo)" (Romanos 10:6).

Sí, Dios tiene un salón del trono físico localizado en el tercer cielo. No obstante, Él anhelaba tanto su cercanía con su pueblo que en el Antiguo Testamento estableció su morada en una tienda sobre la tierra en la que su misma presencia manifiesta residía. Ahora, Él ha establecido una nueva morada para sí mismo en los corazones de los que le han dado su vida a Jesús y le han pedido que los llene de su Espíritu Santo. Él se ha hecho un lugar que está más cerca de su objeto de amor y cariño. Cuando nos acercamos al que mora en nuestro corazón, entramos al salón del trono a millones de kilómetros también. ¿Cómo es eso? En el Espíritu de Dios no hay distancia. ¡Estar en su presencia es estar en el salón del trono con Jesús y el Padre porque Él es el Espíritu de Cristo y es el Espíritu de Dios! (ver Romanos 8:9).

Observa que el escritor dice: "Mantengamos firme, sin fluctuar, la profesión de nuestra esperanza, porque fiel es el que prometió". El escritor también:

La cual tenemos como segura y firme ancla del alma, y que penetra hasta dentro del velo.

HEBREOS 6:19, *énfasis del autor*

El rasgado del viejo velo abrió el camino para que cada adorador de este mundo entre a la presencia de Dios por medio de un camino nuevo y vivo. El velo ahora es nuestra carne. Si podemos ir más allá del atrio de nuestra carne por medio de crucificarla o negarnos a ella (lee Gálatas 5:24), entramos en el "Lugar Santísimo" del corazón donde está disponible la comunión continua. Su presencia se vuelve una realidad constante. Él garantizó que si nos acercamos con corazón sincero ¡Él va a manifestar su presencia! Así como en el tabernáculo su presencia era constante cuando eran fieles, asimismo su presencia es constante dentro del tabernáculo de nuestro corazón.

Escucha nuevamente las palabras de Santiago: "Acercaos a Dios, y él se acercará a vosotros". Qué esperanza, qué seguridad tan pura, Dios promete y jura por sí mismo "en las cuales es imposible que Dios mienta, tengamos un fortísimo consuelo los que hemos acudido para asirnos de la esperanza puesta delante de nosotros" (Hebreos 6:18). ¿Cuál es esta esperanza? ¡Que si nos acercamos, Él se acercara a nosotros! ¡Él lo ha garantizado!

¿Entonces por qué no hay muchos que disfruten su presencia manifiesta? Como A. W. Tozer clamó:

Con el velo removido por medio de rasgar la carne de Jesús, con nada del lado de Dios obstaculizándonos la entrada, ¿por qué seguimos sin ella? ¿Por qué consentimos en habitar todos nuestros días justo afuera del Lugar Santísimo y nunca entrar para mirar a Dios? Escuchamos al Novio decir: "Muéstrame tu rostro, hazme oír tu voz; porque dulce es la voz tuya, y hermoso tu aspecto" (Can 2:14). Percibimos que el llamado es para nosotros, pero aun así fallamos en acercarnos, y los días pasan y nos hacemos viejos y cansados en los atrios del tabernáculo. ¿Qué nos detiene?

La pregunta sigue siendo: ¿Qué nos detiene? ¿Por qué estamos luchando en nuestra propia fuerza, errando el blanco debido a nuestra ceguera? ¿Por qué hay tantos insatisfechos y aburridos cuando tenemos una esperanza tan maravillosa respaldada por su promesa que no puede ser quebrada? A medida que sigamos adelante vamos a descubrir lo que obstaculiza esta maravillosa relación de comunión que Dios ha dispuesto para cada creyente.

PREGUNTAS DE ESTUDIO

1. Al principio de este capítulo, se hicieron las siguientes preguntas: "¿Por qué, entonces, tantos se han conformado con una relación intelectual con Dios? ¿Por qué nos hemos contentado con un cristianismo carente de la presencia de Cristo? ¿Cómo fue que aprendimos a estar satisfechos sin intimidad?". ¿Cómo respondería esas preguntas?

_____

_____

_____

_____

2. El autor menciona que la psicología nos dice que las relaciones que hemos tenido los últimos cinco años van a darle forma a nuestra personalidad. También declara que esto se afirma en la escritura: "No erréis; las malas conversaciones corrompen las buenas costumbres" (1 Corintios 15:33), y: "El que anda con sabios, sabio será; mas el que se junta con necios será quebrantado" (Proverbios 13:20). ¿Has tenido periodos en tu vida ejemplificados por ambos extremos? ¿Cuáles fueron los resultados?

_____

_____

_____

_____

_____

CAPÍTULO SEIS

LOS AMIGOS DE DIOS

Les ofreció intimidad, pero por su propia decisión no pudieron tenerla

A medida que escribo estos capítulos de apertura, qué hambre se mueve en mi corazón. Hablar de estas cosas aviva la llama e incrementa mi deseo de buscar a Aquel que nos ama tan maravillosamente. Él nos ha buscado consistentemente como individuos en este, el mayor romance de todas las épocas. No obstante, Aquel que es tan digno de nuestra búsqueda no es una "presa fácil" *per se*. Él es el grande y santo Rey y como tal debe ser honrado. Por lo tanto, ciertamente no se puede hablar de "acercarte a Él" sin hablar del tema del "temor santo".

La encrucijada

En este cruce de caminos, los "mensajes amigables con el buscador espiritual" y la verdad muchas veces se separan. Estos mensajes pueden ser encontrados en cualquier denominación o círculo, pues hablan de un Dios que desea a los hombres y desea bendecirlos. Sin embargo, el mensaje falla porque omiten su santidad. Muchas veces, esto es fruto de buenas intenciones. Algunos han visto o han experimentado la tragedia del legalismo; mientras que otros simplemente quieren ser amados y sustentados. Pero, trágicamente, algunos mensajes se predican intencionalmente incompletos para generar mayor número de seguidores.

Los que han huido del lazo del legalismo y sólo predican un amoroso y comprensivo Dios que compensa toda nuestra falta de rectitud y mundanalidad, son reaccionarios en sus motivos y tácticas. Este consejo no se obtiene de acercarse a la presencia de Dios para oír por sí mismos su Palabra. Si así fuera, se darían cuenta de que no hay otra manera de acercarse a Él, sino por la calzada bordeada tanto de amor santo como de temor.

Estos mensajes predican un "Señor fácil" a expensas de la misma meta que tratan de lograr. Al dejar fuera el temor de Dios, eso en esencia "deja fuera su presencia" del alcance de los hombres.

Tenido en reverencia

Hay una verdad permanente, inmutable con respecto a una audiencia en su presencia. Se resume en esta escritura:

Dios temible en la gran congregación de los santos, y formidable sobre todos cuantos están alrededor de él.

SALMOS 89:7

Leamos nuevamente la segunda parte de ese versículo: "Formidable sobre todos cuantos están alrededor de él". Esto siempre es verdad y siempre permanece: nunca vas a encontrar que Dios manifieste su presencia en una atmósfera donde no sea reverenciado. Él no se va a acercar, ni va a habitar en un ambiente en el que no sea tenido en el máximo honor, estima y respeto. No importa lo bien que cantemos o lo buena que esté la música de la "adoración", lo buena que sean las enseñanzas o las predicaciones, o lo bíblica que sea la oración; si Él no es temido, el no se va a acercar para revelarse. No hay diferencia con Elí y sus hijos.

A lo largo de los años, al entrar a los auditorios donde cientos o miles de creyentes se reúnen, ha habido incontables ocasiones en las que no ha habido ni pista de la presencia de Dios. La razón: había una falta de temor santo entre la gente y muchas veces incluso en el liderazgo. Los equipos de alabanza y adoración pueden ser excelentes, con estandartes y danzantes, y músicos y cantantes virtuosos. Los servicios pueden ser innovadores con alta tecnología y anunciados en los medios de comunicación. El evento puede ser creativo y entretenido de manera que la gente disfrute humor y temas de interés, pero hay algo que falta. La atmósfera está vacía de la presencia de Dios. El hecho que rompe el corazón es que la mayor parte de los asistentes ni siquiera se dan cuenta de lo vacía que realmente está la atmósfera. (En este punto, permíteme interrumpir para decir que las formas innovadoras para comunicarse son frescas y de ninguna manera por sí solas obstaculizan la presencia manifiesta de Dios. He estado en lugares que las utilizan donde he disfrutado la riqueza de su presencia. La presencia de Dios no tiene nada que ver con tecnología o con la falta de ella, sino que es un reflejo de la condición del corazón.)

En estas situaciones, el Señor me guía a predicar sobre obediencia y temor a Dios, y cada vez que doy la invitación al arrepentimiento he sido testigo de cómo la mayoría responde, muchas veces incluyendo a los líderes mismos. Casi siempre sin falta antes de que se pronuncie una sola palabra para orar, la presencia de Dios se manifiesta y la gente comienza a llorar. ¿Por qué sucede esto? Porque Dios se acerca a los que lo aman, lo honran y le temen. Por esta razón Santiago dice:

> Acercaos a Dios, y él se acercará a vosotros. Pecadores, limpiad las manos; y vosotros los de doble ánimo, purificad vuestros corazones. Afligíos, y lamentad, y llorad. Vuestra risa se convierta en lloro, y vuestro gozo en tristeza
>
> SANTIAGO 4:8-9

Una mirada inicial a este versículo puede hacernos pensar que Santiago le está hablando a los inconversos, ya que usualmente nos referimos a los no regenerados como "pecadores". No obstante, en su discurso, Santiago se refiere a su audiencia como *hermanos* en quince ocasiones. Les está hablando a los nacidos de nuevo.

Así que vamos a considerar la palabra para pecador; es la palabra griega *hamartolos*. *Vine* define la palabra como que significa literalmente: "uno que no da en el blanco". Es apropiado que esta palabra se use para referirse a una persona no salva, pero también se utiliza para referirse a un cristiano. En este contexto, podría referirse a un creyente que está fuera de foco en su mentalidad, que a su vez produce acciones o comportamientos repetidamente equivocados. Sigue adelante diciendo: "Los de doble ánimo, purificad vuestros corazones"; con esta declaración sigue adelante a la raíz del porqué el creyente esté errando el blanco.

Es más importante que entendamos que el temor del Señor comienza en el corazón y que se manifiesta en nuestras acciones externas. Dios en cierta ocasión dijo de los suyos, y observen las palabras "se acerca":

> Porque este pueblo *se acerca* a mí con su boca, y con sus labios me honra, pero su corazón está lejos de mí, y su temor de mí no es más que un mandamiento de hombres que les ha sido enseñado.
>
> ISAÍAS 29:13, *énfasis del autor*

Acercarse a al Señor siempre comienza con un corazón que teme y ama a Dios más que a nadie o a cualquier cosa. No solo son acciones externas, sino la motivación del corazón. Por lo tanto, inicialmente, si queremos definir el temor del Señor primero tenemos que abordar la actitud del corazón.

Vamos a comenzar: temer a Dios es estimarlo, honrarlo y tenerlo en la más alta consideración; así como venerarlo, asombrarse y reverenciarlo. Es temblar con el mayor de los respetos por Él, su presencia y sus mandamientos, así como sus deseos. Y esto es sólo el principio.

Venir a Dios con irreverencia

Algunas veces, con el fin de comprender lo que algo es, ayuda saber lo que no es. Un ejemplo excelente de acercarse a Dios sin temor santo se puede ver en la vida de dos hijos de Aarón.

Antes de que el tabernáculo estuviera terminado, Moisés le instruyó a Moisés: "Harás llegar delante de ti a Aarón tu hermano, y a sus hijos consigo, de entre los hijos de Israel, para que sean mis sacerdotes; a Aarón y a Nadab, Abiú, Eleazar e Itamar hijos de Aarón" (Éxodo 28:1).

Estos hombres fueron apartados y entrenados para ministrar al Señor y estar en la brecha por el pueblo. Fueron autorizados a acercarse a la presencia. Sus deberes y parámetros de adoración fueron delineados y Moisés les dio instrucciones específicas de parte de Dios. Después de su entrenamiento fueron consagrados, luego la presencia de Dios llenó el tabernáculo, y comenzó su ministerio.

Pero para dos de ellos fue de corta duración; aun después de que la gloria del Señor se había revelado en el tabernáculo. Poco tiempo después:

> Nadab y Abiú, hijos de Aarón, tomaron cada uno su incensario, y pusieron en ellos fuego, sobre el cual pusieron incienso, y ofrecieron delante de Jehová fuego *extraño*, que él nunca les mandó.
>
> LEVÍTICO 10:1, *énfasis del autor*

Observa que Nadab y Abiú ofrecieron fuego *extraño* en la presencia del Señor. [Nota: La versión de la Biblia en inglés traduce *extraño* como *profano*]. Una definición de *profano* en el diccionario *Webster* en inglés es: "Mostrar falta de respeto o menosprecio por las cosas sagradas; irreverente". Esto significa tratar lo que Dios llama santo o sagrado como si fuera común. Estos dos hombres tomaron sus incensarios, apartados para la adoración del Señor, y los llenaron de fuego e incienso que ellos mismos escogieron, y no ofrecieron el que Dios pidió. Fueron descuidados con lo santo y eso los llevó a la desobediencia.

Se acercaron a la presencia de Dios llevando una ofrenda irreverente, inaceptable por medio de tratar lo que era santo como común. Observa lo que sucede:

> Y salió fuego de delante de Jehová y los quemó, y murieron delante de Jehová.
>
> LEVÍTICO 10:2

Estos dos hombres fueron juzgados por su irreverencia y enfrentaron la muerte instantánea. Su irreverencia se llevó a cabo en la misma presencia de Dios y aunque eran sacerdotes no estaban exentos de rendirle honor a Dios. ¡Pecaron al acercarse a un Dios santo como si fuera común! ¡Se habían familiarizado tanto con su presencia! Escucha las palabras de Moisés inmediatamente después del juicio y observa las palabras *se acercan*:

> Entonces dijo Moisés a Aarón: Esto es lo que habló Jehová, diciendo: En los que a mí *se acercan* me santificaré, y en presencia de todo el pueblo seré glorificado. Y Aarón calló.
>
> LEVÍTICO 10:3, *énfasis del autor*

Este es un decreto eterno, así como universal. Dios dice que nadie se puede acercar a Él tomándolo a la ligera o considerándolo común. Él debe ser considerado santo y tenido en reverencia por todos en su presencia.

El Señor había dejado en claro que la irreverencia no sobreviviría en su presencia, pero Nadab y Abiú no prestaron atención. Hoy en día, no es distinto. Él es el mismo Dios santo. ¡No podemos esperar ser admitidos en su presencia con actitudes irrespetuosas!

No hay excepciones especiales por conectes familiares. Estos dos sacerdotes eran sobrinos de Moisés así como hijos de Aarón. Pero ambos sabían que no tenían que cuestionar el juicio de Dios, porque solo Él es justo. De hecho, Moisés les advirtió a Aarón y los dos hijos sobrevivientes de Aarón que ni siquiera lloraran su muerte no fuera que también ellos murieran. Esto hubiera sido una irreverencia todavía mayor, así que los cuerpos de Nadab y Abiú fueron llevados fuera del campamento para ser enterrados.

Estos dos jóvenes tomaron a la ligera las instrucciones específicas de Dios. Se presentaron con irreverencia y carecían de temor de Dios y estas condiciones del corazón producen acciones de desobediencia. Vemos que la raíz del pecado es la falta de temor de Dios.

Miedo de Dios contra temor de Dios

Cuando Dios se les apareció a los hijos de Israel en el monte Sinaí, no pudieron resistir su presencia. La razón: carecían de temor de Dios; porque una vez que se retiraron de su presencia Moisés se dirigió a ellos diciendo:

> No temáis; porque para probaros vino Dios, y para que su temor esté delante de vosotros, para que no pequéis.
>
> Éxodo 20:20

Moisés les dijo "no temáis" porque Dios ha venido "para que su temor esté delante de" ustedes. Suena como una contradicción, pero no lo es. Moisés estaba haciendo una diferencia entre tenerle miedo a Dios y el temor de Dios. La diferencia es inmensa. La persona que tiene miedo de Dios o que Dios la asusta, tiene algo qué esconder; no quiere acercarse porque la luz pura de la presencia de Dios va a exponer lo que esconde. Pablo nos dice: "Mas todas las cosas, cuando son puestas en evidencia por la luz, son hechas manifiestas" (Efesios 5:13).

Dios no quiere que le tengamos miedo, sino que lo temamos. Pablo escribe: "Porque no nos ha dado Dios espíritu de cobardía, sino de poder, de amor y de dominio propio" (2 Timoteo 1:7), y Juan escribe: "En el amor no hay temor, sino que el perfecto amor echa fuera el temor; porque el temor lleva en sí castigo. De donde el que teme, no ha sido perfeccionado en el amor" (1 Juan 4:18). Estos hombres se están refiriendo a un espíritu de temor, y no al temor de Dios con estas declaraciones; ya que los escritores del Nuevo Testamento también nos dicen "ocupaos en vuestra salvación con temor y temblor" (Filipenses 2:12); y nuevamente Pablo nos dice que debemos servir a Dios "agradándole con temor y reverencia; porque nuestro Dios es fuego consumidor" (Hebreos 12:28-29). Pedro es todavía más franco cuando escribe: "Porque escrito está: Sed santos, porque yo soy santo. Y si invocáis por Padre a aquel que sin acepción de personas juzga según la obra de cada uno, conducíos en temor todo el tiempo de vuestra peregrinación" (1 Pedro 1:16-17). Al leer estas declaraciones ciertamente no podemos hacer a un lado el temor de Dios como parte vital del cristianismo del Nuevo Testamento.

Observa que Moisés le dice al pueblo cuando vino la presencia de Dios: "Para que su temor esté delante de vosotros, para que no pequéis". No es el amor a Dios, sino el temor de Dios lo que nos guarda de pecado. Pablo dice: "Ocupaos en vuestra salvación con temor y temblor", y no "con amor y bondad". En otra epístola nos exhorta a que como tenemos la presencia de Dios morando en nosotros: "Así que, amados, puesto que tenemos tales promesas, limpiémonos de toda contaminación de carne y de espíritu, perfeccionando la santidad en el temor de Dios" (2 Corintios 7:1). Observa que no dijo "en el amor de Dios".

Nunca voy a olvidar cuando visité a un ministró reconocido que estaba en prisión por fraude. Lo cuestioné: ¿Cuándo dejo de amar a Jesús?

Me miró y me dijo sin titubear: ¡Nunca lo dejé de amar!

Confundido, respondí: ¿Entonces por qué el adulterio y el fraude?

Me dijo: John, seguí amando a Dios durante todo ese tiempo, pero dejé de tener temor de Él.

Y luego dijo algo que me remachó: John, hay millones de cristianos estadounidenses como yo. Que dicen que Jesús es su Salvador y lo aman, pero no lo temen como su supremo Señor.

En ese punto se me encendió un foco. Me di cuenta de que podíamos amar una imagen de "Jesús" creada por nuestra propia imaginación y raciocinio, pero no es el verdadero Jesús; porque las Escrituras nos dicen que el temor de Dios es el principio o el punto de partida para conocer a Dios íntimamente (lee Proverbios 1:7; 2:5). Me di cuenta de que este hombre había amado una imagen distorsionada de Jesús.

"Quién diera que me temieran"

Moisés lo deja sumamente claro. Es el temor del Señor lo que nos guarda de pecar, y el pecado nos separa de la intimidad con Dios. El Señor le dijo al pueblo de su pacto: "Pero vuestras iniquidades han hecho división entre vosotros y vuestro Dios, y vuestros pecados han hecho ocultar de vosotros su rostro para no oír" (Isaías 59:2). Observa que dice que nuestros pecados nos han separado a nosotros de Él y no a Él de nosotros. Esta hablando con los suyos cuando hace esta declaración, no con los paganos. Nosotros somos los que nos apartamos de la intimidad con Dios y la raíz es la falta de temor santo. A diferencia del hombre que le tiene *miedo* a Dios, el hombre que *teme* a Dios no tiene nada que esconder. Sabe que su vida es un libro abierto delante del Señor. Pone los deseos de Dios sobre todo lo demás. Dios tiene un mayor peso que los amigos, la familia o incluso los deseos de su alma. Se da cuenta de que no hay nada más satisfactorio que obedecer a Dios. Se negó a sí mismo, tomó su cruz y está siguiendo a Jesús. Vive para Dios.

Esto describe la vida de Moisés. Él temía a Dios. Pero Israel no; ellos tenían en mayor estima sus deseos, necesidades y comodidad que los deseos de Dios. No confiaban en Él, aunque en repetidas ocasiones habían dicho que lo hacían. Constantemente dudaban aunque confesaran lo contrario. No estimaban su Palabra, sus deseos o sus mandamientos sobre todo lo demás, y como no lo temían, nunca lo iban a poder amar en verdad. ¿Por qué? Nunca experimentaron una verdadera revelación de Él. Por eso es que se alejaron de su presencia. Había cosas que esconder de la luz de su presencia. Sabían que en cierto nivel esta luz los forzaría a tratar con estos asuntos y tendrían que decidir a quién servir.

Mientras Israel se alejaba, Moisés se acercaba más. Tenía que decirle al Señor que el mismo pueblo que Él había liberado del cautiverio tan maravillosa y poderosamente, y que había traído a sí mismo no quería acercarse más a Él. Moisés temía el momento, pero Dios ya lo sabía, y sorprendió a Moisés al decir:

> He oído la voz de las palabras de este pueblo, que ellos te han hablado; bien está todo lo que han dicho.
>
> DEUTERONOMIO 5:28

No puedo imaginarme la sorpresa en la cara de Moisés. No solo lo tomó por sorpresa que Dios sabía lo que habían dicho (no es increíble cómo podemos olvidar que Él lo sabe todo) ¡pero qué impresión descubrir que los hijos de Israel finalmente tenían razón en todo lo que habían dicho! Moisés entonces murmuró algo como: "¿Por qué no pueden acercarse a ti?".

Puedes escuchar la tristeza en la voz de Dios cuando le explica porqué el pueblo no se puede *acercar* a Él:

¡Quién diera que tuviesen tal corazón, que me temiesen y guardasen todos los días todos mis mandamientos, para que a ellos y a sus hijos les fuese bien para siempre!

DEUTERONOMIO 5:29

Con esta respuesta, Dios dejó dos cosas claras como el cristal. Primero, es imposible acercarse a Dios si hay una falta de temor santo; y segundo, la evidencia de este temor es la obediencia a sus mandamientos. Los hijos de Israel sabían como actuar por fuera, pero sus corazones estaban vacíos del temor de Dios. ¡Siempre comienza en nuestro corazón y se manifiesta en nuestra obediencia!

El Señor entonces hace una de las declaraciones más trágicas del Antiguo Testamento. Le envía a su pueblo este mensaje por medio de Moisés:

Ve y diles: Volveos a vuestras tiendas.

DEUTERONOMIO 5:30

De qué manera se rompió el corazón de Dios, y qué pesado debe haber tenido el corazón Moisés al regresar. Incluso, ahora mi corazón siente el peso de ello. Dios los sacó de Egipto por una razón: traerlos a sí mismo; y no lo entendieron (lee Éxodo 19:4). Este era su propósito divino en su gran liberación. No obstante, cuando se presentó la oportunidad de revelarse, ellos retrocedieron; no podían resistir su presencia, porque no lo temían. Regresarían a sus tiendas y se mantendrían apartados de su presencia y de su voz. Él les ofreció intimidad, pero por decisión propia no podían tenerla.

Amistad con Dios

Por otro lado, escucha las palabras que Dios le dice a Moisés después de decirle al pueblo que regrese a sus tiendas:

Y tú quédate aquí conmigo, y te diré todos los mandamientos y estatutos y decretos que les enseñarás, a fin de que los pongan ahora por obra en la tierra que yo les doy por posesión.

DEUTERONOMIO 5:31

¡Qué increíble! "Quédate aquí conmigo, y te diré." ¡Qué éxtasis! ¡Qué gozo tan absoluto! ¡Qué privilegio insondable! ¡Moisés fue invitado a quedarse y escuchar el corazón de Dios! ¡No hay nada mejor en todo el universo! Ser invitado a permanecer en la presencia del que es infinito en amor, sabiduría, conocimiento y poder. Estar cerca del que todo el cielo adora y anhela. ¡A Moisés se le dio esta invitación!

Moisés había abrazado el temor del Señor y por lo tanto podía tener comunión íntima con Él. Vemos la evidencia de esto en las palabras del salmista: "Sus caminos notificó a Moisés, y a los hijos de Israel sus obras" (Salmos 103:7). Moisés muchas veces sabía lo que Dios iba a hacer antes de que lo hiciera, porque el Señor compartía su corazón con Moisés ya que permanecía cerca en el mismo lugar que el pueblo no quería acercarse.

Israel conocía a Dios por su respuesta a sus oraciones. No conocían su motivación, sus deseos, planes o cualquier otra cosa profunda de su corazón. Sabían lo que hacía, pero nunca por qué lo hacía. Moisés lo conocía por lo que le decía en el lugar secreto. Una de mis escrituras favoritas es:

> La comunión íntima de Jehová es con los que le temen, Y a ellos hará conocer su pacto.
>
> SALMOS 25:14

Sin cambiar el contexto, podríamos decir algo como esto: "Los secretos del corazón de Dios están con los que le temen, y Él les mostrará los caminos de su pacto". Todos tenemos secretos (no todos son malos), pero no los compartimos con los conocidos, más bien se los confiamos a amigos cercanos, con los que tenemos intimidad y en quienes confiamos. Hay una buena razón para esto: sabemos que nunca van a usar las preciosas cosas de nuestro corazón para lastimarnos o tomar ventaja de nosotros. Sabemos que van a manejar con cuidado lo que es valioso para nosotros. Sabemos que no van a distorsionar lo que les compartamos, ni que lo van a torcer a su conveniencia. Conocen nuestro corazón y tienen nuestros mejores intereses en mente.

Dios no es distinto. Él no comparte sus secretos con los que están sumamente preocupados con su propio placer y bienestar. Él comparte sus secretos con quienes tienen su corazón y han entregado su vida a aquellos a quienes Él llama amigos. Cierta versión de la Biblia en inglés [*New Living Translation*] confirma esto al anunciar: "La amistad con Dios está reservada para los que le temen, y con ellos comparte los secretos de su pacto" (Salmos 25:14, NLT, traducido del inglés).

Abraham, el amigo de Dios

Hubo un hombre en el Antiguo Testamento llamado el amigo de Dios, su nombre es Abraham. ¿Por qué fue amigo de Dios? La respuesta se encuentra en la mayor prueba que tuvo que enfrentar. Había esperado veinticinco años la promesa de Dios: un hijo nacido de él y Sara, su esposa estéril. Mucho tiempo después de que había pasado la temporada de tener hijos, Dios les dio un hijo, y lo llamaron Isaac, que significa *risa*. Este joven trajo a su casa una alegría mayor de la que habían imaginado.

Dios observaba de cerca a la familia a medida que crecía un tierno amor entre Abraham y su querido hijo Isaac. Vino el tiempo para una prueba y Dios le pidió a Abraham: "Toma ahora tu hijo, tu único, Isaac, *a quien amas,* y vete a tierra de Moriah, y ofrécelo allí en holocausto sobre uno de los montes que yo te diré" (Génesis 22:2, *énfasis del autor*).

¿Puedes imaginarte la sorpresa de Abraham delante de esta petición? Este era el hijo prometido; el mismo que había estado esperando pacientemente durante veinticinco años. Ya habían corrido a Ismael, ¡se iba a quedar sin hijos! ¿Por qué ahora que el lazo era tan fuerte? ¿Por qué Dios se tardó tanto? ¿Por qué no lo pidió cuando todavía era un bebé? Muchos eruditos creen que Isaac tenía treinta y tres años en ese momento.

¿Te puedes imaginar esa noche? Seguramente en el alma de Abraham se desató una lucha. ¿Cómo le podía pedir Dios algo así? Todo iba conforme a lo planeado. Isaac un día se casaría, y sus descendientes producirían las naciones y reyes que Dios había prometido. ¿Cómo es que Dios podía pedir su vida tan pronto? ¿Puedes escuchar las preguntas que batallaban en su alma? *¿Para que me dio a Isaac? ¿Para que me lo daría si me lo iba a quitar? ¿Amará a Isaac tanto como yo? ¿Por qué no tomar mi vida en su lugar?*

Sin embargo, algo en Abraham venció todas estas preguntas y consejo: su temor a Dios. Dios había hablado y él obedecería. Leemos: "Y Abraham se levantó *muy de mañana*, y enalbardó su asno, y tomó consigo dos siervos suyos, y a Isaac su hijo; y cortó leña para el holocausto, y se levantó, y fue al lugar que Dios le dijo" (Génesis 22:3, *énfasis del autor*). Observa las palabras *muy de mañana*. ¿Alguna vez has escuchado a alguien decir: "Dios ha estado tratando conmigo con esto durante los últimos meses, pero no lo he hecho todavía"? Simplemente revelan su falta de temor de Dios.

Temer a Dios es temer delante de su Palabra. Esto significa que obedezcamos a pesar de no ver la razón o el beneficio de ello. Significa que obedecemos a pesar de que no entendamos. ¡Es obedecer incluso cuando duele! Como mensajeros del Evangelio hemos hecho un gran daño al Cuerpo de Cristo. Demasiado a menudo desarrollamos un acercamiento a la obediencia solo cuando hay un beneficio tangible. Decimos cosas como: "Si das, Dios va a...", o: "Si oras, entonces Dios va a...", o: "Si obedeces a Dios, entonces Dios va a...". Es casi un mensaje de "Ven a Jesús para que puedas recibir todos estos beneficios". ¿Que si creo que Él bendice? ¡Por supuesto! No obstante, las bendiciones no deberían ser el motivo para servirlo. Debemos servir con base en quién es Él, no por lo que Él puede hacer por nosotros.

La obediencia de Abraham fue inmediata al ponerse en camino al monte que Dios le mostró. ¿Por qué Dios no escogió un lugar más cercano? ¿Por qué un viaje de tres días? Creo que le dio tiempo a Abraham para pensarlo, incluso para regresarse. Una cosa es comenzar a avanzar al escuchar a voz de Dios, pero ¿qué hay de seguir adelante? ¿Seguirías con tus planes después de tres días de no haber escuchado su voz, ahora que estás mirando la montaña donde tienes que matar a la persona y lo más importante de tu vida?

No obstante, Abraham subió a la cima del monte, edificó un altar, ató a Isaac y levantó el cuchillo. Luego, de pronto el Ángel del Señor llama a Abraham desde el cielo:

> No extiendas tu mano sobre el muchacho, ni le hagas nada; porque ya conozco que temes a Dios, *por cuanto* no me rehusaste tu hijo, tu único.
>
> GÉNESIS 22:12, *ÉNFASIS DEL AUTOR*

¿Cómo fue que Dios supo que Abraham lo temía? Porque obedeció pesar de no entender; incluso cuando dolía; e incluso cuando no era para su beneficio. Dios observó a Abraham poner los deseos del Señor sobre cualquier otra cosa. Entonces Dios supo: "Este es un hombre a quien me puedo revelar y compartirle mi corazón".

Una faceta revelada de Dios

Inmediatamente después de esto, Abraham levantó sus ojos y vio un carnero trabado en un zarzal, y de su corazón vino el clamor: "¡Jehová Jireh!" (que significa, "el Señor proveerá"). Él fue el primero en conocer a Dios como Jehová Jireh. Dios reveló esta faceta de sí mismo que ningún otro hombre había conocido como respuesta a la reverencia y obediencia de Abraham.

Quizá tú me conozcas como "John Bevere el autor". Algunos me conocen como "John Bevere el conferencista". Pero hay otra persona, su nombre es Lisa, y ella me conoce como "John el esposo". Ella es mi amiga íntima, además de mi esposa, y yo le comparto secretos a ella que nadie más conoce. Tengo hijos que me conocen como "John el papá". Interactúo con ellos en maneras que sólo los padres y los hijos comparten. Ustedes también tienen a personas así en su vida. Dios igual. Dios compartió cosas con Abraham que nadie más sabía. El Señor incluso compartió sus planes con Abraham y le permitió emitir su opinión. Ellos hablaban juntos. Una situación de esas fue Sodoma y Gomorra. Dios dijo: "¿Encubriré yo a Abraham lo que voy a hacer?" (Génesis 18:17). El Señor se acercó a Abraham para hablar de la situación y Dios valoró y escuchó su opinión. Sodoma ahora sería librada si había por lo menos diez justos en ella. ¡Sin embargo, no hubo ni siquiera diez!

Sin siquiera tener idea del plan de Dios

Es sorprendente que el sobrino de Abraham, Lot, a quien la Biblia llama "justo" (lee 2 Pedro 2:7) fuera tan distinto. Lot era carnal y no temía a Dios. Su historia es completamente diferente. Comenzó con Abraham, pero siempre que la carne interfiere con el espíritu eventualmente va a surgir un conflicto. Abraham, más interesado en las cosas de Dios que en lo que este mundo podía ofrecer, le presenta a Lot una alternativa. Abraham tomaría las sobras; ambos hombres ignoraban que ese lugar más tarde sería la tierra que fluye leche y miel.

Leemos: "Y alzó Lot sus ojos, y vio toda la llanura del Jordán, que toda ella era de riego, como el huerto de Jehová" (Génesis 13:10). En esa época, la tierra era más deseable y fructífera. ¿Por qué no decidió de inmediato? Porque sabía que las ciudades de Sodoma y Gomorra estaban llenas de iniquidad. Probablemente, se tomó su tiempo porque estaba pensando en una manera de disfrutar de su abundancia sin quedar atrapado en su influencia. Decidió poner su tienda en las llanuras de Sodoma en lugar de morar dentro de la ciudad. De esta forma podría mantener cierta distancia del epicentro de su maldad, y aun así disfrutar de la abundancia de la zona. Leemos: "Y fue poniendo sus tiendas hasta Sodoma" (Génesis 13:12). No obstante, no importa lo bien que planees mantenerte lejos del pecado, si no temes a Dios con el tiempo vas a irte acercando a él. Eso le pasó a Lot; comenzó viviendo en la llanura, pero seis capítulos después tenía una casa dentro de las puertas de Sodoma (lee Génesis 19:2). Sodoma florecía y era próspera. No tenían idea de que estaban a solo unas horas de ser borrados de sobre la faz de la tierra. Esto no nos sorprende. Pero lo que es alarmante es que Lot tampoco lo sabía. Dios envía ángeles para advertirle, mensajeros de misericordia. Qué contraste, por un lado está Abraham que teme a Dios y conoce su consejo íntimo antes de que se lleve a cabo, mientras que Lot está en la misma ignorancia que los pecadores de Sodoma. Abraham es amigo de Dios, ¡porque le temía!

El verdadero Jesús

Al examinar la vida de Moisés y Abraham a la luz del temor del Señor, podemos expandir la definición un poco más. El temor del Señor abarca amar lo que Dios ama así como odiar lo que Él odia. Lo que es importante para Él se vuelve importante para nosotros, y lo que no es tan importante para Él pierde importancia para nosotros. Hacemos de sus prioridades y deseos los nuestros. La manifestación del temor del Señor es obediencia firme a los deseos y voluntad de Dios.

De acuerdo con la Escritura, cuando nos apropiamos del temor del Señor, Dios se acerca más. Una vez que nos encontramos con Él íntimamente, la intensidad de nuestro amor por Él crece. Amamos al Dios viviente revelado y verdadero y no sólo a una percepción de Él. Sin un profundo y permanente temor de Dios profesamos amor sin un verdadero conocimiento íntimo de Él. Sabemos de Él pero no lo conocemos a Él; por lo tanto nuestros afectos se dirigen hacia una imagen de "Jesús" formada en nuestra imaginación, más que en el verdadero sentado a la diestra del Padre.

Se podría comparar con la manera en que los hinchas ven a las estrellas de las películas o a los grandes deportistas. Aman la imagen que los medios retratan de estas superestrellas por medio de entrevistas y artículos en la prensa. Sus nombres se convierten en marcas reconocidas en todas partes. He escuchado a los fanáticos hablar como si estas celebridades fueran sus grandes amigos. He visto como sus emociones se involucran con los problemas personales de las celebridades como si fueran de su familia. Pero si los conocieran en persona quizá descubrirían que la persona real es bastante diferente de la imagen que se les ha presentado. La relación entre los hinchas y las celebridades es unilateral. Si se encontraran tendrían muy poco en común, y todavía mucho menos de qué hablar, porque en realidad no se conocen entre sí.

También he visto esta dinámica en la iglesia. Muchos hablan del Señor como si fueran bastante cercanos a Él. Sin embargo, al escuchar su conversación tienes el sentir de que hablan de alguien del que sólo saben acerca de, y que no conocen personalmente. Conocen sus palabras pero no su voz; las obras, pero no sus caminos; lo que dijo, pero no lo que está diciendo ahora.

Un ejemplo extremo de esto sucedió el año pasado. Mi familia y yo estábamos de vacaciones en Hawai. Yo estaba despierto muy de mañana a causa de la diferencia de horario. En esa mañana, yo estaba orando en la playa, cuando un hombre se me acercó y comenzó a hablar conmigo. Estaba tan emocionado acerca de la isla que casi de inmediato dijo: "La mujeres aquí son maravillosas. Son bastante amigables y extrovertidas". Continuó hablando acerca de una fiesta a la que acababa de asistir y de otros temas carnales; mientras hablaba, su conversación iba aderezada de profanidades.

Me preguntó a qué me dedicaba y le dije. Cuando escuchó que era ministro se emocionó mucho y comenzó a hablarme acerca del Señor. Me compartió su participación en un ministerio de alcance que su iglesia había tenido con motociclistas y luego me habló de su pastor. Me compartió como había conocido a Jesús e incluso me entregó un folleto que traía con él. Luego me habló acerca de su esposa y sus hijos que estaban dormidos en el hotel (mis pensamientos de inmediato regresaron a su emoción acerca de las mujeres de la isla). Mi corazón se rompió porque era evidente que este hombre creía que conocío al Señor, pero su vida mostraba otra cosa. Por eso es que Jesús dice que vamos a conocer a los creyentes por su fruto o por su estilo de vida, no por sus palabras o ministerios (lee Mateo 7:20-23).

Este es sólo uno de varios ejemplos que podría citar. Tengo la certeza de que te has encontrado con alguno igual de dramático. En todos estos casos, el conocimiento de Dios de los 'cristianos profesantes' es semejante al del hincha con la superestrella. Mi corazón se rompe por esto. Aquí está la gente que quiere salvación; sin embargo, aman al mundo, y elevan sus placeres, sus agendas y sus planes por encima de los deseos de Dios.

Luego están los que son verdaderamente salvos, pero que como Lot son carnales y se enredan en los negocios del mundo. Quieren servir a Dios pero están esclavizados por sus apetitos. No han seguido la cruz para hacer morir su vida propia a medida que se resisten a la obra purificadora de Dios. No buscan su voluntad ni el avance de su Reino apasionadamente. Aunque son salvos, carecen de intimidad con Él. Todavía viven en los atrios; restringidos por el velo de su propia carne no pueden acercarse por el camino nuevo y vivo. Están cerca de su presencia y al mismo tiempo sumamente lejos. Los que viven en los atrios han fallado en darse cuenta para qué los liberó Dios de la opresión del mundo. Se pierden del alto llamado de Dios de conocerlo íntimamente. Les encantan los mensajes que hablan del amor de Dios, sus bendiciones, su protección, su provisión y su abundancia, y aunque todo eso es cierto, rehuyen de lo que trata con los asuntos del corazón. Han escogido cosas que no los pueden satisfacer, ignorando a la fuente de Agua Viva que mora en su propio corazón.

Necesitamos dar a conocer que Dios quiere una relación íntima con nosotros y que Él es santo y que no puede ser burlado. Pagó un precio tan alto para traernos a sí mismo, ¿cómo podemos seguir siendo amigos del mundo? Santiago advierte antes de su exhortación a acercarnos a Dios: "¿No sabéis que la amistad del mundo es enemistad contra Dios?" (Santiago 4:4). ¡Y continúa diciendo que si buscamos las pasiones del mundo nos hacemos enemigos de Dios! Recuerda, le está hablando a creyentes. Pablo también utiliza términos inequívocos: "Porque la gracia de Dios se ha manifestado para salvación a todos los hombres, enseñándonos que, renunciando a la impiedad y a los deseos mundanos, vivamos en este siglo sobria, justa y piadosamente, aguardando la esperanza bienaventurada y la manifestación gloriosa de nuestro gran Dios y Salvador Jesucristo" (Tito 2:11-13). Nuevamente, esta es la razón por la que Pablo nos dice que nos ocupemos de nuestra salvación con temor y temblor.

Amigos de Jesús

A menudo, escuchamos mensajes que proclaman que ahora todos los que han recibido a Jesús son sus amigos. Espero que en este punto ya te hayas dado cuenta de que Dios no es un amigo barato colectivo. Cierta vez en oración Él clamó: "¿Pregúntale a mi pueblo si quieren que yo sea igual de fiel con ellos como ellos lo son conmigo?". Jesús no vino como Salvador para que todos se pudieran unir a su "club de nacidos de nuevo". Él está buscando una relación en la que lo amemos tanto como Él nos ama; allí es donde encontramos su amistad. Esto se confirma con sus propias palabras:

Vosotros sois mis amigos, si hacéis lo que yo os mando.

JUAN 15:14

Hay ciertos parámetros en funcionamiento en la amistad con Jesús. Él no dijo: "Ustedes son mis amigos si creen que soy el Cristo", más bien dijo: "Ustedes son mis amigos si hacen lo que yo les mando". Hemos discutido en este capítulo que el poder para "hacer lo que Él nos mande" se encuentra en el temor de Dios. Jesús hizo esta declaración después de que Judas se fue para traicionarlo. Si pasamos al siguiente versículo encontramos que Jesús les dice a los once: "Ya no os llamaré siervos" (Juan 15:15). El hecho de que diga "ya no" implica que hubo un tiempo en el que los consideraba siervos, pero ahora existía un nuevo nivel. Después de esta declaración, continúa diciendo:

Porque el siervo no sabe lo que hace su señor; pero os he llamado amigos, porque todas las cosas que oí de mi Padre, os las he dado a conocer.

JUAN 15:15

Observa que los amigos del Maestro saben lo que Él está haciendo. ¡Conocen sus caminos! ¿Por qué los llama amigos hasta el final y no al principio de su relación? La respuesta es que probaron su lealtad y obediencia al seguirlo en las pruebas y momentos difíciles, y al regocijarse con Él en lo milagroso y en lo bueno. Su fidelidad se evidenció con su obediencia.

Esta declaración se extiende a todos los que claman a su nombre: "Ustedes son mis amigos si hacen lo que yo les mando". Observa que Él lo dijo llanamente: la amistad está reservada para los que lo obedecen. Esto refleja lo que vimos en el libro de Salmos: "La amistad con el Señor está reservada para los que le temen".

¿Por qué Dios restringiría su amistad? Creo que es para protegernos de los peligros que conlleva la familiaridad. Recuerdas a los hijos de Aarón y la exhortación dada a su padre Aarón: "En los que a mí se acercan me santificaré".

Esto sucedió nuevamente en el Nuevo Testamento cuando un hombre y su esposa entraron a la presencia de un Dios santo con familiaridad no santa. Murieron en su presencia (lee Hechos 5:1-11). Vino un "gran temor" sobre la Iglesia cuando el Cuerpo de creyentes llegó al entendimiento de la seriedad de la falta de reverencia. Nuevamente: "Formidable sobre todos cuantos están alrededor de él".

El año pasado descubrí un secreto maravilloso. Al entrar en mis tiempos de oración me refrenaba de hablar y solo meditaba en el maravilloso esplendor y grandeza de mi Padre. Pensaba en la magnificencia de Jesús y la batalla gloriosa que ganó por mí para ser suyo. Meditaba en su asombroso Espíritu y en el hecho de que haya escogido vivir conmigo. ¡Qué sobrecogedor es eso!

Al hacer esto descubrí, que antes de que pudiera siquiera pronunciar una palabra, que la presencia de Dios venía a mi encuentro. Sorprendido de lo fácil que estaba siendo entrar en su presencia le pregunté al Espíritu Santo. Él habló a mi corazón: "Hijo, ¿qué les dijo Jesús a sus discípulos que hicieran cuando les enseñó a orar?". Recité el Padrenuestro: "Padre nuestro que estás en los cielos, santificado sea tu nombre". Quedé impactado; clamé lleno de gozo: "¡Sí, sí!". Allí está, justo desde el principio, Él debe ser considerado Santo: "Santificado sea tu nombre". ¡Debemos entrar en su presencia por medio de la reverencia santa! ¡Cuántos años recité esta oración sin darme cuenta de lo que Jesús estaba diciendo en realidad!

La clave para los tesoros de la vida

El temor del Señor es la clave para la intimidad con Dios, y el fundamento de la vida. Isaías nos dice:

> Será exaltado Jehová, el cual mora en las alturas; llenó a Sion de juicio y de justicia. Y reinarán en tus tiempos la sabiduría y la ciencia, y abundancia de salvación; el temor de Jehová será su tesoro.
>
> ISAÍAS 33:5-6

El temor santo abre el tesoro de la salvación, de la sabiduría y de la ciencia. ¿Por qué? Porque es el fundamento de la intimidad con Dios y en ese lugar de intimidad sus tesoros son revelados. Junto con el amor de Dios, constituye el mismo fundamento de la vida. No podemos verdaderamente amar a Dios y disfrutar de intimidad con Él hasta que no le temamos primero.

PREGUNTAS DE ESTUDIO

1. En tus propias palabras, ¿cómo describirías lo que significa temer a Dios en contraste con tenerle miedo a Dios?

2. Este capítulo compara a Abraham "el amigo de Dios", con su sobrino Lot, que era llamado "justo". Mientras Lot miraba las tierras deseables hacia Sodoma y Gomorra obviamente estaba tratando de idear una manera de disfrutar la abundancia de las ciudades sin ser atrapado por su influencia. ¿Alguna vez te sientes inclinado a pensar de esa misma manera? ¿De qué forma el temor apropiado del Señor te ayudaría a prevenir un raciocinio tan defectuoso?

3. Recordando el encuentro del autor con ese hombre en la playa de Hawai, ¿has tenido encuentros similares? ¿Cómo trataste con ellos? Sin importar si fue tan extremo como este incidente o no, ¿alguna vez fuiste el hombre en la playa; cuando tus palabras o acciones traicionaron donde realmente estaba tu corazón en ese momento? ¿Qué aprendiste, o qué estás aprendiendo todavía de ocasiones similares?

4. A la luz de Salmos 25:14 ("La comunión íntima de Jehová es con los que le temen, y a ellos hará conocer su pacto"), el autor señala que Dios retrae su amistad para protegernos de los peligros de la familiaridad. ¿Qué son "los peligros de la familiaridad"?

_____

_____

_____

_____

_____

CAPÍTULO SIETE

¿QUÉ OBSTACULIZA LA INTIMIDAD?

Los engañados reciben consuelo de un conocimiento
de Dios que simplemente no poseen.

E l temor del Señor es el fundamento de la intimidad con Dios. Esto
se aclara al principio del libro de Proverbios. Leemos: "El principio [fundamento] de la sabiduría es el temor de Jehová" (Proverbios
1:7). ¿Qué tipo de sabiduría? El escritor nos lo dice algunos versículos
más adelante:

Hijo mío, si recibieres mis palabras,
Y mis mandamientos guardares dentro de ti,
Haciendo estar atento tu oído a la sabiduría;
Si inclinares tu corazón a la prudencia,
Si clamares a la inteligencia,
Y a la prudencia dieres tu voz;
Si como a la plata la buscares,
Y la escudriñares como a tesoros,
Entonces entenderás el temor de Jehová
Y hallarás *el conocimiento de Dios*.

PROVERBIOS 2:1-5

La palabra *conocimiento* es definida por el *Dictionary of Biblical
Languages* (Diccionario de idiomas bíblicos) como: "Información de
una persona, con fuertes implicaciones de relación con esa persona".
El *Diccionario Expositivo Vine* nos dice que esta palabra para *conocimiento* implica: "Tener un conocimiento íntimo fruto de la experiencia de Él (Dios)". Y continúa diciendo: "Positivamente, 'conocer a
Dios' equivale a temerle".

Puedes ver en el versículo anterior que temer al Señor es considerar sus mandamientos como tesoros. Considerar sus mandamientos
como tesoros es inclinar tu oído a su Palabra con toda la disposición

a obedecerla sin importar las circunstancias. Lo opuesto a la intimidad es lo que está reservado para los que carecen de este temor santo porque Santiago nos dice que nos "engañamos a nosotros mismos" (Santiago 1:22) cuando conocemos su voluntad y nos refrenamos de obedecerla. El engaño es bastante atemorizante, porque los engañados creen estar en lo correcto, cuando en realidad no lo están. Los engañados reciben consuelo de un conocimiento de Dios que simplemente no poseen.

Una imagen distorsionada del Señor

Sin el temor de Dios, en realidad, no conocemos a Dios. Se desarrolla, se forma y se moldea dentro de nuestra alma o de nuestra imaginación una imagen incorrecta. Aunque profesemos una relación con Él y lo honremos con nuestros labios, nuestro corazón no está cerca del suyo y nuestra vida esta fuera de sintonía con sus deseos. Esto es evidente en los hijos de Israel.

Como se declaró en capítulos anteriores, Moisés los llevó a encontrarse con Dios en el Sinaí y aun así, "el pueblo estuvo a lo lejos, y Moisés se acercó a la oscuridad en la cual estaba Dios" (Éxodo 20:21). Qué triste que no pudieron acercarse a este glorioso interludio. ¿Quién sabe lo que hubiera sucedido? ¡Tuvieron la oportunidad de escuchar las palabras habladas por su misma voz! Sin embargo, como ya dije, no pudieron manejar su presencia porque no tenían temor de Dios en sus corazones y por lo tanto no podían guardar sus mandamientos (Deuteronomio 5:29).

Decepcionado, Dios establece un mediador entre Él y el pueblo. Le dice a Moisés: "Ve, desciende, y subirás *tú, y Aarón* contigo" (Éxodo 19:24, *énfasis del autor*). Dios llamó a Moisés y a Aarón a sí mismo como mediadores. Ellos escucharían sus palabras para el pueblo, y le llevarían sus palabras a Él. Bastante alejado de la intimidad original que Él había planeado tener con su pueblo.

No obstante, cuando seguimos leyendo a lo largo de Éxodo descubrimos a Moisés arriba en la montaña y a Aarón solo en el campamento. Parece que comenzó a subir, pero finalmente terminó de vuelta entre el pueblo. ¿Por qué? Se sentía más cómodo en la presencia de la gente que en la presencia de Dios. Carecía del temor de Dios. Aarón temía más al hombre que a Dios, y por lo tanto, les servía; finalmente terminaría dándole a la gente lo que quería, y, cómo estamos a punto de ver, no tomaría mucho tiempo.

Moisés ha estado en el monte durante casi cuarenta días y leemos:

> Viendo el pueblo que Moisés tardaba en descender del monte, se acercaron entonces a Aarón, y le dijeron: Levántate, haznos dioses que vayan delante de nosotros; porque a este Moisés, el varón que nos sacó de la tierra de Egipto, no sabemos qué le haya acontecido.
>
> Éxodo 32:1

Aarón tenía el don del liderazgo que conlleva ciertas cualidades, una de las cuales es atraer a la gente como un imán. Esto va a atraer a los demás sin importar que el líder talentoso haya estado con Dios o no. Esto explica cómo uno puede tener una iglesia de miles carente de la presencia de Dios donde sus deseos son mal representados. Demasiado a menudo el líder que carece del temor del Señor utiliza sus dones dados por Dios para llevar a cabo los deseos de la gente y no los del Señor.

El pueblo instó a Aarón: "Levántate, haznos dioses que vayan delante de nosotros; porque a este Moisés […] no sabemos qué le haya acontecido". Observa que no dijeron: "Porque a este Dios no sabemos qué le haya acontecido". Por lo cual, no negaron a Dios, sino que simplemente descalificaron a Moisés.

¿Dios o Dios?

Durante el estudio que hice de los textos originales, tuve que preguntarme si la traducción decía realmente lo que se había expresado. Utilizaron la palabra *dioses*. No obstante, la palabra hebrea para *dioses* es *elohiym*. Esta palabra se encuentra 1,006 veces en el Antiguo Testamento; aproximadamente 2,350 de sus ocurrencias (más del 90%) se refiere al Dios Todopoderoso, al que servimos. Se repite 32 veces solamente en el primer capítulo de Génesis, y cada una se refiere al Señor. Por ejemplo, el primer versículo de la Biblia dice: "En el principio creó Dios [*elohiym*] los cielos y la tierra" (Génesis 1:1). Aquí *elohiym* es traducido como "Dios".

Aproximadamente 250 veces en el Antiguo Testamento, esta palabra se utiliza para describir un dios falso. Así que siempre debemos de leerla tomando en cuenta el contexto para discernir el significado correcto.

Aarón le dijo al pueblo: "Apartad los zarcillos de oro que están en las orejas de vuestras mujeres, de vuestros hijos y de vuestras hijas, y traédmelos" (Éxodo 32:2). El pueblo lo hizo: "Y él los tomó de las manos de ellos, y le dio forma con buril, e hizo de ello un becerro de fundición" (Éxodo 32:4).

Una vez que moldeó este oro en un becerro con sus herramientas, todo el pueblo dijo: "Israel, estos son tus dioses, que te sacaron de la tierra de Egipto" (Éxodo 32:4). La palabra hebrea para *dioses* nuevamente es *elohiym*. El pueblo estaba diciendo: "¡Este es tu *elohiym* que te sacó de la tierra de Egipto!". ¿Estás empezando a ver lo que está sucediendo? Vamos a seguir leyendo para estar seguros de lo que esta gente está diciendo.

> Y viendo esto Aarón, edificó un altar delante del becerro; y pregonó Aarón, y dijo: Mañana será fiesta para *Jehová*.
>
> ÉXODO 32:5, *énfasis del autor*

La palabra hebrea *Jehová* o *Yahweh* es la palabra más sagrada del Antiguo Testamento. Es el nombre propio del único Dios verdadero. Nunca se utiliza en el Antiguo Testamento para describir o nombrar un dios falso. La palabra era tan sagrada que los escribas hebreos ni siquiera la escribían completa. Le quitaban las vocales y solo escribían YHWH. Los escribas judíos se referían a ella como el tetragrama sagrado, las cuatro letras impronunciables. Este era el nombre innombrable, el nombre sagrado guardado de la profanidad en la vida de Israel.

Así que en esencia lo que Aarón y los hijos de Israel hicieron fue moldear un becerro, señalarlo y decir: "¡He aquí Jehová el Dios único y verdadero que nos sacó de la tierra de Egipto!". No dijeron: "He aquí Baal, el que nos sacó de la tierra de Egipto". Ni le atribuyeron su liberación a otro dios falso. Le llamaron a este becerro con el nombre del Señor.

Adoración seguida de libertinaje

No estaban descaradamente negando a Dios, más bien redujeron su gloria al nivel de la imagen de este becerro moldeado. Estaban engañados en su conocimiento de Él. Todavía reconocían a Yahweh como su salvador y libertador de Egipto. Tampoco negaban su poder sanador; ¡solo cambiaron la imagen de su persona! Si seguimos leyendo, descubrimos:

Y al día siguiente madrugaron, y ofrecieron holocaustos, y presentaron ofrendas de paz; y se sentó el pueblo a comer y a beber, y se levantó a regocijarse.

Éxodo 32:6

Observa que trajeron holocaustos. ¿Por qué trajeron ofrendas? ¡Para honrar al que profesaban servir, a Yahweh! Después de una presentación de ofrendas o adoración, se regocijaron en sus apetitos carnales. La NVI dice que el pueblo "se entregó al desenfreno".

¿Podría esto estar sucediendo en la actualidad? ¿Existirán personas que hayan sido salvadas del mundo por su gracia salvadora, que carezcan de temor santo y clamen a un Jesús que han formado en su imaginación? Todo el tiempo, después de haber pasado por su experiencia de nuevo nacimiento, y recibirlo y confesarlo como Señor, vienen a la iglesia a cantar canciones de liberación y libertad, a escuchar mensajes y a dar dinero, pero salen y mienten para lograr una venta, mientras que testifican de cómo Dios está bendiciendo su negocio. Posiblemente chismean acerca de su pastor y de otros justificándolo con: "Bueno es la verdad, y los demás lo saben"; ¡cometen fornicación y otros actos obscenos, y luego lo justifican todo por el hecho de que aunque Jesús los ha salvado, todavía viven en un cuerpo que tiene necesidades! La lista es casi interminable.

¿Conocen a Jesús? Pregúntales; todos te van a contestar enfáticamente que sí. ¿Están engañados? ¿Están confesando al que está sentado a la diestra de la Majestad en las alturas, o a un Jesús que ellos crearon a su propia imagen que les da lo que ellos quieren? Sobre todo: ¿nos identificamos con alguna de estas cosas?

Vas a descubrir que cuando la gente carece de temor de Dios, clama a Él pero se inclina hacia los apetitos carnales y la carne está en enemistad contra Dios, porque no se sujeta a su voluntad (lee Romanos 8:5-7). Son desobedientes a sus deseos aun y cuando son llamados de su nombre, profesan conocerlo y creen que Él aprueba su comportamiento. Su falta de obediencia proviene de un corazón que carece de temor santo; la raíz de toda desobediencia y desconexión es arropada en el engaño de "conocer al Señor Jesús".

No hay nada oculto

Esto se puede ver a lo largo de la Biblia. No pasó mucho tiempo para salir a la luz después de la caída y comenzó con el propio hijo de Adán, Caín. Cuando los padres de Caín pecaron en el huerto, por ignorancia se cubrieron con hojas de higuera, con el fruto de la tierra. Dios les mostró que su voluntad era sacrificar un animal. Los vistió de túnicas con la piel del animal; que creó era un cordero. No obstante, Caín no era ignorante; él sabía por sus padres que Dios deseaba el sacrificio de un animal, no el fruto de la tierra. Sin embargo, leemos: "Tiempo después, Caín presentó *al Señor* una ofrenda del fruto de la tierra" (Génesis 4:3, *énfasis del autor*). Obviamente estaba intentando servir a Dios, porque no dice que le presentó la ofrenda a un dios falso. Diligentemente trabajó para traerle su ofrenda a Dios; mas era en evidente desobediencia.

¿Cuál es la raíz de la desobediencia? Ninguna otra que la falta de temor de Dios. Esto se puede ver claramente cuando Dios le pregunta acerca del paradero de su hermano muerto; su respuesta es desafiante: "No sé. ¿Soy yo acaso guarda de mi hermano?" (Génesis 4:9). Lo ves nuevamente, igual que Israel con el becerro, que en su falta de temor a Dios, la imagen de Dios es reducida, y las formas aceptables de servirlo son cambiadas. Engañado, Caín ahora incluso piensa que le puede esconder algo a Dios, como con cualquier otro ser humano. La imagen de Dios había sido reducida a la de un hombre a los ojos de Caín. Pablo nos advierte severamente que en los últimos días también veremos este patrón: "Pues habiendo conocido a Dios, no le glorificaron como a Dios [...] y cambiaron la gloria del Dios incorruptible en semejanza de imagen de hombre corruptible" (Romanos 1:21-23). Así como con Caín, la falta de temor piadoso los entrega al engaño y creen que Dios no nota sus caminos contrarios.

La respuesta de Caín demuestra que olvidó que no hay nada encubierto para Dios. Dios no es un hombre; Él lo ve y lo sabe todo. Cuando perdemos el temor de Dios, reducimos nuestro sentido espiritual, porque incluso un pecador descarado sabe que Dios está consciente de su rebelión. Los que tienen conocimiento de Dios y están apartados de todo temor santo se consuelan con: "Jehová no ve" (Ezequiel 9:9), y si lo ve, de seguro que me comprende. Ni siquiera los líderes se encuentran exentos de esto. Dios dice: "Hijo de hombre, ¿has visto las cosas que los ancianos de la casa de Israel hacen en tinieblas, cada uno en sus cámaras pintadas de imágenes? Porque dicen ellos: No nos ve Jehová; Jehová ha abandonado la tierra" (Ezequiel 8:12).

¿Hemos olvidado las urgentes palabras de Jesús de que temamos a Dios? Porque nos dice: "Porque nada hay encubierto, que no haya de descubrirse; ni oculto, que no haya de saberse" (Lucas 12:2). No obstante, cuando perdemos el temor de Dios lo reducimos a nuestro propio nivel, y subconscientemente pensamos que le podemos ocultar cosas. Si se les preguntara acerca de la omnipresencia y omnisciencia de Dios, de inmediato estarían fuertemente de acuerdo con ellas. Pero en lo profundo dentro de su ser han perdido la conciencia de su majestad; porque si todavía la poseyeran no buscarían guardar cosas en secreto. Esconden cosas de la gente piadosa y muchas veces tienen éxito; sin embargo, se olvidan de que "los ojos de Jehová están en todo lugar, mirando a los malos y a los buenos" (Proverbios 15:3).

Creer estar en obediencia cuando no es así

Sin embargo, allí no se termina. El siguiente paso del engaño te lleva a la creencia de que estás en obediencia cuando en realidad no es así. Esto se refleja en uno de los descendientes de David, un rey llamado Uzías. Cuando él tenía dieciséis años su padre Amasías murió y Uzías fue hecho rey de Judá en su lugar. Cuando tienes dieciséis años y eres hecho rey, si eres listo vas a buscar a Dios, y Uzías lo hizo. Como resultado prosperó grandemente. Durante muchos años disfrutó abundancia y éxito. Y entonces leemos: "Y su fama se extendió lejos, porque fue ayudado maravillosamente, hasta hacerse poderoso" (2 Crónicas 26:15).

Pero cuando el rey Uzías se hizo poderoso, su corazón se llenó de orgullo. El orgullo y el temor de Dios se oponen el uno al otro. Cuando un corazón carece de temor santo cultiva orgullo. Lee cuidadosamente lo que sucedió:

> Mas cuando ya era fuerte, su corazón se enalteció para su ruina; porque se rebeló contra Jehová su Dios, entrando en el templo de Jehová para quemar incienso en el altar del incienso. Y entró tras él el sacerdote Azarías, y con él ochenta sacerdotes de Jehová, varones valientes. Y se pusieron contra el rey Uzías, y le dijeron: No te corresponde a ti, oh Uzías, el quemar incienso a Jehová, sino a los sacerdotes hijos de Aarón, que son consagrados para quemarlo. Sal del santuario, porque has prevaricado, y no te será para gloria delante de

Jehová Dios. Entonces Uzías, teniendo en la mano un incensario para ofrecer incienso, se llenó de ira; y en su ira contra los sacerdotes, la lepra le brotó en la frente, delante de los sacerdotes en la casa de Jehová, junto al altar del incienso.

2 Crónicas 26:16-19

Ahora bien, la pregunta que debemos hacernos es: ¿Cuando el corazón de Uzías se enalteció, se volvió más espiritual o menos espiritual? Cuando le hago esta pregunta al público en mis conferencias, la mayoría responde que menos espiritual. No obstante, esto no es verdad porque entró al tempo a *adorar*. De hecho se volvió más espiritual (religioso) en sus acciones. Muy a menudo vas a encontrar que el comportamiento hiperespiritual y el orgullo van de la mano; uno cubre al otro. La altivez evita que la persona reconozca ser religiosa, y la religión cubre su orgullo con gestos religiosos. ¡Ambos son una falta de temor de Dios y verdadera humildad!

Observa que Uzías se puso furioso cuando fue confrontado con la verdad. Esto es exactamente lo que sucedió con Caín, cuando fue confrontado con la verdad. Las Escrituras nos dicen: "Y se ensañó Caín en gran manera, y decayó su semblante" (Génesis 4:5). ¡Caín se enojó con Dios! Siempre que utilices la verdad para confrontar a una persona viviendo en desobediencia debido a una falta de temor santo, van a enojarse. ¿Por qué? ¡Porque realmente creen que están bien! Están engañados, y para estar engañado se debe creer que uno está bien a pesar de estar equivocado.

¿Por qué más se pondría furioso Uzías contra los sacerdotes? Entró al templo a adorar, pero como los otros hijos de Aarón, se negó a honrar los estatutos del Señor y redujo su imagen. Estaba totalmente fuera de sintonía en su desobediencia; buscando intimidad con Dios, y ciertamente parecía estar buscándola, en realidad estaba bastante lejos de Aquel al que buscaba adorar.

¿Podría esto responder por qué hay tantos en la Iglesia que profesan intimidad con Dios y que; no obstante, están fuera de sincronización con sus deseos? Sin una comprensión de los principios que hemos expuesto, uno puede quedar atónito al observar a la gente compartiendo que Dios les ha revelado algo que contradice la verdad de la Escritura. ¿Cómo pueden salir de un tiempo de oración criticando a los líderes que Dios les dijo que honraran? Si te aventuras a decirles lo que dicen las Escrituras se enojan. Piensan que uno está fuera de sintonía y que no es espiritual, cuando en realidad, ellos son los que se están oponiendo a sus caminos.

Como líder, numerosas ocasiones he tenido la oportunidad de hablar con personas que me han compartido lo que ellas piensan que Dios les ha revelado y mi espíritu se contrista. Como están convencidos que lo escucharon de parte de Dios rechazan cualquier palabra que les comparto de las Escrituras. No hacen esto solo conmigo, sino con todas las personas que tratan de ayudarlos. Utilizan otras escrituras fuera de contexto para justificar lo que dicen y no están abiertos a discutirlo. Luego me evitan y se aíslan de todos lo que tratamos de ayudarlos porque ya no somos espirituales a sus ojos. A medida que el tiempo pasa el fruto de sus caminos prueba ser contrario a la voluntad de Dios, o lo que ellos esperaban no sucedió. ¿Podría ser que oyeron la voz de su propia imaginación y no la de Jesús en absoluto? ¿Buscaron intimidad y encontraron engaño?

Acercarse a Dios con un corazón idólatra

Hay una manera de protegerse de este terrible engaño, y nuevamente se encuentra en el temor de Dios. Cuando tememos a Dios debemos venir a Él con un corazón neutral listos a escuchar sus palabras de instrucción o corrección. No nos apoyamos en nuestra propia prudencia o deseos carnales, sino que deseamos apasionadamente su voluntad.

Acercarse al Señor con fuertes deseos que no estén en línea con su voluntad, cuando Él nos la ha revelado, puede probar ser lo más imprudente y peligroso; porque esto nos puede llevar al siguiente nivel de engaño, uno que es más terrible. Este nivel de engaño es cuando Dios mismo de hecho nos da, o nos permite tener, lo que queremos:

> Y vino a mí palabra de Jehová, diciendo: Hijo de hombre, estos hombres han puesto sus ídolos en su corazón, y han establecido el tropiezo de su maldad delante de su rostro. ¿Acaso he de ser yo en modo alguno consultado por ellos?
> EZEQUIEL 14:2-3

El Señor se ofendía de que su pueblo viniera a pedir dirección, consejo o sabiduría con ídolos escondidos en su corazón. No es claro si ellos estaban conscientes de ello; no obstante, parece ser que la verdad estaba encubierta de sus ojos. Estos ídolos los llevaban a tropezarse en iniquidad. Esa palabra hebrea para *maldad* es *awon* y significa una ofensa, sin importar si es intencional o no, contra la voluntad de Dios.

Observa que Dios no dijo que habían puesto los ídolos en sus patios, en su sala de estar o en sus habitaciones. La idolatría estaba en su corazón. Recuerda que la idolatría no se reduce a clamar el nombre de un dios falso. Como vimos anteriormente, una forma de idolatría es la reducción de Dios a una imagen más pequeña; alguien que nos da lo que deseamos apasionadamente. Vas a descubrir que la raíz de toda idolatría es la codicia. El Nuevo Testamento afirma esto:

> Haced morir, pues, lo terrenal en vosotros: fornicación, impureza, pasiones desordenadas, malos deseos y *avaricia, que es idolatría.*
>
> Colosenses 3:5, *énfasis del autor*

En Efesios 5:5, Pablo nuevamente dice que un hombre avaro es un idólatra. Es claro que la idolatría está definida como avaricia; ahora déjenme definir *avaricia*. El *Diccionario de la Lengua Española* la define como: "Afán desordenado de poseer y adquirir riquezas para atesorarlas". En oración le pedí al Señor su propia definición. Su respuesta fue: "Avaricia es el deseo de obtener".

Esto no limita la avaricia al deseo de obtener dinero. Esto abarca posesiones, posición, comodidad, aceptación, placer, poder, lujuria sexual y demás. La avaricia es el estado en el que nos encontramos cuando no tenemos contentamiento. Luchamos porque carecemos de la paz o del descanso que Dios nos ha dado. A sabiendas o por ignorancia nos resistimos a su plan o a su proceso en nuestra propia vida. Por esta razón se nos dice: "Sean vuestras costumbres sin avaricia, contentos con lo que tenéis ahora; porque él dijo: No te desampararé, ni te dejaré" (Hebreos 13:5). Cuando vivimos en la certeza de que: "En tu presencia hay plenitud de gozo; delicias a tu diestra para siempre" (Salmos 16:11), no vamos buscar realizarnos fuera de su presencia o su plan para nosotros.

La avaricia mora en medio de la inquietud y es alimentada por un deseo incesante. Esto describe perfectamente a los hijos de Israel cuando salieron de Egipto. Continuamente se esforzaban por alcanzar lo que pensaban que era mejor para ellos, sin importar que Dios les hubiera dado a conocer su voluntad. No les gustó el proceso que Dios escogió para prepararlos a tomar la tierra prometida y se quejaron de las condiciones, del agua, de la comida y demás. Carecían de temor santo, y su corazón estaba maduro para cultivar avaricia. Cuando Dios se manifestó corrieron a buscar refugio anhelando esconder la verdad de que sus deseos secretos de placer y ganancia habían superado su deseo por Dios mismo.

Una vez que Dios y Moisés se retiraron juntos, el pueblo pudo moldear a Dios en una imagen que les pudiera dar sus deseos avaros. Lo interesante es que todo revolvía alrededor del oro. Este amor al dinero se evidenció por su falta de contentamiento piadoso a su voluntad. Ahora estaban operando en la densa niebla del engaño.

(Como apostilla, la avaricia es la raíz de otras formas de idolatría también. Toda la humanidad es creada con un deseo innato de adorar a Dios. Sin embargo, muchos no quieren someterse al verdadero Creador. Así que desarrollan un dios falso, pero ¿qué es lo que está en la raíz de este dios falso? La respuesta está en quién lo creó: el hombre. Ahora el hombre adora este falso dios que finalmente le va a dar lo que él desea. Nuevamente, la raíz es la codicia.)

Conclusión, no importa la forma que tomen, todos los ídolos son una fuente. Toman el lugar que solo Dios se merece. Un ídolo puede servir como tu fuente de alegría, consuelo, paz, provisión y demás. Dios dice: "No haréis para vosotros ídolos, ni escultura, ni os levantaréis estatua, ni pondréis en vuestra tierra piedra pintada para inclinaros a ella; porque yo soy Jehová vuestro Dios" (Levítico 26:1). Nosotros somos los que nos hacemos el ídolo. Un ídolo es cualquier cosa que ponemos antes que Dios en nuestra vida. Es lo que amamos, nos gusta, en quien confiamos o a lo que le damos más atención que al Señor. Un ídolo es de donde tomas tus fuerzas o a lo que le dedicas tus esfuerzos. Un creyente entra en idolatría cuando permite que su corazón se inquiete con descontento y busca satisfacción fuera de la voluntad de Dios para su vida. Nuevamente el saldo final es avaricia.

Una respuesta acorde con la codicia

De regreso a las palabras de Dios para Ezequiel, se lamenta del hecho de que su propio pueblo buscara su ayuda con ídolos en su corazón. Querían que Dios les diera lo que ellos deseaban de manera egoísta, en lugar de buscar su voluntad. No es nada distinto de los adolescentes que esperan que sus padres estén de acuerdo con sus ideas, en lugar de buscar la sabiduría de sus padres, y fracasan en darse cuenta de que sus padres saben más, y que solo quieren lo mejor para ellos. La respuesta de Dios para Ezequiel es tanto alarmante como sorprendente. Le dice directamente a Ezequiel que cuando alguien venga a Él con codicia en su corazón: "Yo Jehová responderé al que viniere conforme a la multitud de sus ídolos" (Ezequiel 14:4). La Biblia de las Américas lo dice de esta manera: "Yo, el SEÑOR, le responderé entonces de acuerdo con la multitud de sus ídolos".

La perdición de un hombre de Dios

Esto es evidente en la vida de Balaam. Él era un gran profeta de Jehová, no de un dios falso, sino del mismo Señor que servimos. Su ministerio profético era tan poderoso que llegó a oídos de reyes. Cierto rey en particular era Balac, rey de Moab y de Madián.

Los pueblos de Madián y de Moab estaban aterrados porque Israel acababa de vencer a la nación más poderosa del mundo, Egipto, y ahora estaban acampados en la llanura de Moab. La gente pensaba que si Egipto pudo ser destruido con tanta facilidad, no tendrían problemas en hacerle lo mismo a ellos. El temor era prevaleciente y llegó incluso hasta el palacio; al rey.

El rey Balac tenía un plan. Él entendía que la persona a la que este gran profeta, Balaam, bendecía era bendita, y a quién maldecía, quedaba maldita. Envió nobles con una gran ofrenda para Balaam quienes le regaron que regresara con ellos para que estuviera al lado del rey y maldijera a Israel desde los lugares altos de Moab.

Balaam estaba intrigado: "Reposad aquí esta noche, y yo os daré respuesta según Jehová me hablare. Así los príncipes de Moab se quedaron con Balaam" (Números 22:8). Su respuesta suena similar a la de la mayoría de los creyentes de la actualidad: "Déjame orar acerca del asunto para saber lo que el Señor dice".

El Señor viene a Balaam y le pregunta: "¿Qué varones son estos que están contigo?". En otras palabras: "¿Para qué necesitas orar acerca de este asunto? ¡Estos hombres no tienen un pacto conmigo, pero te están pidiendo que maldigas al pueblo de mi pacto! ¿Cómo es que necesitas preguntar siquiera?".

Hay un mensaje para todos nosotros en esto: ¡Hay algunas cosas sobre las que no debemos orar! Ya deberíamos saber el deseo de Dios desde antes de preguntar. A mí me desagrada cuando mis hijos adolescentes se acercan para pedirme algo que ya saben que les voy a decir que no. "¿Para qué preguntan?", murmuro para mí mismo después de darles la respuesta que en lo profundo de su ser sabían que les daría. Hacen esto porque mi palabra sigue siendo ley, o es restrictiva, para ellos en ese aspecto de su vida, más que su deleite.

Regresando a Balaam, me imagino que la recompensa ofrecida era inmensa y la posición de honor sería grande entre los pueblos de Moab y de Madián. ¿El deseo de Balaam por dinero y honor veló sus ojos de percibir sabiduría sana?

Dios, quién es misericordioso, probablemente pensó: *Bueno Balaam, ya que no entendiste el asunto, o en realidad no quisiste, voy a decirte mi voluntad llanamente.* Así que Dios dice: "No vayas con ellos, ni maldigas al pueblo, porque bendito es" (Números 22:12). ¿Fue claro? Muchas veces encuentro que cuando Dios habla, lo hace con precisión y claridad; nosotros somos los que lo complicamos y lo enlodamos.

Balaam obedece y a la mañana siguiente despide a los emisarios con: "Volveos a vuestra tierra, porque Jehová *no me quiere dejar ir* con vosotros" (Números 22:13, *énfasis del autor*). Aunque obedece, su falta de entusiasmo se puede escuchar en su selección de palabras, especialmente la frase: *no me quiere dejar ir.* Imagínate lo siguiente: a tu hija adolescente la invita al baile un joven quien es realmente popular pero que tiene mala reputación. Ella está emocionada de haber sido invitada por alguien tan popular y con entusiasmo le pide permiso a su padre de ir. Por amor y preocupación por su hija el padre gentilmente niega su petición. Ella está triste y le dice al joven: "No puedo ir, mis padres no me dejaron". Ella en realidad está diciendo: mis papás dijeron que no, pero yo diría que sí. Son sus padres los que no quisieron dejarla ir. Ella desea ir, pero la sola palabra de sus padres la restringe de su codiciado anhelo. Lamentablemente, si ella no percibe lo que hay en el corazón de sus padres, con el tiempo va a encontrar una manera de juntarse con este joven, y la mayoría de las veces con consecuencias terribles.

Balaam era un profeta con malsano deseo por el dinero. La codicia quemaba dentro de él. Anhelaba las cosas más lindas de la vida, así como una influencia social mayor. Él obedeció, pero no con entusiasmo. La Palabra de Dios le trajo restricción, más que deleite, porque no le dejaba tener lo que realmente quería.

Alejados por nuestro propio deseo

Los ancianos de Moab y Madián regresaron con el rey Balac y le reportaron: "Balaam se rehúsa a venir con nosotros". No obstante, esto no detuvo al rey; de inmediato le envió a Balaam hombres de mejor posición y honor, con más dinero.

¿Por qué hizo esto Balac? Creo que las fuerzas demoníacas lo instaron a hacerlo. ¿Por qué lo digo? La Biblia explica: "Sino que cada uno es tentado, cuando de *su propia concupiscencia* es atraído y *seducido*" (Santiago 1:14, *énfasis del autor*). Observa dos cosas. Primero, las palabras *propia concupiscencia*. Cualquier deseo fuerte que tengamos en contra de la voluntad de Dios es avaricia, la cual es idolatría. Segundo, observa *seducido*; esta es la parte del enemigo: seduce. Pero escucha esto, no te pueden seducir a hacer algo que no deseas. Si le ofrecieras la droga éxtasis a la gente de tu congregación, la mayoría de ellos te rechazarían sin dudar. ¿Por qué? Porque no la desean. No te pueden seducir a tomar algo que no deseas. ¡No obstante, puedes ser seducido por los deseos que no has puesto a los pies de la cruz! Somos seducidos por lo que codiciamos; o debería decir: *deseamos intensamente.*

El enemigo sabía que este profeta amaba el dinero y el reconocimiento, e insta a este rey impío a que le envíe más de ambos. Estos representantes tienen el poder de ofrecerle cualquier cosa que Balac poseyera diciendo: "Haré todo lo que me digas". ¡Qué oferta tan increíble! Una cosa es que tu vecino te ofreciera cualquier cosa en su poder, ya que podría tener mucho o poco, pero es totalmente distinto que un rey te ofrezca algo que tiene, específicamente si tu debilidad concuerda con lo que el rey tiene. No obstante, escucha la respuesta de Balaam:

> Aunque Balac me diese su casa llena de plata y oro, *no puedo* traspasar la palabra de Jehová mi Dios para hacer cosa chica ni grande.
>
> NÚMEROS 22:18, *énfasis del autor*

Muchos se sentirían inspirados por la obediencia de Balaam. Sin embargo, escucha nuevamente la selección de sus palabras, *no puedo*. Nuevamente esta siendo restringido por la Palabra del Señor de hacer lo que él realmente desea. Balaam sabía lo que la mayoría de la gente que entra por las puertas de una iglesia sabe: *Uno no puede voluntariamente desobedecer la Palabra del Señor y seguir siendo bendecido.* También sabía lo que quizá la mitad de los que van a la iglesia saben: al desobediente voluntario le espera juicio. Aun así, esa es suficiente información para meterte en problemas, porque si no puedes obtener lo que quieres en un sentido de la voluntad de Dios, vas a seguir buscando una manera de obtener lo que quieres dentro de los parámetros de la "voluntad de Dios". Como explicación examinemos la siguiente declaración de Balaam:

> Os ruego, por tanto, ahora, que reposéis aquí esta noche, para que yo sepa qué me vuelve a decir Jehová.
>
> Números 22:19

¿Escuchaste eso? "[...] qué me vuelve a decir Jehová". ¿Qué cree que más dinero va a hacer a Dios cambiar de opinión? ¿Piensa que el Señor le dijo la primera vez "no vayas con ellos" porque Dios quería que esperara una mejor oferta?

¿Por qué necesita orar de nuevo por esto? ¿No ves que todavía está tratando de obtener lo que quiere? Su deseo apasionado está prevaleciendo sobre cualquier sentido de razón. No es diferente a la hija adolescente que le insiste a su padre hasta que la deja salir con el chico popular. Balaam es obstinado, y no está dispuesto a cumplir con el deseo de Dios con gozo porque va en contra de su codicioso corazón. ¿O debería decir corazón de idolatría? La Escritura afirma esto con: "Como ídolos e idolatría la obstinación" (1 Samuel 15:23). Escucha la respuesta de Dios a Balaam:

> Y vino Dios a Balaam de noche, y le dijo: Si vinieron para llamarte estos hombres, levántate y vete con ellos; pero harás lo que yo te diga.
>
> Números 22:20

Los hombres iban a llamarlo a la mañana siguiente porque se habían quedado en su casa y esperaban que él regresara con ellos. Así que en esencia, Dios esta diciendo: "Cuando estos hombres te llamen, levántate y vete con ellos; pero harás lo que yo te diga". Ay, es probable que nos hayamos equivocado en nuestra valoración. Observa que no dice: "Y vino el diablo a Balaam de noche y le dijo..."; ni tampoco dice: "Y vino un espíritu de mentira a Balaam de noche y le dijo...". Al principio estaba bromeando, pero a la luz de esto, podría parecer que Dios sí lo había hecho esperarse para recibir más dinero, porque ahora Él es el que le está diciendo: "vete".

Obtener lo que queremos

Balaam ahora tiene una palabra de Dios para ir. Se levanta temprano a la mañana siguiente para hacer lo que el Señor le instruyó la noche anterior que hiciera, y observa lo que sucede:

> Así Balaam se levantó por la mañana, y enalbardó su asna y fue con los príncipes de Moab. Y *la ira de Dios se encendió porque él iba*.
>
> NÚMEROS 22:21-22, *énfasis del autor*

¡Qué! ¡Ahora el Señor está enojado porque Balaam simplemente está haciendo lo que le dijo la noche anterior! Sabemos que Dios no es esquizofrénico, así que ¿cómo explicamos esto? La respuesta se encuentra en las palabras de Dios a Ezequiel. Recuerdan que el Señor dice cuando los suyos vinieran a Él con codicia en su corazón: "Yo Jehová responderé al que viniere conforme a la multitud de sus ídolos".

Esto es lo que muchos en la Iglesia no saben o no entienden. Si realmente queremos algo, y si lo seguimos codiciando cuando Dios ya nos ha revelado su deseo, muy posiblemente nos lo dé incluso cuando vaya en contra de su voluntad, ¡incluso cuando sabe que más tarde seremos juzgados por recibirlo!

En este punto quizá te encuentres perplejo; pero considera a Israel, ellos querían un rey. Samuel vino al Señor con esta solicitud y Dios les hizo saber que su deseo era que ellos no tuvieran rey. Le dijo a Samuel que el rey tomaría sus mejores hijos, sus hijas, sus tierras, sus viñas y sus lagares, y que les impondría tributo.

Samuel trajo esta palabra del Señor al pueblo; lee su respuesta: "Pero el pueblo no quiso oír la voz de *Samuel*". Observa que la Biblia no dice que no quisieron oír la voz del Señor. Nuevamente, de la misma manera que con Moisés, ellos descalificaron al mensajero por medio de mantener *su propia imagen del Señor* para poder obtener lo que querían. Dios consoló a Samuel en privado: "No te han desechado a ti, sino a mí me han desechado" (lee 1 Samuel 8).

Como respuesta Dios les dio sus reyes. Incluso Él los escogió, siendo el primero Saúl. Así, como fue predicho, los reyes tomaron sus mejores tierras, hijos e hijas y establecieron impuestos. Luego estos reyes con el tiempo los condujeron a la cautividad en Babilonia. ¡Dios les dio lo que honestamente deseaban! Considera a Israel en el desierto. Comía la mejor comida que el ser humano ha comido: maná. ¡Elías solo comió dos tortas de eso y corrió durante cuarenta días y noches! ¡Eso si que es comida con energía! No obstante, Israel se cansó y se quejaron por carne. Le pidieron carne al Señor "y él les dio lo que pidieron" (Salmos 106:15). Nuevamente se les concedieron sus deseos codiciosos. De hecho se las trajo de manera milagrosa:

Movió el solano en el cielo,
Y trajo con su poder el viento sur,
E hizo llover sobre ellos carne como polvo,
Como arena del mar, aves que vuelan.
Las hizo caer en medio del campamento,
Alrededor de sus tiendas.

Salmos 78:26-28

Hicieron una petición, Dios se las concedió por medio de lo milagroso ("con su poder"); ¡trajo al desierto suficientes codornices para alimentar tres millones de personas! ¡Eso sí es un milagro asombroso, porque las codornices no viven en el desierto! No solo esto, sino que además ¡no tenían ni armas ni perros! ¡Qué gran milagro! Sin embargo, observa lo que sucede:

Comieron, y se saciaron;
Les cumplió, pues, *su deseo.*
No habían quitado de sí su anhelo,
Aún estaba la comida en su boca,
Cuando vino sobre ellos el furor de Dios,
E hizo morir a los más robustos de ellos,
Y derribó a los escogidos de Israel.

Salmos 78:29-31, *énfasis del autor*

Milagrosamente provee su deseo, pero antes de que terminaran, su juicio cayó sobre ellos. Les respondió de acuerdo con el apasionado deseo de su corazón.

Considera esto: un joven está saliendo con una jovencita. Sus padres están atribulados: "Hijo, no nos sentimos bien con esta relación. Queremos que dejes de verla". Su pastor de jóvenes lo confirma: "Quiero hacer eco a las palabras de tus padres. Cuando oro por esto me siento bastante incómodo. Deberías dejar de ver a esta muchacha". Pero el joven contesta con: "He orado y orado y Dios me ha dicho que me puedo casar con ella". Se casan y más tarde se pregunta por qué sus problemas son tan abrumadores.

Considera esto: un hombre le dice a su esposa que está orando por cierto puesto. Su esposa le comparte: "No me siento a gusto con ese puesto. Si lo obtienes vas a viajar doscientos días al año. No vas a poder ir la iglesia ni siquiera una vez al mes, y te vas a perder los mensajes que Dios ponga en el corazón del pastor, sin mencionar la adoración o cualquier posición de servicio". El pastor comparte las misma preocupaciones, pero el marido está determinado y ora hasta obtener el ascenso. Un año después se pregunta cómo es que terminó en un hotel con una mujer desconocida y se encuentra alejado de su familia.

La lista es casi interminable. Lo que debemos de darnos cuenta es que cuando codiciamos algo contrario a la voluntad de Dios para nosotros, Dios muchas veces nos lo da; su respuesta va de acuerdo con los ídolos que residen en nuestro corazón. Finalmente, Él lo hace para recapturar nuestro corazón.

> Yo Jehová responderé al que viniere conforme a la multitud de sus ídolos, para tomar a la casa de Israel por el corazón, ya que se han apartado de mí todos ellos por sus ídolos.
>
> EZEQUIEL 14:4-5

La NVI lo dice de la siguiente manera: "Así cautivaré el corazón de los israelitas". El Señor quiere desesperadamente traernos de vuelta a su corazón. Recuerda, somos el objeto de su búsqueda. Nos anhela. Aunque su deseo es que ninguno se pierda, Él no puede ser burlado. Su corazón está reservado para los que le han dado el suyo completamente. Por esta razón, Él busca recapturar nuestro corazón de cualquier trampa de codicia, que es idolatría, que esté acechándolo.

Cuando el hijo pródigo le pidió a su padre su herencia vino como hijo, no como un extranjero ni como un siervo, sino como uno de su propia familia. Es obvio que el hijo no tenía el corazón de su padre, pero sus propios motivos egoístas lo impulsaban. El padre no le negó su petición, incluso cuando sabía que su hijo no la manejaría adecuadamente. Aun así le entregó una grande suma de dinero, y el hijo finalmente sufrió grandemente, así como el padre pensó que le sucedería. Las buenas noticias son que el hijo finalmente volvió en sí y regresó al padre. En esta reunión pudo conocer el corazón de su padre como nunca antes. Dios finalmente espera cautivar a todos y a cada uno de sus hijos que se han apartado de Él por falta de temor santo. Tristemente, como con Balaam, algunos nunca hacen el ajuste para llegar a conocer el corazón del Señor; si lees el resto del relato de Balaam continuó con su búsqueda codiciosa y finalmente fue juzgado a espada.

Esta comparación es traída al tema en el Nuevo Testamento cuando los que en el presente carecen de temor santo son colocados en la misma categoría que los hijos de Israel, Caín y Balaam (a los cuales hemos cubierto en este capítulo). Leemos esta advertencia:

> Mas quiero recordaros, ya que una vez lo habéis sabido, que el Señor, habiendo salvado al pueblo sacándolo de Egipto, después destruyó a los que no creyeron.
>
> JUDAS 5

Judas luego describe a los creyentes del Nuevo Testamento que profesan la gracia de Dios, pero que se han resbalado para vivir una vida de codicia, lujuria y desobediencia:

> ¡Ay de ellos! porque han seguido el camino de Caín, y se lanzaron por lucro en el error de Balaam, y perecieron en la contradicción de Coré. Estos son manchas en vuestros ágapes, que comiendo impúdicamente con vosotros se apacientan a sí mismos.
>
> JUDAS 11-12

Observa que son manchas en nuestros ágapes, que en la actualidad podría referirse a las reuniones de nuestras iglesias. Nunca debemos olvidar que Jesús viene por una novia (su amante íntima) que se ha mantenido sin mancha de los deseos del mundo. Pero Judas dice que estos creyentes profesantes "comiendo impúdicamente con ustedes se apacientan a sí mismos". Desean las bendiciones e incluso la cercanía con el Señor, pero carecen del temor de Dios. Están engañados y su engaño solo seguirá creciendo si no se vuelven al corazón de Dios con temor santo y amor.

Amonesta además de enseñar

Déjame voltear esto. El autor de Hebreos dice: "Pero nosotros no somos de los que retroceden para perdición, sino de los que tienen fe para preservación del alma" (Hebreos 10:39). Estoy convencido que la razón por la que ahora lees este libro y estás dispuesto a sondear tu corazón, es porque no solo deseas caminar en intimidad con Dios, sino que deseas con todo tu corazón agradarlo de hecho y en verdad, no solo en intenciones y palabras. Por esta razón se nos dice:

> Por tanto, amados míos, como siempre habéis obedecido, no como en mi presencia solamente, sino mucho más ahora en mi ausencia, ocupaos en vuestra salvación *con temor y temblor*, porque Dios es el que en vosotros produce así el querer como el hacer, por su buena voluntad.
>
> FILIPENSES 2:12-13, *ÉNFASIS DEL AUTOR*

Los que caminen en temor santo van a obedecer cuando sientan la presencia de Dios, así como cuando no la sientan. Son perseverantes, incluso cuando pareciere que Dios los ha abandonado, ¡lo cuál jamás hará! El Señor es atraído por los que caminan en temor santo y los faculta no sólo para querer, sino para hacer lo que le agrada. No nos exhorta a ocuparnos de nuestra salvación con gozo y amor, sino con temor y temblor. Nuevamente, el temor de Dios es crucial y produce obediencia incondicional en nuestro corazón así como en nuestras acciones.

Lo que he escrito en este capítulo lo deja a uno perplejo; no obstante, Pablo nos dice que para presentar a cada creyente perfecto en Cristo debemos amonestar así como enseñar (Colosenses 1:28). Las advertencias a primera vista quizá no parezcan ser positivas; sin embargo, al final salvan la vida y producen fruto si son escuchadas. Yo disfruto escuchar palabras alegres y optimistas, pero también me doy cuenta de que muchos van a ver a los ministros en el día del juicio final y van a clamar: "¡Por qué no me advirtieron?". Estos predicadores temblarán si es que propagaron mensajes amigables o que apelen al buscador espiritual, solo para ser dejados con las manos manchadas de sangre.

Hice este comentario una vez en un servicio y más tarde un pastor vino enojado a mí. Me dijo: "¿Cómo se atreve a decir que un día la sangre de alguna persona estará en nuestras manos. Eso es del Antiguo Testamento, eso no es gracia". Abrí mi Biblia y le señalé las palabras de Pablo:

> Por tanto, yo os protesto en el día de hoy, que estoy limpio de la sangre de todos; porque no he rehuido anunciaros todo el consejo de Dios. Por tanto, mirad por vosotros, y por todo el rebaño en que el Espíritu Santo os ha puesto por obispos, para apacentar la iglesia del Señor, la cual él ganó por su propia sangre.
>
> Hechos 20:26-28

Nunca voy a olvidar la mirada de asombro en su cara cuando leí estas palabras. Él había estado en el ministerio por años y había leído esas palabras varias veces; sin embargo, las vio por primera vez ese día. Se disculpó y conversamos unos minutos acerca de la importancia de no caer en la trampa de ser unilateral en nuestras predicaciones: siempre enfatizando lo positivo o incluso lo negativo. Necesitamos ser equilibrados y "amonestar" así como "enseñar".

Este es el tiempo en el que Jesús advirtió que muchos, incluso los escogidos, podrían ser engañados; dijo que el engaño prevalecería. Necesitamos escuchar donde estamos para no caer. Necesitamos acercarnos con un corazón de temor santo, en lugar de con un corazón descuidado presa fácil al engaño. Nuestro Padre amoroso está por nosotros, y nos ha dado todas las cosas que pertenecen a la vida y a la piedad. Nos ha dado gracia, por medio de nuestro Señor Jesús, para vivir en obediencia a su voluntad, ¡y es solo por medio de su temor santo que podemos tener verdadera intimidad!

PREGUNTAS DE ESTUDIO

1. Se hace la aseveración de que "Sin el temor de Dios [...] se moldea dentro de nuestra alma o de nuestra imaginación una imagen incorrecta". ¿Al considerar tu fe hasta el momento, hubo algún momento en el que tu imagen de Dios era incorrecta? Si así fue, ¿en qué manera fue distorsionada?

   _____

   _____

   _____

   _____

   _____

2. El autor señala que cuando codiciamos algo contrario a la voluntad de Dios, muchas veces Dios nos lo da. Considerando honestamente tu vida de oración, ¿hay algo por lo cual te hayas estado acercando a Dios continuamente que posiblemente sea un deseo avaricioso? ¿Hubo una instancia en tu vida en la que recibiste algo que deseabas apasionadamente, solo para lamentarte después?

   _____

   _____

   _____

   _____

3. En la primera pregunta al final del capítulo uno, se te preguntó qué era lo que había iniciado tu deseo de leer este libro. Al considerar lo que has obtenido hasta ahora, ¿cómo has sido desafiado? ¿Qué cambios has comenzado a ver en tu imagen de Dios y lo que significa agradarlo de hecho y en verdad?

   _____

   _____

   _____

   _____

CAPÍTULO OCHO

VERDADERA ADORACIÓN

*"Un espíritu religioso es el que usa mi Palabra
para ejecutar su propia voluntad"*

E l engaño es lo que les espera a los que carecen de temor de Dios, mientras que a los que se acercan en temor santo les espera la intimidad. La evidencia externa de esto es obediencia incondicional a los deseos de Dios; no es solo hacer lo que el quiere, sino tener el corazón para cumplir su voluntad. Vemos esto repetidamente en la vida de los que caminaron con Dios.

El testimonio de Enoc era que había agradado a Dios. Vamos a basarnos en los escritos de Clemente, uno de los padres de la primera iglesia, para un entendimiento mayor. Clemente de Roma, quien vivió en el primer siglo, fue compañero de los apóstoles Pedro y Pablo, escribió: "Tomemos por ejemplo a Enoc quien al haber sido encontrado recto en obediencia fue trasladado, y no se supo que le haya sucedido la muerte". La marca del placer de Dios con Enoc fue su obediencia.

El siguiente hombre en la Escritura que caminó con Dios en comunión íntima fue Noé. La versión de la Biblia en inglés *The New Living Bible Translation* nos da una mejor perspectiva de su vida al registrar:

> Esta es la historia de Noé y su familia. Noé era un hombre justo, el único hombre irreprensible vivo sobre la tierra en esa época y quien *consistentemente seguía la voluntad de Dios* y disfrutaba de una relación cercana con Él.
>
> GÉNESIS 6:9 NLT [TRADUCIDA DEL INGLÉS],
> *énfasis del autor*

Así como con Enoc, la marca que caracterizaba la vida de Noé era que consistentemente seguía la voluntad de Dios. En otras palabras, era obediente a los deseos de Dios. Son la antitesis de Balaam que solo obedecía cuando le convenía, porque entendía que no podría tener la bendición y que finalmente sería juzgado si desobedecía descaradamente. Balaam pervirtió la Palabra de Dios en que buscaba sus propios beneficios en la obediencia más que obedecer por una pasión por cumplir con la voluntad de Dios. La voluntad de Dios no era su deseo máximo, sino la ley.

Pero no fue así para nada con David. La Escritura dice de su vida:

> Les levantó por rey a David, de quien dio también testimonio diciendo: He hallado a David hijo de Isaí, varón conforme a mi corazón, quien hará todo lo que yo quiero.
>
> HECHOS 13:22

El temor de Dios es cuando no solo obedecemos, sino que cumplimos con su voluntad. Buscamos llevar a cabo sus deseos como si fueran los nuestros. Tomamos los deseos de su corazón como propios. Esto es verdadera obediencia.

Un espíritu religioso

Nunca voy a olvidar cuando al estar adorando al Señor, suavemente habló a mi corazón: "John, ¿sabes lo que es un espíritu religioso?".

Ahora, ya aprendí que cuando Dios nos hace una pregunta no está buscando información; más bien, hace la pregunta porque no sabemos, o para expandir la revelación limitada que tenemos. He escrito y he enseñado acerca de la conducta de una persona religiosa, pero mi respuesta a su pregunta fue: "Señor, obviamente no lo sé. ¿Qué es un espíritu religioso?".

Entonces habló a mi corazón: "Un espíritu religioso es el que utiliza mi Palabra para hacer su propia voluntad". Sus palabras resonaron profundamente en mi corazón durante días mientras muchas preguntas eran respondidas.

Esto es exactamente lo que hizo Balaam. Buscó obedecer, pero por su propia conveniencia; más que por buscar cumplir con el deseo del corazón de Dios. Por esta razón, el ángel del Señor le dijo: "Tu camino es *perverso* delante de mí" (Números 22:32, *énfasis del autor*). *Webster* define la palabra *perverso* como "distorsionado". Así que podría definirse como distorsionar o torcer la intención de la Palabra de Dios con el fin de utilizarla en nuestra ventaja.

La verdadera adoración

Si examinas la vida de Abraham, Moisés, Josué, David, Ester, Daniel y otros en la Escritura que caminaron de cerca con el Señor vas a encontrar este denominador común en la vida de todos ellos. En el mismo centro de su intimidad con Dios había una obediencia genuina de corazón a sus deseos. El clamor de Dios para toda persona con la que tenía una relación de pacto en el Antiguo Testamento era:

> Porque solemnemente protesté a vuestros padres el día que les hice subir de la tierra de Egipto, amonestándoles desde temprano y sin cesar hasta el día de hoy, diciendo: *Oíd mi voz.*
>
> JEREMÍAS 11:7, *énfasis del autor*

El Señor se lamentaba de que el pueblo no lo no obedecía, sino que seguía los dictados de su propio corazón. Ellos no buscaban el corazón de Dios; más bien vivían restringidos por su Palabras. Como consecuencia buscaban canales para cumplir con sus propios deseos hasta el nivel de los límites imaginarios que ellos se habían autoimpuesto y que pensaban que Dios podía tolerar, y así, no tenían por qué tener comunión íntima con Él. No obstante, la obediencia integral es absolutamente vital para la intimidad. En el Nuevo Testamento Jesús nos dice:

> Mas la hora viene, y ahora es, cuando los verdaderos adoradores adorarán al Padre en espíritu y en verdad; porque también el Padre tales adoradores *busca* que le adoren. Dios es Espíritu; y los que le adoran, en espíritu y en verdad es necesario que adoren.
>
> JUAN 4:23-24; *énfasis del autor*

Hay tanto dentro de esas pocas declaraciones. Primero, observa que el Padre *busca* a tales adoradores. Recuerda que en el capítulo anterior hablamos de lo apasionadamente que Él nos desea y busca tener comunión con nosotros. La declaración de Jesús nuevamente nos expresa la misma idea.

Segundo, Él esta buscando a los que lo adoren en Espíritu y en verdad. Vamos a hablar de la adoración. Nunca voy a olvidar el momento en el que estaba leyendo mi Biblia y el Espíritu Santo gritó dentro de mi corazón: "¡La adoración no son las canciones lentas!". De inmediato capturó mi atención.

Muchos ven la adoración de esa manera: las canciones lentas. Considera el orden de una reunión evangélica típica: llegamos a la reunión y comenzamos con alabanza, seguimos con adoración, luego los anuncios, la ofrenda, el mensaje y finalmente ministración al frente. Las iglesias tradicionales tienen boletines impresos, mientras que los evangélicos nos los hemos memorizado, y aun así nos gloriamos de ser guiados por el Espíritu o de ser libres. Con respecto a la adoración, para los pocos que no conozcan la diferencia entre alabanza y adoración, la alabanza son las canciones rápidas y la adoración las lentas. Es bastante cómico que nos hayamos liberado de los himnarios para encasillarnos en los proyectores multimedia. Así que cuando dices *adoración*, para la mayoría de los creyentes lo primero que les viene a la mente son las canciones lentas de un CD, video musical o de una reunión.

Cuando el Señor me dio esto, de inmediato saqué mi Biblia y le dije: Señor, no sé qué es la adoración. Por favor. Dime lo que es exactamente.

Entonces firmemente me dijo: ¡Es una vida!

De inmediato me dio un ejemplo. Me dijo: Hijo considera esto: te levantas temprano en la mañana y Lisa necesita ayuda para hacer que los niños estén listos para ir a la escuela, pero dices estar demasiado ocupado. Un poco más tarde, necesita ayuda y tu respuesta es la misma. Luego te pide si la puedes ayudar a preparar la comida, pero nuevamente respondes que estás demasiado ocupado. Esa tarde te pide que recojas a los niños de la escuela y obtiene la misma respuesta de tu parte. Nuevamente, busca tu ayuda con la cena y con limpiar después de comer; y nuevamente escucha la misma respuesta de que estas demasiado ocupado.

Continuó: Esa noche, después de haber acostado a los niños tú ahora quieres algo de ella, específicamente sexo. Te acercas con palabras tiernas como: "Mi amor, te amo tanto".

Y luego me preguntó: ¿Cuál sería su respuesta a tus palabras de cariño y a tu búsqueda de intimidad sexual?

Contesté: Probablemente me diría: "Olvídalo".

Entonces me dijo: Tienes razón, y ¿por qué te diría eso?

Respondí: Porque la relación íntima comienza en la mañana y alcanza su clímax en la unión sexual en la noche.

Al meditar en lo que me dijo me di cuenta de que si hacía esto con mi esposa, mis confesión de amor hacía ella sería solo de palabra y no de hecho y en verdad. Un marido que continuamente se comporta de esta manera con su esposa, se ha engañado a sí mismo.

El Señor entonces me dijo: "Hijo, tengo muchos hijos cuya atención busco a lo largo de la semana, pero me ignoran. Trato de usarlos para ministrar a su vecino, pero no me escuchan o suprimen mi dirección porque están ocupados o porque quieren disfrutar del placer que han planeado. No me escuchan cuando les pido que hagan una ofrenda; o sirvan en la congregación; o en su comunidad; o ministren a los miembros de su familia; y demás. Luego, vienen a la reunión queriendo obtener algo de mí, específicamente mis *bendiciones*, y comienzan a cantarme canciones suaves con letras de su amor por mí y le llaman a eso adoración. Eso no es adoración, ¡solo son canciones lentas!".

Quedé atónito. Me di cuenta de que mi concepto de adoración estaba contaminado. Más tarde descubrí algo sorprendente. Permíteme hacerte una pregunta como lector: ¿Dónde se menciona la palabra *adoración* en la Biblia por primera vez? La pregunta es importante porque he aprendido que al escribir un libro siempre que se introduce un término nuevo, que no es familiar para la mayoría de los lectores, es necesario hacer una de tres cosas: dar una definición, dar un ejemplo que ilustre lo que eso significa o utilizar la palabra de tal manera que demuestre su significado. La primera vez que se menciona *adoración* en las Escrituras es en Génesis 22. Y dice:

Entonces dijo Abraham a sus siervos: Esperad aquí con el asno, y yo y el muchacho iremos hasta allí y *adoraremos*, y volveremos a vosotros.

GÉNESIS 22:5, *énfasis del autor*

Abraham no iba "hasta allí" para cantar canciones lentas con Isaac. ¡Él iba a ponerle fin a su posesión más querida, simplemente porque Dios le dijo que lo hiciera! Así que puedes ver que la adoración es *una vida de obediencia*. Esto explica por qué Dios dice apasionadamente a su propio pueblo cuando le estaban cantando canciones:

Quita de mí la multitud de tus cantares, pues no escucharé las salmodias de tus instrumentos. Pero corra el juicio como las aguas, y la justicia como impetuoso arroyo.

AMÓS 5:23-24

He estado en muchas reuniones en las que la música ha sido hermosa y progresiva, pero en los que no estaba la presencia manifiesta del Señor. En esas situaciones, suelo examinar mi corazón con diligencia preguntándole al Espíritu Santo: "¿Te he ofendido o he pecado?". La mayoría de las veces hay una certeza de que no ha sido así, entonces sé que el obstáculo se encuentra en la gente. Entonces predico con confianza acerca del temor de Dios y la obediencia. En estos ambientes, casi todo el tiempo, soy testigo de cómo más de la mitad de la gente responde al llamado de arrepentimiento al final del mensaje. Luego vuelvo a la reunión siguiente con las mismas canciones y con el mismo equipo de músicos y cantantes, y casi todas las veces la presencia de Dios se manifiesta maravillosamente.

¿Por qué? La verdadera adoración es una vida de obediencia y de esa vida fluyen canciones de adoración que van a deleitar el corazón de Dios, más que causarle repulsión como en el versículo anterior. No es diferente a acercarme a mi esposa buscando intimidad sexual después de un día de amarla, en lugar de ignorarla.

Adorar en verdad

Jesús nos dice que el padre está buscando adoradores en espíritu y en verdad. Vamos a cubrir de manera extensa en capítulos siguientes el aspecto de adorar al Señor en *espíritu*. Vamos a hablar de adorar a Dios en *verdad*. La palabra griega para *verdad* es *aletheia*. Vine define esta palabra como: "La realidad que yace en la base de una apariencia; la esencia manifiesta y veraz de un asunto".

Me encanta esta definición ya que complementa hermosamente lo que Jesús está comunicando. Él está mostrando que la verdadera adoración se encuentra en el nivel básico de cada ser humano, el cual es el corazón. Para ayudarme a explicar, permíteme identificar y definir los tres niveles de comunicación.

Primero, está la comunicación verbal, que es el nivel más bajo. Jesús señala esto en el ejemplo del padre que le pide a sus dos hijos que vayan a trabajar a su viña (Mateo 21:28-31). Un hijo respondió: "Claro que sí, papá", pero no lo hizo. El otro contestó: "No voy a ir", y al rato fue. Jesús luego explica que el que hizo la voluntad de su padre fue el que al principio dijo que no, a diferencia del que dijo que sí. Por lo tanto, las acciones que lo demuestren es una forma más alta de comunicación que las palabras.

Santiago también muestra que la comunicación verbal es el nivel más bajo al decir: "Y si un hermano o una hermana están desnudos, y tienen necesidad del mantenimiento de cada día, y alguno de vosotros les dice: Id en paz, calentaos y saciaos, pero no les dais las cosas que son necesarias para el cuerpo, ¿de qué aprovecha?" (Santiago 2:15-16). Juan el apóstol confirma esta verdad también al decir: "Pero el que tiene bienes de este mundo y ve a su hermano tener necesidad, y cierra contra él su corazón, ¿cómo mora el amor de Dios en él?" (1 Juan 3:17).

Esto se puede ver en incontables escenarios, uno de los cuales podría ser un hombre que le dice a su esposa que la ama y nunca pasa tiempo con ella, o una mujer que le dice a su marido que lo respeta, pero que nunca escucha su consejo de dejar de cargar las tarjetas de crédito a su límite. Creo que sabes que la lista es casi interminable. Juan continúa en su epístola:

> Hijitos míos, no amemos de palabra ni de lengua, sino de hecho y en verdad.
>
> 1 JUAN 3:18

La Biblia Amplificada en inglés lo registra así: "Hijitos, no amemos [solo] [...] de palabra, sino de hecho y en verdad". Debemos amar absolutamente de palabra, pero es hipocresía sin hechos y verdad que confirmen nuestras palabras de amor. Observa que dice "de hecho y en verdad". Esto describe dos niveles más altos de comunicación.

El siguiente nivel es *de hecho* o acción; no obstante, no es el nivel más alto de comunicación, y puede ser engañoso ya que las acciones pueden ser lo opuesto a la verdad. Por ejemplo, Pablo dice: "Y si repartiese todos mis bienes para dar de comer a los pobres, y si entregase mi cuerpo para ser quemado, y no tengo amor, de nada me sirve" (1 Corintios 13:3). La acción que describe en este versículo podría parecer ser el nivel más alto de amor; sin embargo, dice que podemos llevar a cabo estas obras gloriosas sin el amor de Dios en nuestro corazón.

Esto lleva al nivel más alto de comunicación que es el *corazón*. Es el nivel básico del hombre. Este es el nivel al que tanto Juan como Jesús se referían como *verdad*. Los pensamientos y las intenciones del corazón revelan la verdad de nuestra adoración, pero no se pueden discernir sin la ayuda de la Palabra de Dios. Se nos dice que guardemos nuestro corazón con toda diligencia, porque de él mana la vida. Si lo abandonamos puede ser engañado con facilidad. Un corazón dejado a sí mismo fuera del consejo de la Palabra de Dios y de su Espíritu es un corazón engañoso sobre todas las cosas.

Dios le declara a su pueblo: "Si *quisiereis* y oyereis, comeréis el bien de la tierra" (Isaías 1:19, *énfasis del autor*). Observa que no dice solo oír, sino *querer* y oír. La disposición trata con la actitud de nuestro corazón. Puedo pedirle a mi hijo que haga algo y él obedecer de inmediato, y parecer sumamente sumiso, pero al mismo tiempo estar murmurando en su corazón. La realidad es que no está obedeciendo en verdad, sino bajo una apariencia. Juan nos dice que debemos amar a Dios y a la humanidad de hecho, así como en verdad, que es el nivel del corazón. "Y en esto conocemos que somos de la verdad, y aseguraremos nuestros corazones delante de él" (1 Juan 3:19).

Nunca voy a olvidar el tiempo en el que Dios me confrontó sobre esto. Había estado esforzándome mucho por refrenarme de cualquier tipo de queja. Me había dado cuenta de que la queja era una afrenta al carácter de Dios, ya que la queja le dice a Dios: "No me gusta lo que estás haciendo, y si yo fuera tú lo haría de otra manera". Es una falta de temor santo y Dios lo odia; de hecho, eso destruyó la oportunidad de los hijos de Israel de entrar a la tierra prometida. Así que no me había quejado durante bastante tiempo de manera verbal y de hecho estaba comenzando a sentirme orgulloso por ello. Sin embargo, cierta mañana escuché que el Espíritu Santo me dijo justo al despertar: "¡Escucho las quejas de tu corazón!". Me habían pillado; me quedé perplejo, dándome cuenta de lo engañado que había estado en mi soberbia. Mi adoración a Dios no era en verdad y se requirió la luz de su Palabra correctora para exponer el error de mi corazón. Rápidamente me arrepentí y he estado aliviado de que no me ha corregido de esta manera desde entonces. ¡Gracias a Dios por su gracia!

Considera nuevamente la definición de *Vine* de *verdad* bajo esta luz. Nos dice que la verdad es: "La realidad que yace en la base de una apariencia; la esencia manifiesta y veraz de un asunto". Podemos fácilmente desviarnos de la verdad. Voy a darte un ejemplo. Podemos orar y cantar al Señor sin que una sola palabra esté proviniendo de nuestro corazón. Todo el tiempo mientras estamos cantando estamos pensando en lo hambrientos que estamos, la forma en que los niños pelearon en la mañana, los planes tan lindos que tenemos para después de la reunión, y demás. Podemos orar y decir: "Señor, estoy tan agradecido contigo". Pero haber estado quejándonos durante días por la situación difícil en la que estamos.

¿Estamos realmente agradecidos o en lo profundo de nuestro corazón hemos estado culpando a Dios por no hacer que las cosas salieran como pensábamos que deberían haber salido? ¡Y, la lista es interminable!

Adorar a Dios en verdad no solo es obedecerlo, sino deleitarte en lo que Él te ha pedido que hagas. Es hablar con Él acerca de lo que verdaderamente está en tu corazón, y no de lo que sabes que tienes que decir. Es dejar de ser dos caras con Dios. Me encantan las palabras de David cuando dice:

> Esperad en él en todo tiempo, oh pueblos; Derramad delante de él vuestro corazón; Dios es nuestro refugio.
>
> SALMOS 62:8

He descubierto que cuando soy completamente honesto con el Señor que Él se acerca más. Si escondo algo, me hace peso y no llego a ningún lado en oración; se convierte en una lucha total porque no me estoy conectando con Él. Él está buscando a los que se acercan a Él con integridad de corazón, sin apariencias. Algunas veces me pregunto cuando veo a la gente en las reuniones decir: "Gracias, Jesús... Aleluya... Gloria a Dios", si solo están repitiendo la "jerga cristiana" o si están hablando desde el nivel básico de su corazón. No es distinto de un esposo quien para tranquilizar a su esposa le dice con muy poco sentimiento: "Te amo, mi amor". Es bastante diferente de cuando estaban comprometidos y le decía con pasión profunda: "Te amo".

De una vida de verdadera adoración, que es obedecer desde el mismo centro de nuestro ser, van a fluir canciones de adoración. Hay hombres y mujeres en el Cuerpo de Cristo que tienen el talento de componer canciones de alabanza y adoración. Son los salmistas modernos. Algunos están viviendo vidas de verdadera adoración, mientras que otros son mundanos y sensuales. Los que están contaminados todavía pueden producir canciones tremendas, a causa de su talento; sin embargo, carecen de la presencia santa del Señor cuando cantan; mientras que los puros cargan la preciosa presencia de Dios cuando le ministran a Él y a su pueblo desde su corazón.

Jesús promete manifestarse

Adorar a Dios en verdad es adorarlo desde la integridad de nuestro corazón. Es temer y reverenciarlo en el sentido más verdadero. El salmista al respecto dice:

Bienaventurado el pueblo que sabe aclamarte; Andará, oh Jehová, a la luz de tu rostro.

SALMOS 89:15

Dios está buscando a los que escuchen su llamado para una vida de adoración. Los que los escuchen son los que van a caminar en su presencia. Van a conocerlo íntimamente ya que Él se manifestará a ellos. Jesús lo dice así:

Todavía un poco, y el mundo no me verá más; pero vosotros me veréis; porque yo vivo, vosotros también viviréis. En aquel día vosotros conoceréis que yo estoy en mi Padre, y vosotros en mí, y yo en vosotros. El que tiene mis mandamientos, y los guarda, ése es el que me ama; y el que me ama, será amado por mi Padre, y yo le amaré, *y me manifestaré a él.*

JUAN 14:19-21, *énfasis del autor*

Los que tienen sus mandamientos y los guardan son los que lo van a adorar en verdad. Recuerda que *manifestar* es traer al plano de lo visible lo invisible; del plano de lo desconocido a lo conocido. En la Biblia de las Américas, sus palabras dicen: "Y yo lo amaré y me manifestaré a él". La Biblia amplificada en inglés lo dice así:

Solo un poco de tiempo, y el mundo no me verá más, pero ustedes me verán [...] El que tiene mis mandamientos, y los guarda, ese es el que [realmente] me ama; y el que [realmente] me ama, será amado por mi Padre, y yo [también] le amaré, y me manifestaré a él *[dejaré que me vea claramente y me haré real a él].*

JUAN 14:19-21, *énfasis del autor*

Sólo los que lo adoran verdaderamente *realmente* lo conocen. Él se revela a ellos porque son sus queridos amigos. Esto dejó atónito a los apóstoles así que uno de ellos habló:

Le dijo Judas (no el Iscariote): Señor, ¿cómo es que te manifestarás a nosotros, y no al mundo? Respondió Jesús y le dijo: El que me ama, *mi palabra guardará*; y mi Padre le amará, y vendremos a él, y haremos morada con él. El que no me ama, no guarda mis palabras; y la palabra que habéis oído no es mía, sino del Padre que me envió.

JUAN 14:22-24, énfasis del autor

Así que puedes ver que se resume en la obediencia. Recuerda lo que Dios hizo resonar en mi corazón: "La adoración es una vida de obediencia a los deseos de mi corazón". Cuando lo amamos en el sentido más fiel, entonces viene a nosotros, no de visita, sino para hacer su morada en nosotros y revelarse, así.

Hay muchos con grandes dones del Espíritu de Dios, que, no obstante, no guardan las palabras del Maestro con todo su corazón. Son las personas que pueden ser engañadas con mayor facilidad. La razón es que la presencia del Señor se puede sentir hasta cierto grado fruto de su don, sea predicar, cantar, orar u otras formas de ministerio. Esto no sería distinto de Balaam quien tenía un gran don de profecía y como resultado experimentaba cierto grado de la presencia del Señor cada vez que operaba en su don; sin embargo, estaba lejos del corazón de Dios.

El engaño es que estas personas pueden asumir fácilmente que la presencia de Dios que está sobre ellos al ministrar es signo de aprobación de parte de Dios sobre su vida y equivocan la presencia con intimidad con Él. Esto no sería demasiado distinto de un buen hombre que haya contratado a otro para que trabajara para Él. Esa persona incorrectamente podría asumir que porque esta a diario en la presencia de su jefe significa que tiene intimidad con él. Esto, como sabes, sería una premisa falsa. Jesús dice que muchos que profesan conocerlo:

Estando fuera empecéis a llamar a la puerta, diciendo: Señor, Señor, ábrenos, *él* respondiendo os dirá: *No sé de dónde sois.* Entonces comenzaréis a decir: *Delante de ti* hemos comido y bebido, y en nuestras plazas enseñaste. Pero os dirá: Os digo que no sé de dónde sois; apartaos de mí todos vosotros, hacedores de maldad.

LUCAS 13:25-27, énfasis del autor

Si lees esto en conjunto con el relato de Mateo (Mateo 7:21-23) vas a descubrir a los que hicieron milagros en el nombre de Jesús. Tenían el don, pero asumían que la presencia del Señor que acompañaba el don era sinónimo de aprobación o de intimidad. Puedes ver la sorpresa en los que profesaban conocerlo y que fueron echados fuera. Es sumamente importante que comprendamos que existe una diferencia entre morar en su presencia y la presencia que acompaña al ministerio. Puedes ver la respuesta de Jesús a Judas (no el Iscariote) en el versículo anterior que muestra que los que le adoran en verdad son en los que Él busca hacer su morada. Esto es bastante extraordinario ya que habla de su presencia de comunión. Me encantan las palabras que usa: *vendremos a él, y haremos con él morada*. En estas palabras recae la extraordinaria diferencia entre los santos del Antiguo y del Nuevo Testamento. Los santos del Antiguo Testamento no tuvieron el privilegio de estar en el lugar de la morada de Dios. El lugar de la morada de Dios era el "Lugar Santísimo" en el tabernáculo o templo. No obstante, vemos un paralelo. La presencia de Dios era escasa y casi inexistente en el tabernáculo durante los días de Elí, por sus caminos, y los caminos del pueblo que eran de autogratificación. Sin embargo, su presencia era fuerte en los días en que el pueblo lo obedecía con diligencia.

No es diferente en la actualidad. Los creyentes que lo adoran en espíritu y en verdad, que lo obedecen con corazones apasionados, son los que experimentan su presencia morando con ellos. Son a los que Dios escoge para revelarse. Qué comunión tan gloriosa nos espera. ¿Cómo es que algún creyente podría coquetear con la desobediencia o con la mundanalidad cuando tenemos un tesoro tan grande esperándonos?

Él ha prometido hacer su morada con nosotros y al hacerlo se va a manifestar o a revelar como es realmente. ¡El solo pensar en una promesa tan gloriosa!, y no solo es para el futuro, ¡sino para hoy! Estas son unas de mis palabras favoritas de la Biblia, que este maravilloso Rey quiera manifestarse, o darse a conocer a ti y a mí personalmente. En capítulos siguientes vamos a explorar felizmente cómo es que lo hace en realidad. No obstante, en el siguiente capítulo primero vamos a hablar de otra virtud crucial y necesaria que Él busca en los que habita.

PREGUNTAS DE ESTUDIO

1. Al examinar las vidas de personajes como Enoc, Noé, Abraham, Moisés, David, Ester, Daniel y otros en la Escritura encontramos que el denominador común en todas sus vidas era una obediencia genuina de corazón a los deseos de Dios en lugar de los propios. ¿Qué pasaría en ti si implementaras el mismo tipo de obediencia en la actualidad?

_____

_____

_____

_____

2. Reflexionando en la declaración humorística el autor: "La alabanza son las canciones rápidas y la adoración las canciones lentas", ¿te pudiste identificar con esa aseveración? El mensaje que finalmente recibió del Señor con respecto a la adoración fue que "es una vida". ¿Cómo es que esa declaración afecta la necesidad de cambios en tu vida?

_____

_____

_____

_____

3. Mientras piensas en lo que dijo el Señor Jesús en Lucas 13:25-27 y en Mateo 7:21-23, ¿cómo describirías la diferencia entre su presencia que mora y la presencia que acompaña al ministerio?

_____

_____

_____

_____

CAPÍTULO NUEVE

CON QUIÉN MORA DIOS

Los gemelos fantásticos del Reino son
Temor de Dios y Humildad

E n este capítulo, vamos a explorar otro elemento crucial para acercarnos al que desea tan sinceramente nuestra comunión. Nuestro versículo base nos dice: "Acercaos a Dios, y él se acercará a vosotros". No obstante, vamos a examinar lo que leemos antes y después de esta sorprendente invitación:

> Pero él da mayor gracia. Por esto dice: Dios resiste a los soberbios, y da gracia a los *humildes*. Someteos, pues, a Dios; resistid al diablo, y huirá de vosotros. Acercaos a Dios, y él se acercará a vosotros. Pecadores, limpiad las manos; y vosotros los de doble ánimo, purificad vuestros corazones. Afligíos, y lamentad, y llorad. Vuestra risa se convierta en lloro, y vuestro gozo en tristeza. *Humillaos* delante del Señor, y él os exaltará.
>
> SANTIAGO 4:6-10, *énfasis del autor*

El clamor del corazón de Dios está atrapado entre dos exhortaciones a la humildad; y por una buena razón, porque Dios dice:

> Porque así dijo el Alto y Sublime, el que habita la eternidad, y cuyo nombre es el Santo: Yo habito en la *altura* y la santidad, y con el quebrantado y humilde de espíritu, para hacer vivir el *espíritu de los humildes*, y para vivificar el corazón *de los quebrantados*.
>
> ISAÍAS 57:15, *énfasis del autor*

Santiago dice que si nos humillamos delante de Dios, que entonces Él nos levantará. ¿Levantarnos, a dónde? Dios nos lo dice por medio del profeta Isaías: ¡al *lugar alto y santo*! Él está buscando un pueblo en el cual habitar, no al cual visitar. Santiago nos invita a algo más que a una visita; estamos invitados a morar en su presencia continuamente y como dice Isaías, solo está disponible para los humildes.

Nuestra ignorancia de la humildad

Muchos en el Cuerpo de Cristo no entienden la humildad o su poder; la ven como ser débiles, endebles, frágiles, cobardes o incluso religiosos. ¡No obstante, es un hecho que muchas veces los verdaderamente humildes son confundidos con personas arrogantes! Considera a David quien a la petición de su padre visita a sus hermanos mayores que estaban en batalla contra los soldados. Llega y observa que todos los soldados, incluyendo a sus hermanos están una nueva y extraña posición de batalla: escondiéndose detrás de las rocas por miedo al gigante Goliat. Se entera de que esto ha estado ocurriendo desde hace cuarenta días. Entonces David les pregunta a los hombres en un tono nada sumiso: "¿Quién es este filisteo incircunciso, para que provoque a los escuadrones del Dios viviente?" (1 Samuel 17:26).

Esto enfurece a su hermano mayor Eliab. Quien de seguro pensó: *Mi hermano menor es un malcriado, lleno de sí mismo.* Así que Eliab a su vez reconviene a David con: "Yo conozco *tu soberbia* y la malicia de tu corazón" (1 Samuel 17:28, *énfasis del autor*). La NVI registra las siguientes palabras: "Yo te conozco. Eres un *atrevido* y mal intencionado".

Espera un momento, ¿quién era el soberbio? Solo un capítulo atrás el profeta Samuel vino a casa de Isaí para ungir al siguiente rey y el primogénito no dio el ancho. Tanto Samuel como Isaí asumieron que Eliab era el escogido porque probablemente era el más alto, el más fuerte y el más listo de los hijos de Isaí, pero Dios dijo firmemente: "Yo lo desecho" (1 Samuel 16:7). Solo hay una persona por la que Dios rechaza a una persona y esa es la soberbia. La misma soberbia de la que acusó Eliab a David, residía en sí mismo; no obstante, Dios se gloriaba de la humildad de David diciendo que era un hombre conforme a su corazón (Hechos 13:22), y David estaba sumamente alejado de ser debilucho, frágil o cobarde.

David se sacude este asalto verbal y sale a enfrentar al gigante con gran seguridad, dejándole saber que está a punto de perder su cabeza. Luego David corre al campamento enemigo, mata a Goliat y toma su cabeza.

Déjenme probar todavía más cuan a menudo no entendemos en realidad la humildad. El libro de Números que es uno de los primeros cinco libros de la Biblia pertenece a un grupo de libros llamado el *Pentateuco*. Leemos en este libro:

> Y aquel varón Moisés era muy manso, más que todos los hombres que había sobre la tierra.
>
> NÚMEROS 12:3

¡Qué declaración tan maravillosa! Si somos honestos aceptaríamos que nos encantaría que dijeran esto de nosotros, ¡pero no os atrevemos a decirlo! ¿Por qué? Solo una persona arrogante podría decir eso de sí mismo. Pero... ¿quién escribió el libro de Números? Respuesta: Moisés, ¡qué increíble!

Nunca consideraríamos que un hombre es humilde si el mismo dijera que es humilde, ¡todavía menos que dijera que es el más humilde de toda la tierra! ¿Pueden imaginarse a un ministro de pie delante de una convención cristiana diciendo: "Amigos, yo soy humilde, así que déjenme hablarles acerca de ello"? Se burlarían y se reirían de él y lo llamarían hereje; sin embargo, escucha lo que dice Jesús:

> Venid a mí todos los que estáis trabajados y cargados [...] y *aprended de mí*, que soy manso y *humilde* de corazón; y hallaréis descanso para vuestras almas.
>
> MATEO 11:28-29

Así que en esencia hemos perdido el verdadero significado de la humildad porque creemos que significa nunca hablar de nosotros mismos y vivir como gusanos indignos, cuando en realidad no hay nada más lejos de la verdad.

Definición de humildad

La humildad tiene tres aspectos principales. Primero, nuestra obediencia a Dios; segundo, nuestra dependencia total de Él; y tercero, cómo nos vemos a nosotros mismos. Vamos a considerar brevemente cada uno de estos tres aspectos.

Primero, nuestra obediencia; inmediatamente después de que Santiago escribe acerca de la humildad continúa con: "Someteos, pues, a Dios" (Santiago 4:7). Vincula la humildad con la obediencia. El Señor siempre le da a su propio pueblo sus promesas y planes: "Porque yo sé los pensamientos que tengo acerca de vosotros, dice Jehová, pensamientos de paz, y no de mal, para daros el fin que esperáis" (Jeremías 29:11). Estas promesas son su voluntad y pintan dentro de nosotros una imagen profética de hacia donde debemos ir. Sinceramente deseamos que se cumpla ese fin ya que es Él quien pone ese deseo en nuestro corazón (lee Salmos 37:4). En nuestros corazones atisbamos adonde nos está llevando, y nuestro entendimiento determina un camino lógico a seguir. Sin embargo, muy a menudo nos dirige por caminos que parecen completamente opuestos a la lógica. La verdadera humildad reconoce la sabiduría de Dios y su dirección como más alta que la nuestra y escoge obedecer incluso cuando no entendemos. Proverbios 3:5 dice: "Fíate de Jehová de todo tu corazón, y no te apoyes en tu propia prudencia".

Abraham esperó años para que se manifestara la promesa de Isaac, y al pasar el tiempo habría una progresión lógica del matrimonio de Isaac y los hijos resultantes. Abraham podría atisbar la promesa de ser padre de una multitud. Pero entonces una noche Dios cambia todo eso y le dice a Abraham que emprenda un viaje de tres días y que luego ¡mate a Isaac! ¡No es lógico! ¿Pueden imaginarse la lucha para obedecer? ¡Esta era una orden dolorosa y no tenía ninguna lógica con respecto a la promesa! Aun así, a causa de su humildad Abraham escogió obedecer a pesar de no entender.

La Biblia contiene muchos ejemplos más de esto cuando Dios instruye o permite circunstancias que ocurran que parecen lo opuesto a lo que Él nos ha mostrado; sin embargo, en obediencia vemos su promesa cumplida de una forma fuera de nuestra comprensión.

Nuestra dependencia total de Dios

Segundo, la humildad puede ser definida como dependencia total de Dios. David parecía arrogante, pero sabía que su habilidad provenía de Dios. En sus propias palabras: "Jehová, que me ha librado de las garras del león y de las garras del oso, él también me librará de la mano de este filisteo" (1 Samuel 17:37). Sus hermanos confiaban en su propia habilidad, por eso es que cuando se comparaban con David eran más fuertes y mayores. La fuerza de David estaba en su obediencia y en su fe.

Vemos esto en Caleb y Josué. Ellos eran dos de los doce líderes escogidos para ir a revisar la tierra prometida. Después de cuarenta días los doce volvieron para darle a Moisés y a los demás el informe sobre el territorio. Las palabras de los diez líderes fueron: "Nosotros llegamos a la tierra a la cual nos enviaste, la que ciertamente fluye leche y miel; y este es el fruto de ella. Mas el pueblo que habita aquella tierra es fuerte, y las ciudades muy grandes y fortificadas; y también vimos allí a los hijos de Anac" (Números 13:27-28).

Una vez que estos hombres hablaron, la congregación se levantó en un estruendo. Caleb entonces acalló a la gente y con firme confianza los exhortó: "Subamos luego, y tomemos posesión de ella; porque más podremos nosotros que ellos" (Números 13:30).

Los otros líderes rápidamente respondieron: "No podremos subir contra aquel pueblo, porque es más fuerte que nosotros" (Números 13:31).

Entonces nos dice la Escritura: "Entonces toda la multitud habló de apedrearlos" (Números 14:10).

A los ojos del pueblo y los demás líderes, Caleb y Josué estaban siendo exageradamente confiados y obstinados. Los líderes que dijeron que no podían tomar la tierra, estaban siendo realistas. Aprovecharon la situación y sabían que era totalmente imposible que como ex esclavos invadieran naciones tan poderosas y fortificadas. Después de todo, solo estaban protegiendo a sus familias (lee Números 14:3). Estos líderes parecían ser humildes, interesados en la nación, incluyendo a los ancianos y a los débiles. Caleb y Josué parecían tan presumidos que no estaban considerando el bienestar de los desprotegidos.

No obstante, escucha de donde provenía su confianza: "Por tanto, no seáis rebeldes contra Jehová, ni temáis al pueblo de esta tierra; porque nosotros los comeremos como pan; su amparo se ha apartado de ellos, y con nosotros está Jehová; no los temáis" (Números 14:9). La dependencia total de Josué y Caleb estaba en la capacidad de Dios y no en la propia. Sabían que era su voluntad que entraran en esa tierra y la conquistaran. Posiblemente parecían cabezones, mientras que sus compañeros líderes estaban siendo realistas. Pero fue Dios quien separó a los humildes de los orgullosos.

La humildad o una dependencia total de la gracia de Dios es ejemplificada en la vida de Pablo. Él dice de sí mismo:

> No que seamos competentes por nosotros mismos para pensar algo como de nosotros mismos, sino que nuestra competencia proviene de Dios.
>
> 2 Corintios 3:5

Y nuevamente:

Por tanto, de buena gana me gloriaré más bien en mis debilidades, para que repose sobre mí el poder de Cristo. Por lo
cual, por amor a Cristo me gozo en las debilidades, en afren-
tas, en necesidades, en persecuciones, en angustias; porque
cuando soy débil, entonces soy fuerte.

2 Corintios 12:9-10

Esta fue una progresión en la vida de Pablo: entre más vivía más
dependiente se volvía de la gracia de Dios y menos confiaba en sus
propios puntos fuertes, talentos o habilidades. Entre más se vaciaba
de sí mismo en su sumisión a Cristo, más firme y fuerte se volvía en
su determinación de glorificar a Cristo.

Cómo nos vemos a nosotros mismos

Esto nos lleva al tercer aspecto de la humildad, cómo nos vemos a
nosotros mismos. Cuando fue salvado, Pablo se humilló a sí mismo al
renunciar a todos sus logros y al estatus que había obtenido antes de
conocer a Jesús; los consideró basura. Para la mayoría, no es difícil
considerar como basura la vida que vivimos antes de conocer a Cristo.

¿Pero qué hay de nuestros logros en Cristo después de nuestra salvación? Esto muchas veces es una historia completamente distinta. Con
respecto a estas proezas declaró: "Hermanos, yo mismo no pretendo
haberlo ya alcanzado; pero una cosa hago: olvidando ciertamente lo
que queda atrás [lo que Dios hizo en él a partir de su salvación], y
extendiéndome a lo que está delante" (Filipenses 3:13, énfasis del autor).

Años después de su conversión Pablo fue ordenado como apóstol
(lee Hechos 13:1-4). Se le dieron abundancia de revelaciones espirituales y sabiduría que le brindaron nuevamente la oportunidad del
logro. Sembró iglesias a lo largo de Asia y Europa del Este. Atisbamos
su humildad en el año 56 d.C. en su carta a la iglesia virgínea que
comenzó en Corinto. Estaba a diez años de morir, un veterano experimentado en el servicio de Jesús. Sin embargo, escucha sus palabras:

Porque yo soy el más pequeño de los apóstoles, que no soy digno de ser llamado apóstol, porque perseguí a la iglesia de Dios.

1 Corintios 15:9

¿Puedes escuchar la humildad en esas palabras? Quiero señalarlo: esta no es falsa humildad. La humildad falsa sabe cómo utilizar

palabras corteses para aparentar humildad, aun sin humildad en el corazón o en la mente. Esto es engañoso y falso. ¡Pero al escribir la Escritura bajo la inspiración del Espíritu Santo, no puedes mentir! No hubiera permitido escribir una declaración semejante si no se consideraba a sí mismo de esa forma realmente. Así que cuando Pablo dijo ser el más pequeño de los apóstoles no era jerga cortés, sino más bien, verdadera humildad.

Sin embargo, observa la siguiente declaración de Pablo: "Antes he trabajado más que todos ellos" (1 Corintios 15:10). ¿Quiénes ellos? ¡La respuesta es: el resto de los apóstoles! Espera un momento. ¿Pablo está presumiendo? Ahora parece como si estuviera hablando desde el otro lado de su boca. ¿Cómo puede decir que es el más pequeño de los apóstoles para terminar con que "antes he trabajado más que todos ellos"? Al principio suena arrogante, y como si lo que dijo antes lo hubiera hecho de dientas para afuera, pero no es así. Porque viene antes que otra declaración de la dependencia de Pablo:

> Pero no yo, sino la gracia de Dios conmigo.
>
> 1 Corintios 15:10

Siguió su aseveración de ser el menor con el reconocimiento de que todo lo que había hecho solo había sido por la gracia de Dios. Pudo separarse de sus logros; estaba completamente consciente de que todo lo que había logrado procedía de la habilidad de Dios por medio de él.

La autodescripción de Pablo como "el más pequeño de los apóstoles" es difícil de tragar. Tanto en su época como a lo largo de la historia de la Iglesia, ha sido considerado como uno de los mayores apóstoles. Ahora, considera lo que le dijo Pablo a los Efesios siete años después en el año 63 d.C., tres o cuatro años antes de su partida. En esos siete años, desde la carta a los Corintios, logró más que en cualquier otra época de su vida. Aquí se describe a sí mismo:

> A mí, que soy *menos que el más pequeño de todos los santos*, me fue dada esta gracia de anunciar entre los gentiles el evangelio de las inescrutables riquezas de Cristo.
>
> Efesios 3:8, *énfasis del autor*

Siete años antes se llamaba a sí mismo "el más pequeño de los apóstoles" y ahora se describe a sí mismo como ¡"menos que el más pequeño de todos los santos"!

Esta progresión continuó porque encontramos que justo antes de su muerte le escribió una carta a Timoteo en la que declaró:

Palabra fiel y digna de ser recibida por todos: que Cristo Jesús vino al mundo para salvar a los pecadores, de los cuales yo soy el primero.

1 Timoteo 1:15

Ahora ya no es el más pequeño de los apóstoles, ni el más pequeño de todos los santos, sino que ahora se ve a sí mismo como el primero de los pecadores. Observa que no dice: "De los cuales yo *era* el primero", sino más bien: "*soy* el primero". ¡Y él fue el que tuvo la revelación de ser una nueva criatura en Cristo; las cosas viejas pasaron, y he aquí todas son hechas nuevas! (lee 2 Corintios 5:17). Nunca perdió de vista la gran deuda que tenia con el Salvador.

Entre más servía Pablo, más pequeño se veía a sí mismo a medida que su humildad crecía progresivamente. ¿Podría ser esta la razón por la que la gracia de Dios crecía en proporción entre más viejo se hacía? Porque Santiago nos dice: "Y da gracia a los humildes" (Santiago 4:6). ¿Podría ser también esta la razón por la que Dios reveló sus caminos tan íntimamente a Pablo que maravilló al apóstol Pedro? Dios dice por medio de Isaías que habita, y no que va de visita, con el humilde. Cuando habitamos con Él, nos volvemos íntimos con Él.

Los gemelos fantásticos

Hemos llegado al momento en que vamos a conocer a los gemelos fantásticos del Reino; son el *Temor de Dios* y la *Humildad*. Recuerda, en los capítulos anteriores observamos claramente que el temor de Dios es el principio para conocerlo íntimamente; no obstante, ahora vemos que lo mismo es cierto con la humildad. El salmista declara:

Encaminará a los *humildes* por el juicio,
Y enseñará a los mansos su *carrera*.

Salmos 25:9, *énfasis del autor*

Dios le revela sus caminos a los humildes, solo unos versículos más tarde encontramos:

¿Quién es el hombre que *teme a Jehová*?

Él le enseñará el *camino* que ha de escoger.

SALMOS 25:12, *énfasis del autor*

En esencia, los que temen al Señor son verdaderamente humildes, y los verdaderamente humildes, temen al Señor. Recuerda que Moisés conoció los caminos de Dios, mientras que Israel solo lo conoció por sus respuestas a sus oraciones, que eran sus acciones. Moisés temía al Señor, y era sumamente humilde. ¿Ves la conexión? A Israel le faltaba el temor de Dios (Deuteronomio 5:9), así como humildad (que lo vimos en el ejemplo anterior con Josué y Caleb).

El salmista vincula el temor de Dios con la humildad como casi inseparables. Vemos esto en repetidas ocasiones en la Escritura. Un ejemplo sería:

El *temor de Jehová* es enseñanza de sabiduría;
Y a la honra precede la *humildad*.

PROVERBIOS 15:33, *énfasis del autor*

El reino de las tinieblas también tiene a sus gemelos fantásticos. Son exactamente lo opuesto al *Temor de Dios* y a la *Humildad*; son la *Rebeldía* y el *Orgullo*. Los vemos contrastados en Proverbios:

Riquezas, honra y vida son la remuneración de la *humildad*
y del *temor de Jehová*. Espinos y lazos hay en el camino del
perverso; el que guarda su alma se alejará de ellos.

PROVERBIOS 22:4-5, *énfasis del autor*

¿Ves como la humildad y el temor de Dios están vinculados en contraste con el orgullo y la rebelión? Jesús se humillo más que ningún otro ser, humano o celestial. Por lo tanto, fue exaltado más que ningún otro (lee Filipenses 2:8-9). También se deleitaba, por sobre las demás virtudes, en el temor de Dios; por lo tanto, la presencia del Espíritu de Dios estaba con Él y sobre Él sin medida (lee Isaías 11:2-3 y Juan 3:34).

En contraste, Lucifer, que era el querubín protector, conocido como Satanás, se exaltó a sí mismo por medio de la soberbia y se volvió rebelde, más que nadie antes o después que él. Por lo tanto, fue derribado "al Seol, a los lados del abismo" (lee Ezequiel 28:14-17 e Isaías 14:12-15).

No olvides que la Escritura muestra en repetidas ocasiones que la morada de Dios está en las alturas, y que la morada de las fuerzas demoníacas es en las partes bajas. Vas a ver una y otra vez en la Escritura que el orgullo y la rebelión se asocian con lo bajo, y la humildad y el temor de Dios con lo alto. ¡Ser levantado es habitar con Dios en intimidad!

A los que Dios persigue

Dios resiste al soberbio y al rebelde (Santiago 4:6), pero es atraído a los que le temen: los verdaderamente humildes. En el Antiguo Testamento había un grupo de personas sirviendo o adorando a Dios como la Escritura prescribe. Estaban trayendo sacrificios de cordero y toros, quemando incienso en el Lugar Santo, y trayendo ofrendas de grano. ¡Sin embargo, Dios dijo que a sus ojos sus sacrificios eran como asesinar hombres; sus ofrendas como sangre de cerdo; y su incienso, que es un tipo de alabanza y oración, como bendecir un ídolo! Luego, les dijo por qué:

> Porque llamé, y nadie respondió; hablé, y no oyeron, sino que hicieron lo malo delante de mis ojos, y escogieron lo que me desagrada.
>
> ISAÍAS 66:4

¿Qué es lo que le desagrada? ¡Sacrificios que no van acompañados de obediencia! (lee 1 Samuel 15:22). En otras palabras, cualquier forma de adoración carente del temor de Dios.

El Señor les da duro a estos "adoradores". Les quitó la confianza donde se apoyaban. ¿Puedes imaginarte la sorpresa de estas personas? Pensaban que estaban sirviéndolo y agradándolo, solo para descubrir que su adoración le era repulsiva. No obstante, por consideración a su pueblo, el Señor nunca desarraiga donde no tiene el propósito de plantar; nunca derriba donde no tiene intenciones de construir. Así que luego los alienta diciéndoles lo que le agrada:

> Pero miraré a aquel que es pobre y humilde de espíritu, y que tiembla a mi palabra.
>
> ISAÍAS 66:2

La palabra hebrea para *miraré* es *nabat*. *Strong* define esta palabra como "mirar fijamente algo; considerar con placer, favor o cuidado". Así que en esencia Dios está diciendo: "Esta es la persona que miro con placer y favor y a quien le presto atención". Para decirlo en pocas palabras, Él está diciendo: "Estoy tras de esta persona; él es en pos de quien estoy". Tommy Tenney, un autor contemporáneo y maestro, tiene un libro con uno de los mejores títulos de nuestra generación: *En la búsqueda de Dios*. Eso describe perfectamente el corazón de los que aman a Dios. Una cosa es buscar a Dios. Sin embargo, es algo completamente distinto ¡que Dios te busque a ti! Eso es exactamente lo que Dios está diciendo aquí.

Considera a David, Dios instruye al profeta más importante de Israel, Samuel, que fuera a la casa de Isaí, incluso contra las protestas del mismo Samuel que temía la ira de Saúl. Sin embargo, Dios le ordena que vaya, porque está buscando a uno de los hijos de Isaí. El profeta recorre los siete hijos mayores y finalmente el Señor, en petit comité le dice: "No Samuel, no es ninguno de estos muchachos mayores, sino el menor que está en el campo con las ovejas, ¡estoy en pos de ese!" (paráfrasis del autor).

¿Por qué estaba persiguiendo Dios a David en lugar de a sus hermanos mayores o a los demás hombres de Israel? La respuesta se encuentra en el versículo anterior: Él mira al que es pobre y humilde de espíritu, y que tiembla a su Palabra. Los contritos de espíritu son los que se arrepienten rápidamente a causa de su compromiso con someterse a la autoridad divina. Otra versión lo registra como: "Me agradan los que son humildes, que se arrepienten, que me temen y me obedecen" (TEV, en inglés). Un espíritu contrito es otra forma de verdadera humildad y temor de Dios. Así que en esencia lo que está comunicando es que Él anda en pos de los que son humildes y le temen; ¡los que caminan en la virtud de los gemelos fantásticos del Reino! Por eso se nos dice:

> Ciertamente él escarnecerá a los escarnecedores, y a los humildes dará gracia.
>
> PROVERBIOS 3:34

Y de nuevo:

> ¡Cuán grande es tu bondad, que has guardado para los que te temen! [...]
> En lo secreto de tu presencia los esconderás.
>
> SALMOS 31:19-20

Por eso es que en el Nuevo Testamento se nos dice: "Revestíos de humildad" (1 Pedro 5:5) y: "Conducíos en temor todo el tiempo de vuestra peregrinación" (1 Pedro 1:17). Dios, el Espíritu Santo, nos está exhortando con estas palabras por medio de Pedro para que podamos entrar en dulce comunión con Él, que es la pasión de su corazón para nosotros como hijos amados.

La decisión es nuestra. Dios ha pavimentado el camino para que caminemos con Él, y nos ha dado su gracia para hacerlo. ¡Qué maravilloso Dios y Padre servimos! Ahora, depende de nosotros si escuchamos y obedecemos su llamado a su cámara interna donde Él se manifiesta. ¡En los siguientes capítulos vamos a hablar de cómo lo hace en realidad!

PREGUNTAS DE ESTUDIO

1. En este capítulo, se dice que aunque la humildad generalmente es malentendida como ser debilucho, frágil o cobarde, el verdaderamente humilde muchas veces es confundido con un arrogante. Mientras reflexionas en esto, ¿puedes pensar en alguien que hayas tachado de arrogante, que en realidad era bastante humilde? Si así es, ¿qué puedes aprender de esa valoración errónea?

_____

_____

_____

2. Reflexiona en los tres aspectos de la humildad: obediencia a Dios, dependencia total de Él y la imagen de nosotros mismos, y en los ejemplos bíblicos de cada uno. Si tuvieras que decir cuál de los tres es el que más trabajo te cuesta, ¿cuál sería?

_____

_____

_____

3. En Isaías 66, un grupo de personas estaban sirviendo y adorando a Dios conforme a la letra de la ley: trayendo los sacrificios adecuados, quemando el incienso apropiadamente y haciendo las ofrendas necesarias. No obstante, al Señor no le agradaba su adoración debido a su falta de obediencia. ¿En qué maneras puede tu adoración ser desagradable a Dios, aun y cuando es dirigida por líderes talentosos con grandes dones?

_____

_____

CAPÍTULO DIEZ

INTIMIDAD CON EL ESPÍRITU SANTO

Creo que el Espíritu Santo es una de las
personas más ignoradas de la Iglesia

Ahora llegamos a la sección del libro sobre la que anhelaba hablar; cómo es que el Señor se acerca a nosotros en realidad. Primero, déjame reiterar, Él te anhela con una intensidad mayor que con la que tú lo anhelas a Él. Recuerda las palabras de Moisés: "Dios celoso es" (Éxodo 34:14).

Recientemente mientras me encontraba inmerso profundamente en oración, antes de darme cuenta completamente de lo que estaba diciendo, clamé: "¡Señor, si no puedo tener comunión íntima contigo en esta tierra entonces por favor llévame a casa al cielo contigo!". Mis rodillas temblaron un poco cuando mis palabras salieron de mi corazón. Sé que lo estaba diciendo en serio; no obstante, casi de inmediato mi mente gritó: "¿Qué es lo que acabas de pedir?". Mi sentido de razón me cuestionó si debería pedir cosas así.

Unas horas más tarde abordé un avión hacia Phoenix, Arizona, tomé asiento, saqué mi Biblia del portafolio y la abrí: El primer versículo con el que mis ojos hicieron contacto dice lo siguiente:

> A ti clamaré, oh Jehová.
> Roca mía, no te desentiendas de mí,
> Para que no sea yo, dejándome tú,
> Semejante a los que descienden al sepulcro.
>
> SALMOS 28:1

Casi salté de mi asiento. ¿Qué probabilidades había de que mis ojos cayeran por coincidencia en esta escritura? Hablaba exactamente de lo que me había cuestionado unas horas antes. Sabía que era una palabra de Dios mientras mi corazón me latía aceleradamente.

David dice que no somos mejores que un pecador que se dirige al
infierno si Dios no nos habla. Llevo siempre conmigo la versión de la
Biblia en inglés New Living Translation, así que lo busqué y coincidía
con lo que había orado esa mañana, porque dice: "Porque si te que-
das en silencio, mejor me fuera rendirme y morirme". Esto era preci-
samente lo que había clamado. En las muchas veces que había leído
antes este versículo, nunca lo había vista bajo esta luz antes.

De inmediato supe que no había orado en contra de la voluntad
de Dios sino conforme al Espíritu Santo. Esto nuevamente me confirmó que Dios no quiere estar en silencio con nosotros; más bien desea
vehementemente comunicarse con nosotros. Uno mis versículos favoritos contiene estas palabras escritas por David:

> Mi corazón ha dicho de ti: Buscad mi rostro. Tu rostro bus-
> caré, oh Jehová.
>
> SALMOS 27:8

¿Puedes escuchar el anhelo en el corazón de Dios? Nos está invi-
tando a cada uno de nosotros diciendo: "¡Acércate, quiero tener
comunión contigo, para compartirte mi corazón y mostrarte cosas
grandes y ocultas que tu no conoces!". Esto debería describir la vida
de cada creyente: "Acércate a Dios" y si lo haces, Él garantiza, que
"Él se acercara a vosotros". Nosotros somos los que determinamos
nuestro nivel de intimidad y no Él. Él ya abrió la puerta que lleva a
sus cámaras privadas; está esperando, llamándonos a entrar. Depende
de nosotros responder, y entre más nos acerquemos más se revelará a
sí mismo y sus deseos. No obstante, nuevamente observa las palabras
de Santiago antes de esta invitación:

> ¿O pensáis que la Escritura dice en vano: El Espíritu que él ha
> hecho morar en nosotros nos anhela celosamente?
>
> SANTIAGO 4:5

Nos anhela, y celosamente. Los capítulos anteriores hemos visto
que Él no nos va a compartir con los deseos codiciosos de este mundo.
Por esta razón Santiago dice: "¿No sabéis que la amistad del mundo
es enemistad contra Dios? Cualquiera, pues, que quiera ser amigo del
mundo, se constituye enemigo de Dios" (Santiago 4:4). No es distinto
que si una esposa le dijera a su marido infiel: "No me puedes tener
a mí y a tus amantes; ¡así que escoge!". El Señor no es diferente; Él

no nos va a compartir con el mundo. Él debe ser la pasión de nuestro corazón o no se nos va a revelar.

El espíritu que Él ha hecho morar en nosotros nos anhela

Anteriormente, hablamos bastante acerca de cómo nos anhela; pero ahora necesitamos enfocarnos en la palabra *Espíritu*. Es sumamente importante que la Escritura registre: "El Espíritu que Él ha hecho morar en nosotros nos anhela...". Observa que no dice: "Jesús que mora en nosotros nos anhela...". Jesús no está aquí en la tierra, está sentado a la diestra de la Majestad en las alturas, y ha estado allí por casi dos mil años. El día que Jesús se fue, los ángeles les dijeron estas palabras a los apóstoles: "Varones galileos, ¿por qué estáis mirando al cielo? Este mismo Jesús, que ha sido tomado de vosotros al cielo, así vendrá como le habéis visto ir al cielo" (Hechos 1:11). Él fue llevado físicamente en una nube fuera de su vista, y se nos prometió que de la misma manera va a volver.

Ahora bien, no me malentiendan, nuestro maravilloso Salvador nos anhela, pero Aquel que ha estado entre nosotros poco después de su partida es el Espíritu Santo, y Él es la persona específica de la Trinidad que se identifica en este versículo. Sin embargo, los que claman en el nombre de Jesús lo han pasado por alto en muchas formas. De hecho, creo que el Espíritu Santo es una de las personas más ignoradas de la Iglesia. Piénsalo: qué tan a menudo te pasa que vas en tu coche con una persona durante veinte minutos y no le dices una palabra durante todo ese tiempo; no obstante, cuán a menudo le hacemos esto a Él. Contemplamos nuestro día, o escuchamos música cristiana mientras conducimos y muchas veces no reconocemos su presencia. Fallamos en reconocer su compañerismo en casa, en la oficina y en los otros incontables lugares que ocupan nuestro tiempo; pero si nos preguntaran, ciertamente reconoceríamos su existencia y su habitación en nuestro corazón.

Nuestra imagen del Espíritu Santo

Una de las razones para la falta de reconocimiento de su presencia y su compañerismo es nuestra imagen del Espíritu Santo; es mística por la manera en la que hemos escrito y predicado acerca de Él. De hecho, si tuviera un dólar por cada vez que hubiera escuchado que se habla del Espíritu Santo como si fuera una *cosa* sería rico financieramente.

Lamentablemente, es visto por muchos como un "ente santo", en lugar de Aquel que es santísimo, y desea ser nuestro amigo cercano. Si solo meditáramos en la Escritura nos daríamos cuenta de que tiene una mente (Romanos 8:27), así como voluntad (1 Corintios 12:11), y emociones que son descritas por su amor por nosotros (Romanos 15:30). Él habla (Hebreos 3:7); de hecho lo hace claramente (1 Timoteo 4:1). Enseña (1 Corintios 2:13), puede ser contristado (Efesios 4:30), insultado (Hebreos 10:29), justo como cualquier otro ser humano.

Nuestra primera impresión de Él suele ser la imagen de una paloma. ¿Pero por qué se le dibuja como una paloma? ¡Nunca se manifestó como una paloma! En los cuatro Evangelios se registra que Juan el Bautista vio al Espíritu de Dios descendiendo sobre Jesús "como una paloma" (Mateo 3:16; Marcos 1:10; Lucas 3:22; y Juan 1:32). Eso no lo hace una paloma. He escuchado declaraciones acerca de hombres y mujeres que dicen: "Corrió como el viento", o: "Es fuerte como un buey". Eso no hace que la mujer sea viento o que el hombre se convierta en un cuadrúpedo. Son seres humanos.

Alguien más quizá diga: "Sí, pero el apóstol Juan vio al Espíritu como lámparas de fuego cuando contempló el trono de Dios". Sí, eso es verdad porque escribió: "Y delante del trono ardían siete lámparas de fuego, las cuales son los siete espíritus de Dios" (Apocalipsis 4:5); pero este mismo Juan también escribió: "Y miré, y vi [...] en medio de los ancianos, estaba en pie un Cordero como inmolado [...] y cantaban un nuevo cántico, diciendo: Digno eres de tomar el libro y de abrir sus sellos; porque tú fuiste inmolado, y con tu sangre nos has redimido para Dios, de todo linaje y lengua y pueblo y nación" (Apocalipsis 5:6-9). Es sumamente claro que está hablando de Jesús, ¡pero nuestra percepción de Él no es que sea un animal!

El Espíritu Santo es una persona, y nosotros hemos sido creados a su imagen. ¡Oh sí, su imagen! Leemos en Génesis: "Hagamos al hombre a nuestra imagen, conforme a nuestra semejanza; y señoree en los peces del mar, en las aves de los cielos, en las bestias, en toda la tierra, y en todo animal que se arrastra sobre la tierra" (Génesis 1:26). No dice: "Voy a hacer al hombre a mi imagen". No, fueron el Padre, el Hijo y el Espíritu Santo creando al hombre al unísono. Estamos bastante conscientes del papel del Padre y del Hijo en la creación, pero la Escritura claramente declara también: "El espíritu de Dios me hizo" (Job 33:4), y nuevamente: "Envías tu Espíritu, son creados" (Salmos 104:30). Así que cuando Dios dijo: "Hagamos al hombre a nuestra imagen", el Espíritu Santo ciertamente estaba incluido. Fuimos creados a la imagen del

Padre, Hijo y Espíritu Santo. Él es una persona, la tercera persona de la Trinidad, no un viento místico o un pájaro volador.

¿Cómo fue que María concibió por el Espíritu Santo si no fuimos creados a su imagen? Pero la Escritura registra: "Estando desposada María su madre con José, antes que se juntasen, se halló que había concebido del Espíritu Santo" (Mateo 1:18). Más tarde el ángel del Señor le dijo a José: "José, hijo de David, no temas recibir a María tu mujer, porque lo que en ella es engendrado, del Espíritu Santo es" (Mateo 1:20). Si el Espíritu Santo fuera una "cosa" o una "energía" ¿cómo es que se formó un hombre en María? Ella concibió del Espíritu de Dios. Se requieren dos seres de la misma imagen para crear descendencia normal.

Espero que estés entendiendo que el Espíritu Santo es una persona, de hecho la persona más maravillosa. Por esta razón Pablo le dice a los creyentes:

> La gracia del Señor Jesucristo, el amor de Dios, y la *comunión* del Espíritu Santo sean con todos vosotros. Amén.
> 2 Corintios 13:14, *énfasis del autor*

Observa que dice: "La *comunión* del Espíritu Santo sea con todos vosotros". Durante años he estudiado esta palabra *comunión* porque conocer a Dios íntimamente es mi pasión. La he buscado en cada diccionario griego que he tenido a la mano. Las siguientes son algunas de las definiciones más importantes:

- Comunión
- Compartir o intercambio social
- Compañerismo o participación conjunta
- Relación cercana
- Intimidad

Hay otras palabras que se utilizan para definir *comunión*, pero son bastante semejantes a por lo menos alguna de las definiciones de la lista anterior, así que escogí esas. Vamos a ver cada una de ellas por separado y a meditar en ellas.

Comunión

La primera palabra *comunión* está definida en el diccionario *Webster* como *compañerismo o compañía*. También se define como *la cualidad* o *estado de estar en camaradería*. Uno nunca esperaría encontrar compañeros que se refrenaran de interactuar entre sí; ambos se mantienen informados con respecto a lo que están haciendo o planean hacer. Son camaradas y hay una comunión continua entre ellos. En el libro de los Hechos encontramos ejemplos de esta relación entre el Espíritu Santo y sus siervos una y otra vez. La siguiente es solo una de las declaraciones de Pablo:

> Ahora, he aquí, ligado yo en espíritu, voy a Jerusalén, sin saber lo que allá me ha de acontecer; salvo que el Espíritu Santo *por todas las ciudades* me da testimonio, diciendo que me esperan prisiones y tribulaciones.
>
> HECHOS 20:22-23, *énfasis del autor*

Puedes ver por sus propias palabras la comunicación continua entre el apóstol Pablo y el Espíritu Santo. Eran camaradas en la vida, en los viajes y en el ministerio.

Lo mismo es cierto acerca de cada siervo de Dios en el Nuevo Testamento. Sin importar adonde iban Él estaba con ellos y se comunicaba con ellos cuando lo buscaban. Era su compañero. Felipe, otro discípulo, dejó una reunión multitudinaria y viajó hacia el desierto, pero no estaba solo o sin saber qué hacer ya que "el Espíritu dijo a Felipe: Acércate y júntate a ese carro" (Hechos 8:29).

Pedro en medio de tratar de descifrar una visión difícil no tuvo que depender de su propio conocimiento de las Escrituras porque escuchó la voz del Espíritu diciéndole. " Y mientras Pedro pensaba en la visión, *le dijo el Espíritu:* He aquí, tres hombres te buscan. Levántate, pues, y desciende y no dudes de ir con ellos, porque yo los he enviado" (Hechos 10:19-20, *énfasis del autor*).

Puedes ver el compañerismo del Espíritu Santo con todo el equipo de Pablo ya que Lucas registra: "Y atravesando Frigia y la provincia de Galacia, *les fue prohibido por el Espíritu Santo* hablar la palabra en Asia; y cuando llegaron a Misia, intentaron ir a Bitinia, pero *el Espíritu no se lo permitió*" (Hechos 16:6-7, *énfasis del autor*).

Podría citar varios ejemplos más. No obstante, lo que quiero decir es que los siervos del Nuevo Testamento estaban bastante conscientes del compañerismo constante del Espíritu de Dios con ellos; nunca era un suceso atemorizante o fuera de lo ordinario interactuar con Él. Esperaban su participación en su vida así como se esperaría la participación en nuestra vida de cualquier persona que viviera con nosotros las veinticuatro horas del día los siete días de la semana.

La gente me pregunta si no me canso de los cuartos de hotel en todos mis viajes. Respondo: "Honestamente, nunca me aburro de ellos". De hecho, he estado en algunas de las ciudades más hermosas del mundo y no he sentido la necesidad de salir a recorrer los sitios de interés porque estoy disfrutando su compañía tanto que no quiero perder ese tiempo. En el pasado, antes de entender y experimentar el compañerismo del Espíritu Santo, era bastante infeliz cuando estaba solo. Necesitaba gente a mi alrededor constantemente. Ahora, me descubro añorando la soledad para poder escuchar fácilmente cuando hable con Él.

¡Esta es su pasión, tener comunión contigo! Toma un momento y cierra tus ojos y piensa en el Espíritu Santo como tu compañero o tu camarada. Porque la Palabra de Dios declara que "la *comunión* del Espíritu Santo sean con todos vosotros". O medita en esto que "el *compañerismo* del Espíritu Santo sea con todos ustedes". O nuevamente que "la *compañía* del Espíritu Santo esté contigo". Permite que estas palabras se expandan en tu corazón para abrir la puerta de intimidad entre ti y tu Creador.

Compartir juntos

La segunda definición, *compartir juntos* o *intercambio social*, describe el intercambio de pensamientos o sentimientos. Los momentos más ricos que he tenido con mi círculo interno de amigos son cuando tenemos conversaciones y compartimos entre nosotros las cosas más profundas o más íntimas de nuestro corazón. En esas veces nos volvemos vulnerables y compartimos cosas que alguien que no nos conozca quizá pudiera malentender o burlarse de ellas. Sin embargo, sabemos que este no es el caso con nuestros amigos mas queridos; no van a hacer ninguna de las dos cosas, ya que conocen nuestro corazón y no van a malinterpretar lo que les compartamos. Pablo ejemplifica esta relación similar con el Espíritu Santo cuando escribe: "Verdad digo en Cristo, no miento, y mi conciencia me da testimonio en el Espíritu Santo" (Romanos 9:1). El Espíritu Santo conocía el corazón de Pablo, así como Pablo conocía su corazón. Había una cercanía que se desarrolló al compartir sus pensamientos y sentimientos más profundos.

Nuevamente, esta es la razón por la que el temor de Dios es tan importante. El Señor no va a compartir sus pensamientos más profundos con los que no los consideran preciosos, así como nosotros no echaríamos nuestras perlas delante de los que las pudieran torcer. En resumen, nunca compartiríamos las cosas profundas de nuestra vida con los que no tienen nuestro corazón; Dios igual.

Un santo del Antiguo Testamento clamó: "¿Descubrirás tú los secretos de Dios?" (Job 11:7). No obstante, a causa de la puerta abierta de intimidad con el Espíritu Santo que trae el nuevo pacto, Pablo dice con emoción: "Pero Dios nos las reveló a nosotros *por el Espíritu*; porque el Espíritu todo lo escudriña, aun *lo profundo* de Dios" (1 Corintios 2:10, *énfasis del autor*). Observa que es por medio del Espíritu Santo. ¡Él es la persona de la Trinidad que comparte con nosotros lo íntimo o lo profundo de Dios!

¡Qué maravilloso! ¿No te emociona?

Así que, haz otra pausa, cierra los ojos, y medita en el hecho de que el Espíritu Santo desea este tipo de intimidad contigo. Él anhela mostrarte sus pensamientos y sentimientos más profundos y escuchar los tuyos. Porque la Palabra de Dios declara que "el *compartir los pensamientos y sentimientos más profundos* del Espíritu Santo sea con todos vosotros".

Compañerismo

La tercera definición: *compañerismo* o *participación conjunta*, se ejemplifica de manera hermosa con el testimonio de los líderes de la primera iglesia. Ellos escribieron en su carta:

> Porque ha parecido bien al Espíritu Santo, y a nosotros, no imponeros ninguna carga más que estas cosas necesarias.
>
> HECHOS 15:28

Ellos hicieron diferencia entre su opinión y la del Espíritu Santo. Fue una participación conjunta en la decisión; eran compañeros en la obra del Reino. Esto se puede reflejar en el Antiguo Testamento cuando Dios vino a Abraham para hablar de sus planes para Sodoma. A Abraham se le permitió sugerir su perspectiva y Dios tomó su decisión después de haber escuchado el consejo de Abraham.

Esto también lo podemos ver en varias ocasiones con Moisés. El Señor en su ira estaba dispuesto a destruir a los hijos de Israel y lo hubiera hecho si no hubiera sido por el consejo de Moisés. Le recordó a Dios sus propias promesas y su reputación; como resultado de la participación de Moisés leemos en un relato: "Entonces Jehová se arrepintió del mal que dijo que había de hacer a su pueblo" (Éxodo 32:14). Moisés y Abraham fueron compañeros de Dios aunque no contaban con la comunión continua que se nos ha dado en la actualidad bajo las provisiones del nuevo pacto; es impresionante cuando lo piensas.

Vemos evidencia clara del papel del Espíritu Santo como nuestro compañero mayor cuando escuchamos las palabras de Pablo habladas a los líderes de Éfeso:

> Por tanto, mirad por vosotros, y por todo el rebaño en que el Espíritu Santo os ha puesto por obispos, para apacentar la iglesia del Señor, la cual él ganó por su propia sangre.
>
> HECHOS 20:28, *énfasis del autor*

En este versículo, podemos ver las diferentes personas de la Trinidad actuando en perfecta armonía. El *Espíritu Santo* es el primero que se nombra, Él es el que los hizo obispos. Luego el Padre es mencionado en la frase *la iglesia del Señor*, y finalmente vemos el papel del hijo ya que fue *su propia sangre* la que nos compró; tres personas diferentes; no obstante, un solo Dios. Esto es difícil de comprender; sin embargo, tenemos un ejemplo natural que lo ilustra formidablemente. Sabemos que el agua tiene tres estados: líquido, sólido y gas, con una misma estructura molecular. Así la Trinidad es tres personas diferentes y al mismo tiempo una sola.

Nuevamente, es interesante notar que el Espíritu Santo es la persona de la Trinidad que puso a estos líderes en su posición. Esto también se aclara cuando las ancianos de otra iglesia distinta, Antioquia, buscaron al Señor. Al hacerlo "dijo el Espíritu Santo: Apartadme a Bernabé y a Saulo para la obra a que los he llamado. Ellos, entonces, *enviados por el Espíritu Santo*, descendieron a Seleucia, y de allí navegaron a Chipre" (Hechos 13:2-4, *énfasis del autor*). Él fue la persona de la Trinidad trabajando con estos hombres para glorificar a Jesús.

De este par de ejemplos vemos un compañerismo definido en el que el Espíritu Santo es el líder o el compañero principal. Debo enfatizar esto de nuevo: ¡Es su deseo que tú y yo seamos sus colaboradores; sí, compañeros! Claramente leemos esto en la carta de Pablo a los Corintios cuando escribe: "Porque nosotros somos colaboradores de Dios" (1 Corintios 3:9). *Colaborador* significa *camarada* o *asistente*. ¡Qué maravilloso! Nuevamente, te pregunto: ¿qué camaradas conoces que no interactúen y trabajen juntos?

Toma otros momentos para ponderar en el deseo del Espíritu Santo de ser tu compañero mayor. Porque la Palabra de Dios declara que "el *compañerismo* del Espíritu Santo sea con todos vosotros", o nuevamente que "la *participación conjunta* del Espíritu Santo sea con todos vosotros, en todas las cosas".

Relación cercana

La siguiente definición es *relación cercana*. Esto se describe mejor hablando de experiencias que he tenido a lo largo de los años con grandes hombres y mujeres de Dios. Recuerdo la primera vez que conocí al Dr. David Cho, quien es pastor de una de las iglesias más grandes del mundo en Seúl, Corea. Fue su primera visita a mi congregación. En ese tiempo, yo era uno de los pastores asistentes y mi responsabilidad era transportarlo durante su visita. Había estado haciendo esto ya durante varios años, así que había convivido de cerca con cientos de ministros, porque muchos venían a nuestra congregación. Sin embargo, esta ocasión fue diferente porque cuando entró en mi coche la primera vez, la presencia de Dios se manifestó en el coche. Casi de inmediato comencé a llorar, y las lágrimas cubrían mi rostro. Estaba sumamente silencioso ya que no lo quería molestar antes de que ministrara; sin embargo, finalmente me sentí impulsado a hablar. Recompuesto le dije suavemente: "Dr. Cho, Dios está aquí, en nuestro coche". Él sonrió y asintió con la cabeza.

Más tarde pensé en lo mucho que este hombre había escrito y predicado acerca de la comunión que disfruta con el Espíritu Santo. Luego recordé a otros a los que recogí a lo largo de los años que también enfatizaban y vivían en cercana relación con el Espíritu Santo. Aunque había transportado cerca de cientos de ministros, recuerdo que con solo unos pocos, al entrar en contacto con ellos, de inmediato entré en contacto con el Espíritu Santo. Uno de ellos era una dama llamada Jeanne Wilkerson, una ministra que pasó años en intercesión y quien ya partió con el Señor. Cuando ella entró al vehículo propiedad de la iglesia la primera vez que la conocí, mi boca de seguro permaneció abierta de la sorpresa durante todo el paseo. Me fue sumamente difícil concentrarme en conducir el coche. Me di cuenta de que estaba en la presencia de una mujer que no solo sabía acerca de Dios, sino que lo conocía íntimamente en realidad. Ella hablaba mucho del Espíritu Santo y su presencia era evidente y fuerte cada vez que estaba con ella.

Recientemente hablé en una congregación de cuatro mil personas en el Medio Oeste de Estados Unidos. Prediqué acerca del Espíritu

Santo en la reunión matutina y esa noche al volver supuestamente solo iba a ocupar la plataforma durante cuarenta y cinco minutos. Bueno, pues no llegué al micrófono sino hasta dos horas después de que la reunión había comenzado porque el Espíritu Santo tenía otros planes. Ministró a tantos, ¡fue maravilloso! Finalmente cuando se me dio la plataforma, el pastor, que no es un hombre suave o débil (puede levantar con el pecho más de 227 kg) llegó en lágrimas a decirme: "¡John, en los ocho años que tengo pastoreando esta iglesia, nunca he sentido tan fuerte la presencia de Dios!".

De inmediato respondí: "Hay una razón para ello, esta mañana hablamos del Espíritu Santo, y siempre que hablamos de Él, Él se manifiesta". Esta relación cercana se puede identificar en los matrimonios. Hay algunos ministros que a menudo hablan de sus esposas. Frecuentemente las incluyen en sus mensajes o hablan de ellas si no están presentes. Frecuentemente están juntos, no solo en privado, sino también en público. Así que cuando piensas en esos ministros no puedes evitar pensar también en su esposa. (Lo mismo sucede con algunas ministras.) Frecuentemente me preguntan por Lisa cuando no está conmigo ya que hablo de ella y escribo sobre ella a menudo. No obstante, hay otros ministros quienes a pesar de estar casados, pocas veces hablan de su esposa y pocas veces se les ve juntos. Cuando mencionamos a esos ministros uno no piensa de inmediato en su pareja.

Lo mismo sucede con el Espíritu Santo. Hay ciertos hijos de Dios que tienen una relación cercana con el Espíritu de Dios. Cuando hablas de ellos piensas en el Espíritu Santo, porque estos hombres y mujeres ministran conscientemente como sus compañeros y continuamente lo reconocen, por lo tanto, Él se manifiesta en sus ministerios. El resultado es que Jesús recibe más honor, porque el Espíritu de Dios glorifica a Jesús.

El Espíritu Santo quiere estar en una relación cercana contigo. Si tú lo honras, entonces Él se va a manifestar, pero si no lo haces no va a ser distinto del ministro que no tiene intimidad con la esposa con la que ha estado casado durante años. No solo él y su esposa se distanciarán, sino que estarán distantes también a los ojos del público. Así que medita en esto: "Y la *relación cercana* del Espíritu Santo sea con todos vosotros".

Intimidad

El destino final de la lista anterior es la palabra *intimidad*. Esta palabra es la que mejor define la comunión, ya que suma las cuatro categorías anteriores que ya vimos. De hecho, una de las definiciones de Webster para *comunión* es *compañerismo íntimo o confianza: comunicación*. La intimidad solo se puede desarrollar por medio de la comunicación, que es la avenida para una amistad fuerte. Una versión del Nuevo Testamento en inglés dice: "Que la amistad íntima del Espíritu Santo sea con todos ustedes" (*The Message*).

Nuevamente, todo se resume en la amistad; esta es la meta final de la comunión. El Espíritu de Dios desea ser tu amigo. Anhela tener comunión contigo. Desea enseñarte lo que sabe, ¡y su conocimiento es infinito! Él es Dios; no hay nada escondido o misterioso para Él. No hay conocimiento que Él no posea. Como dice Isaías:

> ¿Quién enseñó al Espíritu de Jehová, o le aconsejó enseñándole? ¿A quién pidió consejo para ser avisado? ¿Quién le enseñó el camino del juicio, o le enseñó ciencia, o le mostró la senda de la prudencia?
>
> ISAÍAS 40:13-14, *énfasis del autor*

¡La respuesta es: nadie, porque Él es Dios!

Lo repetiré nuevamente: ¡Él es Dios! Su sabiduría, su conocimiento y entendimiento no tienen límite, ¡y el anhela enseñarte lo que sabe! Piénsalo, cuando sabes algo de gran valor, apasionadamente deseas compartirlo con los que están cerca de ti y que amas. Igual Él. ¡Él quiere compartirte lo que sabe! ¿Ves lo que está disponible para ti? ¿Te lo has estado perdiendo porque no has buscado a la persona de la Trinidad que reside en ti? ¿Alguna vez has tratado de desarrollar una relación con Jesús aparte del Espíritu Santo?

Demasiado a menudo, muchos en la Iglesia tratan de acercarse a Jesús fuera de una relación íntima con el Espíritu Santo. Medité en esto recientemente y me vino el pensamiento de que en los días del ministerio terrenal de Jesús muchas veces los judíos querían una relación con Dios independientemente de Jesús. Hicieron declaraciones como: "Nosotros no somos nacidos de fornicación; un padre tenemos, que es Dios" (Juan 8:41), y: "Nosotros, discípulos de Moisés somos. Nosotros sabemos que Dios ha hablado a Moisés" (Juan 9:28-29). Estaban confiados en una relación con Dios que en realidad no poseían. Su confianza provenía del hecho de que conocían su Palabra (la Escritura) dada por medio de Moisés, ¿pero, era así en realidad? Se rehusaron a recibir de la misma Palabra hecha carne que estaba de pie en medio de ellos.

Aun hoy en día muchos creyentes quieren una relación con Jesús aparte del Espíritu Santo. Sin embargo, Él es el que está en medio de nosotros, y nadie puede conocer a Jesús apartados de Él; y para complicar las cosas todavía más, el Espíritu de Dios es más fácil de ignorar que cuando Jesús estaba con los judíos porque no es de carne y hueso como Jesús.

Jesús dice: "Si me conocieseis, también a mi Padre conoceríais; y desde ahora le conocéis, y le habéis visto" (Jun 14:7). Jesús simplemente estaba diciendo: "El Padre no está aquí, Él está en el cielo, pero si me conocen van a conocer al Padre porque Él y yo somos uno". Bueno, lo mismo es verdad con el Espíritu Santo. Jesús ya no está aquí, está en el cielo; ¡pero si conoces al Espíritu Santo, vas a conocer a Jesús porque son uno! Por eso es que también es conocido como el "Espíritu de Cristo" (1 Pedro 1:11; Romanos 8:9).

Otro como yo

Justo antes de dejar a los discípulos Jesús les dijo:

> Si me amáis, guardad mis mandamientos. Y yo rogaré al Padre, y os dará otro Consolador, para que esté con vosotros para siempre: el Espíritu de verdad, al cual el mundo no puede recibir, porque no le ve, ni le conoce; pero vosotros le conocéis, porque mora con vosotros, y estará en vosotros. No os dejaré huérfanos; vendré a vosotros.
>
> JUAN 14:15-18

Hay tanto en estas pocas declaraciones. Primero que nada, nuevamente observa que Jesús habla de obediencia: "Guardad mis mandamientos", seguido de las palabras: "Y yo rogaré al Padre, y os dará [...]" el compañerismo con el Espíritu Santo. Directamente relaciona recibir el Espíritu Santo con la obediencia a su Palabra, por lo tanto, con el temor de Dios. Pedro lo confirma cuando dice: "Y nosotros somos testigos suyos de estas cosas, y también el Espíritu Santo, *el cual ha dado Dios a los que le obedecen*" (Hechos 5:32, *énfasis del autor*). (Nuevamente, observa el compañerismo, se mencionan dos testigos diferentes: los discípulos y el Espíritu Santo.) Pedro dice que Dios les da el Espíritu Santo *a los que le obedecen*. Así que nuevamente, el fundamento de la intimidad es el temor de Dios. ¿Por qué no hemos predicado esto con más presteza en nuestros mensajes?

Regresando a Juan 14, Jesús dice que el Padre les dará a los que temen a Dios "*otro Consolador*". Hay dos palabras griegas que se traducen a nuestro idioma como *otro* en el Nuevo Testamento. Si las examinamos vamos a conocer más acerca del Espíritu Santo. La primera palabra griega es *allos*, que significa "otro del mismo tipo". La otra palabra es *heteros*, que significa "otro de un tipo diferente".

Un ejemplo que podría ilustrar la diferencia de estas palabras es el siguiente: digamos que pides una fruta, y yo te doy un durazno. Al terminártelo, me pides otra fruta, y yo te doy una manzana. En realidad te di otra fruta, pero de otro tipo. Pero si te hubiera dado otro durazno, entonces te estaría dando una fruta del mismo tipo; que es exactamente como la que te di anteriormente. Esto explica la diferencia entre *heteros* y *allos*.

La palabra griega que utiliza Jesús es *allos* (otro *del mismo tipo*). Jesús está diciendo: "El Espíritu Santo es igual que yo". De hecho, la palabra griega para Consolador es *parakletos*. Esta palabra proviene de dos palabras diferentes: *para* que significa "al lado de" y *kaleoo* que significa "convocar". Por lo tanto, la palabra *parakletos* significa *uno que es llamado al lado de otro para ayudarlo*. Esta palabra se utilizaba en la corte para denominar a un asistente legal, a un abogado defensor, a un ayudante jurídico. Es sumamente interesante que esta palabra se utiliza solo una vez en las epístolas, y fue para identificar a Jesús (1 Juan 2:1): Así como Jesús vive para siempre para ser nuestro abogado o intercesor, de la misma manera el Espíritu Santo es nuestro abogado. Es llamado a venir a nuestro lado para ayudarnos.

Jesús les esta comunicando a sus discípulos: "Exactamente de la manera en la que he estado con ustedes, Él estará con ustedes". Frecuentemente escucho a personas decir: "Ay, si solo hubiera caminado con Jesús, le hubiera hecho tantas preguntas". ¿En realidad lo habrían hecho? El solo hecho de que hagan tales declaraciones revela su falta de intimidad con el Espíritu Santo. Si no tienen comunión con el Espíritu de Dios, ¿qué les hace pensar que lo hubieran hecho de otra manera con Jesús? De hecho, Jesús hizo esta declaración sorprendente:

"Pero yo os digo la verdad".

JUAN 16:7

Antes de terminar su declaración, déjame decir que este prefacio a lo que tenía que decir siempre me ha maravillado. Él había estado caminando con ellos durante tres años y medio. Nunca les había dicho una mentira o un pensamiento engañoso. Todo lo que les había dicho durante esos años se había cumplido. Sin embargo, lo que está a punto de compartirles es tan revolucionado que tiene que introducirlo con: "¡Muchachos, lo que estoy a punto de decirles no es una mentira, sino la verdad!". Así que continuemos con esta declaración tan revolucionada:

Os conviene que yo me vaya; porque si no me fuera, el Consolador no vendría a vosotros; mas si me fuere, os lo enviaré.

Juan 16:7

¡Qué maravilloso! Detente y piensa en estas palabras. Dice que les conviene que se vaya. Ahora, ¿puedes entender por qué tuvo que introducir su declaración con: "Muchachos, les digo la verdad"? Durante el tiempo que estuvo con ellos les enseñó las cosas más profundas del Reino que nadie más había escuchado. Sanó a sus enfermos, levantó muertos, echó fuera espíritus atormentadores, pagó sus cuentas e impuestos, y esto solo era el principio. ¡Y ahora les está diciendo que les conviene más que se vaya! ¿Por qué? Su respuesta es porque si se iba nos enviaría al Consolador.

Piénsalo, si Jesús hubiera permanecido en la tierra y quisiéramos tener comunión con Él, tendríamos que abordar un avión hacia Tel-Aviv, rentar un coche y manejar hasta las zonas rurales de Galilea, y luego encontrarlo. Lo cual no sería difícil ya que habría miles a su alrededor. Sin embargo, tendrías que esperar a que los miles que habían llegado antes que tú se fueran, antes de poder abrirte paso al centro donde Él estaría. Pero aun así enfrentarías más retrasos ya que Pedro es tan extrovertido que domina todas las conversaciones. Junto a Él estarían Jacobo y Juan, los hijos del trueno; que no son tan callados tampoco, y luego estaría el resto de los apóstoles esperando la oportunidad de preguntarle lo que estaba en su corazón. Además, Jesús necesitaría dormir entre seis y ocho horas diarias, atender sus necesidades personales y comer periódicamente.

Por lo tanto, la belleza del Espíritu Santo que reside dentro de nosotros es que no tiene que irse a dormir. Puedes hablar con Él a cualquier hora del día o de la noche, y no tienes que esperar que los demás terminen de hablar. Tienes su atención total y completa todo el tiempo. ¡De hecho, diez mil personas pueden hablar con Él íntimamente al mismo tiempo! Tiene la capacidad de comunicarse personalmente con todos los que estamos hambrientos. Pero eso no se queda allí; se pone todavía mejor, porque Jesús continúa:

Aún tengo muchas cosas que deciros, pero ahora no las podéis sobrellevar. Pero cuando venga el Espíritu de verdad, él os guiará a toda la verdad; porque no hablará por su propia cuenta, sino que hablará todo lo que oyere, y os hará saber las cosas que habrán de venir. El me glorificará; porque tomará de lo mío, y os lo hará saber. Todo lo que tiene el Padre es mío; por eso dije que tomará de lo mío, y os lo hará saber.

JUAN 16:12-15

Cuando el Espíritu Santo nos habla, en esencia es Jesús quien nos está hablando, quien en realidad es la Palabra del Padre para nosotros. Oh sí, aunque son tres personas diferentes, cada una con su propia mente, voluntad y emociones, aun así son absolutamente una sola. Nunca vas a encontrar que difieran, y siempre los vas a encontrar unidos en propósito, plan y ejecución de voluntad. ¡Recuerda la declaración de la Escritura: "Oye, Israel: Jehová nuestro Dios, Jehová uno es" (Deuteronomio 6:4)!

Los tres niveles de relación

En la escritura anterior, Jesús les dijo a los discípulos que había mucho más que les quería revelar, pero que no lo iban a poder sobrellevar. No podían comprender las cosas más íntimas de Dios por medio de sus sentidos naturales.

Recuerda como después de que Jesús resucitó: se les apareció a diez de los discípulos y Tomás no estaba presente. Después de escuchar a los demás testificar que el Señor estaba vivo. Tomás dijo: "Si no viere en sus manos la señal de los clavos, y metiere mi dedo en el lugar de los clavos, y metiere mi mano en su costado, no creeré" (Juan 20:25).

Jesús más tarde se les apareció a todos. De inmediato le dijo a Tomás que pusiera su dedo en su mano y su mano en su costado, y que creyera. Entonces Tomás clamó: "¡Señor mío, y Dios mío!". Entonces Jesús le dijo algo a Tomás que no pude entender durante mucho tiempo:

Porque me has visto, Tomás, creíste; bienaventurados los que no vieron, y creyeron.

JUAN 20:29

Yo solía sentir que Jesús estaba siendo un poco duro con Tomás, porque no le dio mucha esperanza después de que se arrepintió y clamó: "¡Señor mío, y Dios mío!". Mi razonamiento estaba equivocado, debido a mi ignorancia y mi entendimiento incorrecto. Más tarde, el Espíritu Santo trajo luz sobre lo que Jesús estaba comunicando. No estaba regañando a Tomás; más bien estaba haciendo una declaración. Jesús simplemente estaba comunicando que los que lo conocieron por medio de sus sentidos físicos, nunca lo van a conocer con la profundidad que los que lo conocen por medio de su Espíritu, por lo tanto, los postreros iban a ser más bendecidos.

Observa al apóstol Pablo. Él nunca caminó con Jesús como Pedro y los demás; más bien llegó a conocer a Jesús mediante la revelación del Espíritu Santo. Escribió:

Mas os hago saber, hermanos, que el evangelio anunciado por mí, no es según hombre; pues yo ni lo recibí ni lo aprendí de hombre alguno, sino por revelación de Jesucristo. Porque ya habéis oído acerca de mi conducta en otro tiempo en el judaísmo, que perseguía sobremanera a la iglesia de Dios, y la asolaba; y en el judaísmo aventajaba a muchos de mis contemporáneos en mi nación, siendo mucho más celoso de las tradiciones de mis padres. Pero cuando agradó a Dios, que me apartó desde el vientre de mi madre, y me llamó por su gracia, revelar a su Hijo en mí, para que yo le predicase entre los gentiles, no consulté en seguida con carne y sangre, ni subí a Jerusalén a los que eran apóstoles antes que yo; sino que fui a Arabia, y volví de nuevo a Damasco.

GÁLATAS 1:11-17

Con el correr del tiempo, Pablo pudo entrar en una profundidad de relación con el Señor que ninguno de los apóstoles originales logró tener. Pedro incluso hace mención de esto al escribir:

Y tened entendido que la paciencia de nuestro Señor es para salvación; como también nuestro amado hermano Pablo, según la sabiduría que le ha sido dada, os ha escrito, casi en todas sus epístolas, hablando en ellas de estas cosas; *entre las cuales hay algunas difíciles de entender.*

2 PEDRO 3:15-16, *énfasis del autor*

¡Qué maravilloso! Pedro caminó con el Maestro tres años y medio en la carne, y Pablo no; sin embargo, Pablo está dando una revelación sobre la naturaleza y caminos de Jesús en una medida que incluso Pedro tenía dificultades para entenderla. ¿Por qué? Porque es sumamente probable que Pedro constantemente estuviera tratando con los recuerdos de lo que había visto y oído, y esto lo obstaculizaba para tener una intimidad más profunda con Jesús. Por eso es que Jesús dijo: "Aún tengo muchas cosas que deciros, pero ahora no las podéis sobrellevar. Pero cuando venga el Espíritu de verdad, él os guiará a toda la verdad".

Un ejemplo débil de esto (por favor comprendan que no abarca toda su dimensión pero puede ayudar a dar un poco de luz) serían los que se enamoran por la internet sin conocerse personalmente. Esto sucede a menudo, y con facilidad puede convertirse en un amor mayor que el de los que se conocen en persona.

De hecho, para demostrar lo fuerte que puede ser esto, déjenme mostrarles como incluso puede destruir un matrimonio. Recuerdo una noche después de una reunión que camine hacia un hombre que parecía apesadumbrado. Tenía dos bebés en sus brazos. Preocupado le pregunté: "¿Está todo bien?".

Me dijo: "No, mi esposa hace poco huyó con un hombre que conoció por la internet".

Continuó diciéndome que no solo lo dejó a él, sino también a los seis hijos que habían tenido juntos por un hombre que nunca había conocido en persona. Se enamoró tan fuerte y profundamente por la internet que incluso dejó a sus propios hijos.

Volviendo a lo positivo, a lo largo del tiempo he observado a los que se enamoran en una relación de larga distancia y muchas veces terminan teniendo un nivel de intimidad mayor que los que se cortejaron en persona. La razón nuevamente es que pudieron ir más allá de lo físico y se unieron en sus almas. Muchas veces cuando las personas se conocen en persona son dominados por los aspectos físicos y la belleza o personalidad exterior los ciega a la persona verdadera.

Como declaré en el capítulo anterior, así como hay tres niveles de comunicación: verbal, acciones y del corazón; también hay tres niveles de relación o de conocerse mutuamente. El más bajo es el nivel natural o físico. Lamentablemente, este es el nivel que motiva muchos matrimonios, y una vez que lo físico pierde el lustre los dos se vuelven más independientes. Él a menudo se mete más profundo en los deportes, los pasatiempos, el ministerio y demás, mientras que ella tiende a ocuparse en las compras, las amigas, el ministerio y demás. Y es de lo más triste.

Lo siguiente sería el alma o la personalidad. Este es el nivel en el que David y Jonatán se conectaron tan fuertemente. Leemos: "El alma de Jonatán quedó ligada con la de David" (1 Samuel 18:1). David al lamentar la muerte de Jonatán clamó: "Angustia tengo por ti, hermano mío Jonatán, que me fuiste muy dulce. Más maravilloso me fue tu amor que el amor de las mujeres" (2 Samuel 1:26). David nunca conoció a Jonatán de una manera pervertida, jamás hubo atracción física entre ambos; pero estaban conectados en un nivel más profundo que el físico, y esto se muestra con la declaración de que el amor de Jonatán fue más maravilloso que el de las mujeres. El conocimiento mutuo estaba en un nivel mayor, el alma. Comprender este nivel de relación del alma que es más alto que el físico explica por qué las personas pueden dejar a su familia por personas que solo han conocido por teléfono, carta o la internet.

No obstante, el nivel más alto de conocimiento de alguien es en el nivel espiritual. Por eso Pablo dice:

> Porque ¿quién de los hombres sabe las cosas del hombre, sino el espíritu del hombre que está en él? Así tampoco nadie conoció las cosas de Dios, sino el Espíritu de Dios. Y nosotros no hemos recibido el espíritu del mundo, sino el Espíritu que proviene de Dios, para que sepamos lo que Dios nos ha concedido.
>
> 1 CORINTIOS 2:11-12

Este es el nivel en el que Pablo llegó a conocer a Jesús. Aunque Pedro también lo llegó a conocer en este nivel, lo más probable es que recurriera a los recuerdos de conocerlo en los otros niveles cuando caminaron juntos en la carne. Por esta razón, Pablo aclara sumamente bien este punto:

> De manera que nosotros de aquí en adelante a nadie conocemos según la carne; y aun si a Cristo conocimos según la carne, ya no lo conocemos así.
>
> 2 CORINTIOS 5:16

Si vamos a conocer a Dios íntimamente debemos darnos cuenta de que la mayor bendición que nos ha dado no es revelarse a nosotros en la carne, sino por medio de su Espíritu.

¡Qué maravilloso! ¿Se están emocionando tanto como yo? Qué Señor tan maravilloso servimos. Él anhela darse a conocer a nosotros en la manera más profunda. Él es el primero que deseó esta intimidad. ¿Está tu corazón clamando con hambre por lo mismo?

PREGUNTAS DE ESTUDIO

1. Alguna vez has hecho la oración de "por favor, llévame al cielo para estar contigo"? ¿En qué circunstancias lo hiciste?

_____

_____

_____

_____

_____

2. Muchos en la Iglesia intentan acercarse a Jesús aparte de una relación íntima con el Espíritu Santo, aun y cuando saben que nadie viene a conocer a Jesús excepto por medio del Espíritu Santo. ¿Por qué? ¿Esto es cierto en tu vida?

_____

_____

_____

_____

_____

3. A medida que meditas en el papel del Espíritu Santo, ¿de qué manera su presencia influencia tu confianza para hablarle a Dios de tu corazón? ¿Hay algo en realidad que puedas reservarte?

_____

_____

_____

_____

CAPÍTULO ONCE

LA PROMESA DEL PADRE

Yo conocí a Jesús como mi Salvador por medio de un hermano de fraternidad en la Universidad de Purdue en 1979. Una vez que me arrepentí y confesé a Jesucristo como mi Señor, supe que había nacido en el Reino de Dios. La Escritura dice: "Que si confesares con tu boca que Jesús es el Señor, y creyeres en tu corazón que Dios le levantó de los muertos, serás salvo. Porque con el corazón se cree para justicia, pero con la boca se confiesa para salvación. Pues la Escritura dice: Todo aquel que en él creyere, no será avergonzado" (Romanos 10:9-11).

No había duda, yo había sido salvado. Mi corazón me daba testimonio de que así era y la Escritura lo confirmaba. Sin embargo, vivía mi vida con la falta de algo, y durante varios meses no me cabía en la mente que podría ser. El Señor parecía distante, aunque yo sabía que era su hijo. Cuando leía la Escritura me parecía estar en una nube; era difícil de comprender, y solo estaba recibiendo una cantidad limitada de entendimiento aunque la leía diligentemente. También carecía de la habilidad de caminar en una vida victoriosa sobre las circunstancias que me eran adversas, y parecía ser indefenso a la presión de mis compañeros en la universidad.

Al pasar del tiempo comencé a conocer a personas que parecían caminar con el Señor más de cerca que yo. Hablaban de Él de una manera hermosa y personal. Yo estaba perplejo. ¿Qué estaban haciendo ellos que yo no? ¿Por qué Dios les daba esta cercanía que yo no parecía encontrar? Era como si tuvieran una fuerza y una comprensión de los caminos del Señor que yo no podía obtener. Luego, al estudiar mi Biblia me di cuenta de que había un encuentro más profundo con Dios que yo no había experimentado aun.

La promesa del Padre

Vamos a considerar lo que descubrí de la Escritura. Justo antes de que Jesús fuera llevado al cielo leemos:

Y estando juntos, *les mandó* que no se fueran de Jerusalén, sino que esperasen la promesa del Padre, la cual, les dijo, oísteis de mí. Porque Juan ciertamente bautizó con agua, mas vosotros seréis bautizados con el Espíritu Santo dentro de no muchos días.

HECHOS 1:4-6, *énfasis del autor*

Jesús les dijo a los creyentes que no se fueran a ninguna parte, que no predicaran, sembraran iglesias o cumplieran con su llamado hasta que no recibieran la "Promesa del Padre", que en sus propias palabras era el bautismo en el Espíritu Santo. La palabra *bautizados* que utiliza Jesús en este versículo proviene de la palabra griega *baptizo*, que significa "inmersión, sumergir; rebosar". Jesús estaba comunicando que habría una inmersión en el Espíritu Santo que todavía no tenían; aunque habían creído en su resurrección, habían confesado su señorío, y eran sus fieles seguidores cuyo destino final era el cielo.

Una de las primeras cosas que resaltó era que recibir la llenura del Espíritu Santo no era una sugerencia, opción o recomendación; ¡era una *orden!* Un mandamiento se da para nuestro beneficio, protección o por el bien del Reino. No debemos tomar sus mandamientos a la ligera, por nuestro bien así como por el del Reino.

La Promesa del Padre que Él les mandó recibir, sin saberlo, ocurriría diez días después de que Jesús fue llevado al cielo. Lo interesante que Jesús se les apareció a quinientos creyentes después de haber resucitado (1 Corintios 15:6), pero solo hubo ciento veinte en el aposento alto diez días después de que los dejó. Creo firmemente que la mayoría de los quinientos comenzaron a esperar la Promesa, pero con el pasar del tiempo, olas de personas se fueron a causa de la impaciencia, la duda, la incredulidad u otras razones, hasta que solo quedó una fracción. Tristemente, casi cuatro de cinco no hicieron lo que Jesús les mandó.

Los que se quedaron estaban unánimes; habían muerto a su propia agenda. No habían tomado a la ligera lo que Jesús había mandado ni presentaron excusas. Creo firmemente que la actitud de los que esperaron era quedarse el tiempo necesario, solo porque el Maestro les pidió que se quedaran. Una vez que Dios tuvo solo a los que tomaron en serio el mandamiento de Jesús, leemos:

Cuando llegó el día de Pentecostés, estaban todos unánimes juntos. Y de repente vino del cielo un estruendo como de un viento recio que soplaba, el cual llenó toda la casa donde estaban sentados; y se les aparecieron lenguas repartidas, como de fuego, asentándose sobre cada uno de ellos. Y fueron todos llenos del Espíritu Santo, y comenzaron a hablar en otras lenguas, según el Espíritu les daba que hablasen.

HECHOS 2:1-4

El día se llamaba "Pentecostés", que no es un término originado en el Nuevo Testamento, sino que era una de las principales fiestas de Israel. Observa que fueron *llenos* o *bautizados* con el Espíritu Santo, justo como Jesús predijo. Esta era la Promesa del Padre y estaba acompañada de hablar en *otras lenguas.*

Para algunos hoy en día el término *lenguas* es confuso o puramente místico a causa de la ignorancia. Cuando las Escrituras hablan de *lenguas,* de las que yo también voy a hablar, es hablar un idioma que no es reconocido por nuestro entendimiento. También utilizamos esta palabra fuera del contexto bíblico. Si estás con un extranjero que habla inglés y quieres saber cuál es el idioma que suele hablar le preguntas cual es su *lengua natal.* Al hacer esta pregunta simplemente estás buscando saber cuál fue el idioma que aprendió de sus padres cuando nació.

El sonido del viento recio fue la irrupción del Espíritu Santo haciendo su entrada inicial en los templos en los que siempre deseó habitar. Nuevamente, la Escritura no dice que Él sea un viento; más bien el viento fue la manifestación de su entrada.

Caminos opuestos

En este punto, déjame interrumpir con esta observación interesante. Satanás y sus fuerzas siempre hacen las cosas en lo opuesto o en la perversión de los caminos de Dios. Siempre que el Espíritu Santo hace su entrada inicial lo hace de manera que no se puede perder de vista. La gente pudo *ver* y *escuchar* su manifestación cuando los llenó. Lo vemos en otros relatos del libro de los Hechos. Sin embargo, cuando el Espíritu Santo se va, lo hace en silencio. Recuerdas cuando Dalila le dijo a Sansón que los Filisteos estaba sobre él, y que el saltó y dijo:

Esta vez saldré como las otras y me escaparé. *Pero él no sabía* que Jehová ya se había apartado de él.

JUECES 16:20, *énfasis del autor*

Sansón no sabía que el Señor se había ido, porque el Espíritu de Dios siempre se va en silencio. Sin embargo, cuando los demonios entran lo hacen en silencio, pero cuando salen muchas veces lo hacen con algún tipo de manifestación (vas a ver esto a lo largo de los Evangelios).

La promesa es para todos

Ahora, volvamos al día de Pentecostés. Había judíos de visita en Jerusalén de cada nación de la tierra para la fiesta. Cuando la ciudad escuchó el estruendo del viento, multitudes vinieron a donde estaban los discípulos. Estos visitantes estaban perplejos porque escuchaban a los discípulos sin letras hablando de las maravillosas obras de Dios en sus idiomas. Los visitantes sorprendidos clamaron: "¿Qué quiere decir esto?".

Pedro aprovechó su asombro y se puso de pie para predicarles a Jesús a todos los presentes. Cerca del final de su mensaje dijo:

> A este Jesús resucitó Dios, de lo cual todos nosotros somos testigos. Así que, exaltado por la diestra de Dios, y habiendo recibido del Padre la promesa del Espíritu Santo, ha derramado esto que vosotros *veis* y *oís*.
>
> HECHOS 2:32-33, *énfasis del autor*

Observa que dijo que la promesa del Espíritu Santo era algo que podían *ver* y *oír*. Dite a ti mismo "ver y oír". Es importante que recordemos esto para los versículos que vienen.

La multitud que se había reunido fue compungida de corazón y preguntaron lo que debían hacer. Pedro respondió:

> Arrepentíos, y bautícese cada uno de vosotros en el nombre de Jesucristo para perdón de los pecados; y recibiréis el don del Espíritu Santo. Porque para vosotros es la promesa, y para vuestros hijos, *y para todos los que están lejos; para cuantos el Señor nuestro Dios llamare*.
>
> HECHOS 2:38-39, *énfasis del autor*

Observa con cuidado, la Promesa, que podían *ver* y *oír*, es *para todos los que están lejos; para cuantos el Señor nuestro Dios llamare*. Exactamente lo que estos discípulos recibieron en el Aposento Alto fue prometido a todos los que el Señor llamara, ¡allí estamos incluidos tú y yo!

En este punto me gustaría llevarte en un recorrido breve por las ocasiones registradas en las que la gente recibe al Espíritu Santo en el Nuevo Testamento. Hay otras cuatro ocasiones. Observa dos cosas.

Primero, en todos los relatos excepto uno, fue una experiencia separada de recibir a Jesucristo como Señor. Segundo, en cada cado, los que estaban presentes pudieron *ver* y *oír* una manifestación externa cuando la gente recibió la llenura del Espíritu Santo.

Samaria

Felipe fue a una ciudad en Samaria y proclamó a Jesús. Multitudes vinieron a escuchar lo que decía. Hubo milagros tremendos ya que "de muchos que tenían espíritus inmundos, salían éstos dando grandes voces; y muchos paralíticos y cojos eran sanados" (Hechos 8:7). El alcance fue asombrosamente poderoso y hubo gran gozo en la ciudad, ya que leemos:

> Pero cuando creyeron a Felipe, que anunciaba el evangelio del reino de Dios y el nombre de Jesucristo, se bautizaban hombres y mujeres. También creyó Simón mismo, y habiéndose bautizado, estaba siempre con Felipe.
>
> HECHOS 8:12-13

La gente creyó la Buenas Nuevas de Jesucristo y se bautizaron en agua. Así que de acuerdo con la Escritura fueron renacidos en el Reino de Dios. Nos obstante, cuando seguimos leyendo encontramos:

> Cuando los apóstoles que estaban en Jerusalén oyeron que Samaria había recibido la palabra de Dios, enviaron allá a Pedro y a Juan; los cuales, habiendo venido, oraron por ellos para que recibiesen el Espíritu Santo; porque aún no había descendido sobre ninguno de ellos, sino que solamente habían sido bautizados en el nombre de Jesús.
>
> HECHOS 8:14-16

Se vuelve a confirmar que ya habían nacido en el Reino de Dios por medio de la declaración de que ya "habían sido bautizados en el nombre de Jesús". No hay duda de que habían sido liberados del reino de las tinieblas y que ahora estaban en la familia de Dios. Sin embargo, a pesar de ser creyentes nacidos de nuevo, todavía no habían sido bautizados con el Espíritu Santo.

Quizá puedas cuestionar cómo es que pudieron ser salvos si la Escritura declarara claramente que: "Nadie puede llamar a Jesús

Señor, sino por el Espíritu Santo" (1 Corintios 12:3). Eso es verdad, no podemos confesar el señorío de Jesús sin la influencia del Espíritu Santo, pero esto es completamente diferente de ser llenos de Él. En el momento de nuestra conversión el Espíritu Santo entra a morar en nosotros, nos santifica y nos sella (lee 1 Pedro 1:2; Efesios 1:13; Romanos 8:9-11), pero no somos llenos de su presencia hasta que se lo pedimos al Padre en el nombre de Jesús. Por que la Escritura dice:

> Pues si vosotros, siendo malos, sabéis dar buenas dádivas a vuestros hijos, ¿cuánto más vuestro Padre celestial dará el Espíritu Santo a los que se lo pidan?
>
> LUCAS 11:13

De sus palabras, "vuestro Padre celestial", vemos que la promesa solo es dada a los que ya son sus hijos. Siguiendo la misma idea, Jesús más tarde dice que "el mundo no puede recibir" al Espíritu de Verdad (Juan 14:7). Por las palabras de Jesús vemos que es una experiencia separada del nuevo nacimiento en el Reino.

Vamos a continuar con la gente de Samaria:

> Entonces les imponían las manos, y recibían el Espíritu Santo. Cuando *vio* Simón que por la imposición de las manos de los apóstoles se daba el Espíritu Santo, les ofreció dinero, diciendo: Dadme también a mí este poder, para que cualquiera a quien yo impusiere las manos reciba el Espíritu Santo.
>
> HECHOS 8:17-19, *énfasis del autor*

Estos creyentes recibieron el Espíritu Santo después de haber sido salvos. No se nos dice si la gente en específico habló en lenguas; sin embargo, ¿por qué les ofreció dinero Simón? La Escritura dice que *vio* que habían recibido el Espíritu Santo. Había una manifestación obvia, y no podría haber sido otra que hablar en lenguas, porque es congruente con lo que sucede en las otras experiencias de llenura en el Nuevo Testamento.

Al revisar este relato de la Escritura sobre Samaria, vemos primero que nada, que recibir la llenura del Espíritu de Dios era una experiencia separada de la conversión, y segundo, que los observadores *vieron* una manifestación externa.

Éfeso

El apóstol Pablo y su equipo llegaron a Éfeso, y encontraron algunos discípulos. La primera pregunta que les hicieron fue:

> ¿Recibisteis el Espíritu Santo cuando creísteis?
>
> HECHOS 19:2

Esta debería ser la primera pregunta que les hiciéramos a los que se acaban de convertir. ¿Por qué querríamos vivir siquiera una hora sin la intimidad con el Señor y el poder para ser testigos de Jesús que el Espíritu Santo trae (lee Hechos 1:8)?

Estos discípulos no habían escuchado del Espíritu Santo, solo habían sido bautizados en agua por Juan el Bautista. Así que Pablo y su equipo les hablaron de la salvación que viene por medio de Jesucristo. Si seguimos leyendo dice:

> Cuando oyeron esto, fueron bautizados en el nombre del Señor Jesús.
>
> HECHOS 19:5

Ahora, de acuerdo con la Escritura definitivamente habían nacido de nuevo en el Reino al haber confesado el Señorío de Jesús y haber sido bautizados en agua. Y al seguir leyendo encontramos:

> Y habiéndoles impuesto Pablo las manos, vino sobre ellos el Espíritu Santo; y hablaban en lenguas, y profetizaban.
>
> HECHOS 19:6

Nuevamente, hablaron en lenguas y profetizaron en el momento en que el Espíritu de Dios los llenó, y, nuevamente, los observadores pudieron *ver* y *oír* la manifestación de la Promesa del Padre en los que la recibieron.

Profetizar significa "hablar bajo inspiración divina". Pedro profetizó el día de Pentecostés cuando dio el brillante mensaje que trajo a miles al Reino. Proclamó la Palabra de Dios sin ninguna preparación o estudio previo; habló por inspiración. Estos hombres en Éfeso tenían poco entendimiento de los caminos de Dios antes de haber sido llenados con el Espíritu Santo, y ahora estaban hablando la Palabra de Dios por inspiración una vez llenos.

Lo mismo le sucede a toda persona que es llena del Espíritu de Dios. El *Maestro* viene a vivir en nosotros, y las cosas de Dios se vuelven más claras. Antes de ser bautizados en el Espíritu Santo, la Palabra y los caminos de Dios me eran confusos. Pero no después; la Biblia me hablaba personalmente. He sido testigo en numerosas ocasiones de cómo los creyentes que han vivido un largo periodo sin el Espíritu Santo después de haber sido llenos de Él dicen: "Tenía tantas dudas y ahora todas se me han resuelto", y también: "La Biblia ahora es clara para mí".

Siguiendo el mismo tema, he escuchado a estudiantes diligentes de las Escrituras que eran creyentes nacidos de nuevo, que no habían sido llenos del Espíritu Santo, comentar acerca del conocimiento de las Escrituras de los creyentes llenos del Espíritu Santo. Ellos estudian tres veces más que ellos, pero son sobrepasados por la comprensión de un creyente lleno del Espíritu. Al escuchar sus comentarios yo solo respondo: "Es simple, los que no están llenos no tienen la iluminación completa del Espíritu Santo". ¡Pero pueden ser llenos del Espíritu de Dios, ya que es la promesa del Padre para todos los que han recibido a Cristo como su Salvador! ¡Dios es tan bueno con nosotros!

Así que, de nuevo, como con los de Samaria, los creyentes de Éfeso recibieron el Espíritu de Dios como una experiencia separada de su propia conversión, y, otra vez, los observadores *vieron* una manifestación externa.

El apóstol Pablo

En Hechos 9, Saulo, a quien conocemos como Pablo, iba de camino a Damasco con la intención de perseguir a los creyentes. Al acercarse vio una luz resplandeciente del cielo y escuchó la voz del Señor preguntándole:

> Saulo, Saulo, ¿por qué me persigues? Él dijo: ¿Quién eres, Señor? Y le dijo: Yo soy Jesús, a quien tú persigues; dura cosa te es dar coces contra el aguijón. Él, temblando y temeroso, dijo: Señor, ¿qué quieres que yo haga? Y el Señor le dijo: Levántate y entra en la ciudad, y se te dirá lo que debes hacer.
>
> Hechos 9:4-6

En este punto, yo creo que Pablo nació de nuevo. Mi razón para esto es doble. Primero, después de que el Señor le dijo: "Yo soy Jesús", Saulo lo confesó como "Señor". Segundo, Saulo ayunó y oró durante tres días, y cuando Ananías vino a él claramente le dijo:

Hermano Saulo, el Señor Jesús, que se te apareció en el camino por donde venías, me ha enviado para que recibas la vista y *seas lleno del Espíritu Santo.*

HECHOS 9:17, *énfasis del autor*

Observa la palabra *hermano*. Era un creyente en Cristo y lo había confesado como Señor y había estado orando durante tres días. Así que después de ya haber nacido de nuevo, Ananías oró por él para que fuera lleno del Espíritu Santo.

Ahora, no dice que Saulo habló en lenguas en ese momento. Sin embargo, él mismo dice en su carta a los Corintios: "Doy gracias a Dios que hablo en lenguas más que todos vosotros" (1 Corintios 14:18). ¿Cuándo comenzó a hablar en lenguas? Cuando Ananás le impuso las manos y oró por él (Hechos 9:17).

Cornelio y su casa

Había un centurión romano llamado Cornelio. Él, su casa y sus amigos serían los primeros gentiles nacidos de nuevo. Cornelio había estado ayunando y orando a menudo y una tarde un ángel se le apareció y le dijo que enviara por Pedro.

Al venir Pedro, unos días después, Cornelio había reunido a sus seres queridos y estaban listos para escuchar el mensaje. Pedro comenzó a predicar a Jesús y antes de que pudiera terminar leemos:

Mientras aún hablaba Pedro estas palabras, el Espíritu Santo cayó sobre todos los que oían el discurso. Y los fieles de la circuncisión que habían venido con Pedro se quedaron atónitos de que también sobre los gentiles se derramase el don del Espíritu Santo. Porque los oían que hablaban en lenguas, y que magnificaban a Dios.

HECHOS 10:44-46

Los judíos no tenían nada que ver con los gentiles con respecto a asuntos religiosos e incluso sociales. Estaban excluidos de los pactos de la promesa, sin esperanza y sin Dios (lee Efesios 2:12). Así que lo que sucede deja atónitos a los judíos que estaban con Pedro. Estaban perplejos de que estos gentiles hubieran recibido la salvación y al Espíritu Santo.

Este es el único incidente en la Biblia en el que la gente es salvada y recibe al Espíritu Santo al mismo tiempo. Personalmente creo, y cualquiera lo puede rebatir, que Dios lo hizo así porque sabía que estos judíos no hubieran orado por Cornelio y sus seres queridos para recibir a Jesús o al Espíritu Santo, ya que hubieran dudado por entero si tenían posibilidades de ser salvos. Piénsalo, no existe una evidencia milagrosa que indique que una persona haya nacido de nuevo. Así que aunque estas personas hubieran aceptado la Palabra que predicó Pedro, y confesaran a Jesús, los judíos no hubieran creído que su conversión fuera posible.

No obstante, cuando Dios los llenó del Espíritu Santo y comenzaron a hablar en lenguas, de la misma manera que estos judíos cuando fueron llenos, no podían negar que Dios hubiera derramado su salvación en los creyentes gentiles.

Este suceso muestra más allá de cualquier duda que la realidad de una persona que recibe la llenura del Espíritu Santo es la manifestación externa de hablar en lenguas. Otra traducción registra: "El don del Espíritu Santo también fue derramado sobre los gentiles. Y no había duda de ello, porque los escucharon hablando en lenguas y alabando a Dios" (Hechos 10:45-46 NLT, traducido del inglés). ¿Cómo supieron? "Porque los oían". ¡Vieron y escucharon la Promesa del Padre!

Cesarán la lenguas

Quizá estés preguntadote: Sí, todo eso le sucedió a los primeros discípulos, pero ¿qué no dice la Biblia que cesarán las lenguas cuando haya venido lo perfecto? Sí, así es. ¿Ya vino lo perfecto? Algunos quizá digan: "Sí, lo perfecto fue la Biblia, y ahora que la tenemos ya no necesitamos las lenguas". Bueno, vamos a la Escritura para ver si esa interpretación es correcta. Pablo escribe:

> El amor nunca deja de ser; pero las profecías se acabarán, y *cesarán las lenguas*, y la ciencia acabará. Porque en parte conocemos, y en parte profetizamos; mas cuando venga lo perfecto, entonces lo que es en parte se acabará.
>
> 1 Corintios 13:8-10, *énfasis del autor*

Primero que nada, se nos dice que cuando venga lo perfecto no solo cesarán las lenguas, sino también la ciencia (el conocimientos *revelado*, para ser exacto) también se desvanecerá. Esto ciertamente no ha sucedido todavía. Así que sigamos leyendo con el fin de descubrir exactamente cuando es ese periodo en el que "venga lo perfecto".

Ahora vemos por espejo, oscuramente; mas entonces veremos cara a cara. Ahora conozco en parte; pero entonces conoceré como fui conocido.

1 Corintios 13:12, *énfasis del autor*

Observa que dice dos veces "entonces". Se está refiriendo a cuando venga lo perfecto. Dos cosas identifican a ese tiempo. Primero, veremos al Señor *cara a cara*. ¿Lo estás viendo cara a cara en este momento? ¿Estás viendo su cuerpo resucitado, con ojos como llama de fuego y cabello como blanca lana y su rostro resplandeciendo como el sol? El segundo indicador es: "Conoceré cómo fui conocido". ¿Lo conoces como Él te conoce? ¡La respuesta a esas preguntas, obviamente, es "no"! Está hablando del tiempo en el que estaremos con el Señor en nuestro cuerpo glorificado. Eso es cuando lo perfecto venga.

Así que como lo perfecto no ha venido todavía, las lenguas ciertamente no han cesado. ¡Y al continuar con los capítulos siguientes te mostraré una de las razones principales por las que las lenguas son dadas para una mayor intimidad con Dios en esta tierra!

¿Hablan todos en lenguas?

Alguien más podría cuestionar: "Yo creo en las lenguas, pero no todos los creyentes pueden recibirlas, porque la Escritura pregunta: '¿Hablan todos en lenguas?', y les respuesta a eso es que no". Esto nuevamente es un gran malentendido acerca de lo que Pablo está preguntando. Para responder esta duda, que les ha robado a tantos de la Promesa de Dios, debemos establecer que el Nuevo Testamento habla de cuatro categorías distintas de lenguas. Dos son para el ministerio público y dos para tener comunión personal con Dios. Deberíamos revisar brevemente cada uno para responder la pregunta: *¿Es la voluntad de Dios que todos sus hijos hablen en lenguas?*

Las lenguas como señal a los incrédulos

La primera categoría de las lenguas es para el ministerio *público*. Al utilizar el término público me refiero a ministrar a otra persona, o grupo de personas. Pablo escribe acerca de ellas:

Así que, las lenguas son por señal, no a los creyentes, sino a los incrédulos.

1 CORINTIOS 14:22

Estas lenguas se manifiestan cuando el Espíritu Santo trasciende nuestro intelecto y nos da la habilidad de hablar otro idioma de esta tierra que no habíamos aprendido antes ni teníamos la capacidad de hablar. Esto es dado como el Espíritu de Dios quiere; no podemos simplemente decidir operar en Él, y la mayoría de las veces ni siquiera nos damos cuenta de que estamos operando en él. Solo estamos al tanto de estar hablando en lenguas, pero no nos damos cuenta de que estamos hablando en un idioma conocido de esta tierra.

Déjame darte un ejemplo. Recientemente estaba predicando en una reunión en una congregación grande en Colorado. Una de los miembros de mi equipo estaba sentada en la reunión en una de las filas del fondo. Ella pasa mucho tiempo en oración e intercesión y sintió que el Señor quería que orara por mí mientras predicaba. Así que durante toda la reunión estuvo hablando suavemente en lengua desconocida (de las que voy a hablar más adelante). Después de la reunión un caballero sentado en el asiento de adelante se volvió hacia ella y le dijo: "Usted habla sumamente bien el francés, de hecho con un acento perfecto".

Ella le informó que no sabía hablar francés.

Entonces él en su sorpresa le dijo: "¡Yo soy maestro de francés, y usted estuvo orando todo el tiempo por ese hombre en francés perfecto mientras estaba predicando, e incluso estaba citando las Escrituras en sus oraciones e inmediatamente que usted citaba la Escritura ese hombre decía en su mensaje que buscáramos el mismo versículo sobre el que usted acababa de orar!".

No es necesario decir que este hombre se conmovió, y que estaba más que emocionado. Era una señal para este hombre de que lo que yo estaba predicando provenía verdaderamente de Dios.

Este tipo de lenguas se manifestó en los discípulos el día de Pentecostés. La Escritura nos dice:

Moraban entonces en Jerusalén judíos, varones piadosos, de todas las naciones bajo el cielo. Y hecho este estruendo, se juntó la multitud; y estaban confusos, porque cada uno les oía hablar en su propia lengua. Y estaban atónitos y mara- villados, diciendo: Mirad, ¿no son galileos todos estos que hablan? ¿Cómo, pues, les oímos nosotros hablar cada uno en nuestra lengua en la que hemos nacido? [se da una lista de las naciones representadas] les oímos hablar en nuestras lenguas las maravillas de Dios.

HECHOS 2:5-11

Nuevamente estas lenguas son una señal para los incrédulos. Fueron una señal para el maestro de francés, así como para los hombres letrados de todo el mundo que menciona este pasaje. Esta señal llamó su atención y abrió su corazón a la Palabra de Dios.

He escuchado numerosos casos de creyentes hablando la palabra de Dios a personas extranjeras en idiomas que nunca han aprendido, y es una señal confirmando el mensaje del amor de Dios. En cada caso, es una ministración tremenda que resulta en una señal maravillosa.

Lenguas para ser interpretadas

Esta segunda categoría de lenguas también es para el ministerio público. Estas lenguas, son idiomas celestiales; no hay idiomas como estos en la tierra. Lo mismo sucede con el resto de las categorías que estoy a punto de definir.

Quizá ahora estés cuestionando el hecho de que en el cielo haya más de un idioma. Considera esta posibilidad: el libro de Apocalipsis nos dice que en el cielo Jesús le dará a la persona que venciere "una piedrecita blanca, y en la piedrecita escrito un nombre nuevo, el cual ninguno conoce sino aquel que lo recibe" (Apocalipsis 2:17). También se nos dice de Jesús mismo que: "Sus ojos eran como llama de fuego, y había en su cabeza muchas diademas; y tenía un nombre escrito que ninguno conocía sino él mismo" (Apocalipsis 19:12). Si nadie más conocía estos nombres solo puede ser si hay idiomas distintos en el cielo.

Estas lenguas entran dentro de los nueve dones del Espíritu Santo que se mencionan en el capítulo doce de Primera de Corintios. Dice lo siguiente:

[...] a otro, diversos géneros de lenguas; y a otro, interpretación de lenguas.

1 CORINTIOS 12:10

Observa que estas lenguas se deben interpretar y no traducir. ¿Por qué? Porque son idiomas celestiales que no son conocidos en el mundo natural.

Recuerdo una reunión en Singapur. Se me pidió que ministrara en una de las iglesias más grandes del país y fue la primera de varias visitas. Antes de que me dieran la plataforma para predicar, la multitud, que era bastante grande, se quedó en silencio después de un periodo de cantar hermosas canciones de adoración. De pronto un hombre comenzó a hablar en un idioma celestial. Hablaba tan fuerte y tan claro aun sin micrófono. Estaba situado en algún lugar del mezanine de este inmenso auditorio; sin embargo, todos en el auditorio podían escuchar la claridad y autoridad que había en su voz Era como si el cielo la hubiera amplificado.

A medida que hablaba mi hombre interior saltaba de gozo mientras que mi hombre exterior se congeló en reverencia total. Parecía que cada pelo de mis brazos y piernas estaba levantado y mi corazón latía aceleradamente en esta atmósfera santa. Una vez que terminó, vino la interpretación y la palabra del Señor dada por medio de esa lengua era exactamente lo que estaba a punto de predicar esa noche. Yo estaba sorprendido. Dios no solo me confirmó a mí, sino a toda la congregación que la palabra que estaba trayendo esa noche provenía de Él.

Estas lenguas al ser interpretadas son semejantes a la profecía. Por esta razón Pablo dice: "Porque mayor es el que profetiza que el que habla en lenguas, a no ser que las interprete para que la iglesia reciba edificación" (1 Corintios 14:5). Nuevamente por este versículo puedes ver que estas lenguas son dadas para el ministerio público de la iglesia; y es la categoría de lenguas de las que Pablo estaba hablando cuando preguntó: "¿Hablan todos en lenguas?". Así que leamos este versículo ahora en contexto:

> Y a unos puso Dios en la iglesia, primeramente apóstoles, luego profetas, lo tercero maestros, luego los que hacen milagros, después los que sanan, los que ayudan, los que administran, los que tienen don de lenguas. ¿Son todos apóstoles? ¿son todos profetas? ¿todos maestros? ¿hacen todos milagros? ¿Tienen todos dones de sanidad? ¿hablan todos lenguas? ¿interpretan todos?
>
> 1 CORINTIOS 12:28-30

¿Observas que Pablo está hablando acerca de los dones ministeriales que Dios ha establecido en la Iglesia? Ciertamente *no todos* son apóstoles, o profetas, o maestros, o pastores, o hacen milagros, o sanan, y *no todos* tienen el don ministerial de hablar en lenguas o de interpretar lenguas celestiales. ¿Por qué es eso? La respuesta se encuentra en lo siguiente:

> Así que, las lenguas son por señal, no a los creyentes, sino a los incrédulos; pero la profecía, no a los incrédulos, sino a los creyentes. Si, pues, toda la iglesia se reúne en un solo lugar, y todos hablan en lenguas, y entran indoctos o incrédulos, ¿no dirán que estáis locos?
>
> 1 CORINTIOS 14:22-23, *énfasis del autor*

Antes de responder nuestra pregunta, déjame señalar que estos dos versículos muestran claramente la diferencia entre dos lenguas públicas. La primera dice que es una señal a los incrédulos. Esto es hablar un idioma de esta tierra que nunca hemos aprendido. Un incrédulo que conoce estos idiomas ve que no hay manera posible en la que pudiéramos hablar esas palabras sino excepto por la intervención milagrosa del Señor. Así que es una señal para el incrédulo.

Entonces Pablo habla acerca de toda la iglesia cuando se reúne y todos hablan en lenguas al mismo tiempo. Estas claramente son las lenguas que son un idioma celestial. La razón por la que digo esto es porque todos los discípulos en el día de Pentecostés estaban hablando en distintos idiomas terrenales las maravillas de Dios. No necesitaban interpretación, porque los incrédulos sabían lo que estaban diciendo. Él está hablando en este versículo acerca de hablar en la iglesia en una lengua celestial que necesita interpretación. De otro modo, nadie entendería. Como puedes ver, no hay necesidad de que todos hablen en lenguas, de otra manera los indoctos o los incrédulos pensarían que estamos locos.

Así que la respuesta a la pregunta. "¿Hablan todos en lenguas?", que ha sido tan mal entendida por tantos, es simple. Dios es selectivo cuando se trata de los dones ministeriales que coloca en la iglesia, porque no hay necesidad de que todos operen en ellos. Pero Él *no* es parcial, repito, Él no es selectivo, en lo que le da a cada creyente para nuestro caminar personal. Las siguientes dos categorías cubren el don de lenguas con respecto a nuestra relación personal con Él.

Lenguas para la oración personal

Las siguientes dos categorías de lenguas son para la oración personal y son la provisión del Padre para cada creyente. Las podemos ver representadas en el siguiente versículo:

Porque si yo oro en lengua desconocida, mi espíritu ora, pero
mi entendimiento queda sin fruto. ¿Qué, pues? Oraré con el
espíritu, pero oraré también con el entendimiento; cantaré
con el espíritu, pero cantaré también con el entendimiento.

1 CORINTIOS 14:14-15

Observa que Pablo esta identificando de manera especial estas
lenguas como oraciones, y no como lenguas para ministrar a la iglesia. También se nos dice en este mismo capítulo: "Porque el que habla
en lenguas no habla a los hombres, sino a Dios" (1 Corintios 14:2).
Cuando hablamos en una de las dos lenguas públicas le hablamos a
los incrédulos (lenguas como señal) o a la iglesia (lenguas para ser
interpretadas); pero cuando oramos en lenguas le hablamos a Dios y
no a los hombres. ¿Ves la diferencia?

En el versículo anterior Pablo nos habla de dos maneras diferentes de orar, una en nuestro entendimiento, que para mí sería en
inglés. Y la otra manera de orar es en lenguas, que es mi espíritu
orando guiado por el Espíritu Santo. Lo mismo sucede al cantar
canciones de adoración: "Cantaré con el espíritu, pero cantaré también con el entendimiento".

Judas identifica la oración personal en lenguas cuando dice:

Pero vosotros, amados, edificándoos sobre vuestra santísima
fe, orando en el Espíritu Santo.

JUDAS 20

Observa que cuando oramos en lenguas nos edificamos a nosotros mismos, así como cuando hablamos en lenguas en la congregación y las interpretemos edificamos a la iglesia (1 Corintios 14:5).
Dios desea ambas, y ambas son sumamente importantes.

En el siguiente capítulo voy a hablar a mayor profundidad de esta
categoría de lenguas. Vas a descubrir que es vital para caminar íntimamente con nuestro Señor. Le llamo a esta categoría de lenguas: "El
idioma de la intimidad".

Lenguas para intercesión

La última de las cuatro categorías de lenguas es para interceder, que
es cuando nos paramos en la brecha de la oración, rogando por otra
persona en necesidad.

Y de igual manera el Espíritu nos ayuda en nuestra debilidad; pues qué hemos de pedir como conviene, no lo sabemos, pero el Espíritu mismo intercede por nosotros con gemidos indecibles. Mas el que escudriña los corazones sabe cuál es la intención del Espíritu, porque conforme a la voluntad de Dios intercede por los santos.

ROMANOS 8:26-27

Hay momentos en los que no sabemos cómo orar. La *New Living Translation* [La Nueva Traducción Viviente] en inglés lo dice mejor al decir: "Porque no sabemos siquiera por qué orar, ni cómo debemos hacerlo".

Yo no sé todo lo que está pasando con mis seres queridos o con otros en necesidad, pero el Espíritu de Dios sí. Mi madre vive en Florida y yo vivo en Colorado. Supongamos que se encuentra en una situación en la que requiere de la intervención divina, pero ella no lo sabe o no puede comunicarse conmigo. ¿Cómo podría saber por qué orar, o por lo menos que mi madre necesita que ore por ella?

La primera vez que vi que esta escritura se hizo realidad en mí fue en los días en que estaba en la universidad. Tenía solo dos años como creyente, pero estaba bastante hambriento de hablarles de Jesús a los demás; así que comencé un grupo de estudio bíblico en el campus dirigido a los miembros de las fraternidades; hombres y mujeres. Teníamos cerca de sesenta personas asistiendo al grupo. Una noche enseñé sobre el Espíritu Santo. Simplemente recorrimos la Escritura y les mostré la voluntad de Dios. Había una niña en el grupo a la que se le había enseñado que recibió el Espíritu Santo de manera automática cuando había nacido de nuevo y que las lenguas habían cesado. Qué triste que sus maestros no creyeran en las Escrituras sino en sus mentores que estaban también cegados como ellos. Sin embargo, esa noche cuando vio lo que la Biblia decía, creyó y fue llena del Espíritu Santo de inmediato, junto con muchos otros.

Temprano a la mañana siguiente fui despertado por un timbrazo en el teléfono de parte de uno de mis hermanos de fraternidad diciéndome que tenía visita. Rápidamente me vestí y salí al recibidor de la casa para saludar a esta misma señorita cuya fraternidad estaba justo cruzando la calle. Su cara brillaba y me dijo: "John, perdón por despertarte, pero no podía esperar a decirte lo que me acaba de suceder esta mañana".

Me dijo como la había despertado el Espíritu Santo esa madrugada a las cinco de la mañana y sintió la urgencia de orar en su corazón.

Sabía que estaba sucediendo algo bastante malo, así que encontró un lugar a solas y comenzó a orar en lenguas. Dijo que se volvió cada vez más intenso al darse cuenta de que estaba en una batalla. Así que le preguntó a Dios mientras estaba orando por quién estaba intercediendo. Todo lo que percibió fue que era un hombre mayor y que su vida estaba en peligro. Ella oró durante una hora y luego sintió que la paz vino a su corazón.

Unos minutos después una llamada telefónica urgente entró dirigida a su compañera de cuarto quien también era creyente. Su compañera de cuarto al contestar la llamada se enteró de que su abuelo, quien era muy querido por ella, había sufrido un ataque masivo al corazón a las cinco de la mañana, y que su vida había sido salvada de manera milagrosa. Pudieron estabilizarlo minutos antes de la llamada, que fue justo cuando ella sintió paz para dejar de orar.

Ella estaba resplandeciente. Toda su vida cristiana le habían dicho que las lenguas habían cesado, porque ya no eran necesarias. ¡De lo que se había perdido solo porque alguien no creía las Escrituras! Pero ahora ya no la podías convencer de lo mismo. Ahora ya sabe para siempre que orar en lenguas es una necesidad para los creyentes en la actualidad.

He visto esto incontables veces. Uno de los ejemplos más maravillosos de las lenguas de intercesión fue una situación que le sucedió a Ester, nuestra gerente en la oficina de Australia. Ella es una gran guerrera de oración, así como una ministra. En la década de los años noventa, cuando estaba en el instituto bíblico, una mañana, al estar haciendo el quehacer de la casa levantó las manos y dijo: "Señor, no tengo nada por qué orar hoy, así que si me necesitas aquí estoy".

Dijo que de pronto una carga tremenda cayó sobre ella para orar. Se inclinó en su sala de estar y las lenguas fluyeron a través de ella con gran intensidad. Ella veía en su espíritu a un hombre chino arrodillado en un piso sucio moviendo las manos en círculos como si lo estuviera limpiando. Al estar orando, sintió el impulso de gritar: "¡Levántate! ¡Levántate!

¡Levántate!". Después de orar un rato bastante largo sintió paz en su corazón y regresó a sus labores.

Aproximadamente cinco meses después un hombre de Nueva Zelanda que es un misionero a la China vino a su escuela bíblica y estaba compartiendo la historia de un pastor chino quien estaba siendo perseguido en prisión en China continental junto con otro pastor. El otro pastor miró a este pastor Chino y le dijo que Dios lo iba a liberar de la prisión ese día. Con esto en el corazón se fueron a realizar sus labores diarias de limpieza en la prisión.

Pronto el guardia decidió enviar al resto de los prisioneros de vuelta a sus celdas excepto a este pastor. Se había quedado solo en este cuarto limpiando el piso cuando de pronto escuchó una voz que le decía insistentemente, ¡levántate!, ¡levántate!, ¡levántate!". No pudiendo ignorar lo que había escuchado, se puso de pie y caminó hacia la puerta. Sorprendentemente estaba abierta y salió de la prisión de seguridad sin ser detectado, y cuando salió había un taxi esperando justo fuera de la cárcel. Se subió en él y se fue.

Ester estaba bastante emocionada de pensar que ese hombre podría ser la persona por la que había estado orando meses antes. Así que se acercó al misionero (a quien jamás había visto antes en su vida) después de su clase, y descubrió que era exactamente el mismo día en su diario de oración en el que había estado orando en su sala de estar.

También uno de los líderes de la escuela bíblica se acercó a Ester y al misionero. Él también recordaba una carga que el Espíritu Santo le había dado meses antes para orar por un hombre en necesidad. Al orar en lenguas intensas también vio de manera vívida a un hombre Chino en prisión. El misionero sacó una fotografía de la iglesia china y el líder de la escuela bíblica señaló al hombre que vio mientras estaba orando en lenguas. ¡Era el pastor principal de la prisión!

Ester y el líder de la escuela bíblica más tarde compararon las notas de sus diarios de oración ¡y descubrieron que fue exactamente el mismo día! Dios les había confirmado a ambos que habían formado parte clave de la liberación de este hombre como resultado de su obediencia a orar.

¿Cómo podremos creer?

¿Qué habría pasado si a Ester le hubieran enseñado que las lenguas cesaron al completarse la Biblia? ¿Qué habría pasado si le hubieran enseñado que las lenguas no son para todos? ¿Cuántos se lo están perdiendo porque han creído lo que los hombres les han enseñado por encima de lo que la Biblia enseña?

Una de las mayores tragedias que he observado en mis años de ministerio es que muchos cristianos interpretan la Biblia mediante sus experiencias, en lugar de permitirle a la Palabra de Dios que dicte sus experiencias. Dios no está limitado a nuestras experiencias; ¡Él es mucho mayor!

En mi búsqueda por la llenura del Espíritu Santo conocí a muchos cristianos bien intencionados que trataron de disuadirme de hablar en lenguas. Unos meses después de haber recibido a Jesús como mi Señor, fui llevado a una junta del ministerio del campus que imprimía el material que me llevó a ser salvo. Siempre le estaré agradecido a ese grupo.

Sin embargo, en la junta, yo estaba impactado: El presidente le pidió a cada líder que compartiera cuál era su petición de oración número uno para el semestre. Un joven dijo estar orando por un promedio de "B". Otro compartió estar orando por la salvación de su compañero de cuarto. Luego vino mi turno y simplemente dije: "Yo quiero recibir el Espíritu Santo como en la Biblia, cuando hablaron en nuevas lenguas".

Tan pronto dije esas palabras, el líder principal rápida y nerviosamente me dijo: "John, quiero hablar contigo después de la reunión".

Nunca hablamos. Sin embargo, mi hermano de la fraternidad que me había llevado al Señor me apartó después de la reunión y me dijo: "John, ellos no creen en hablar en lenguas".

Como nuevo creyente, lo miré asombrado y dije: "¡Qué! ¿No creen lo que dice la Biblia?".

Esto me pegó bastante duro, porque mi denominación anterior basaba su doctrina principalmente en lo que los hombres enseñaban en lugar de lo que las Escrituras decían. De hecho, se nos animaba a que no leyéramos la Biblia, sino que dejáramos que nuestro pastor nos la interpretara. Asistí a la iglesia durante diecinueve años pensando estar en dirección al cielo, cuando en realidad estaba en dirección al infierno. Así que cuando encontré el plan de salvación en la Escritura por medio de mi hermano de fraternidad, ¡resolví creer lo que dijera la Palabra de Dios lo entendiera o no! Ese es el temor de Dios, y el temor de Dios es el principio de la sabiduría (lee Salmos 111:10).

Bendecido o ignorante

¡Te tengo buenas noticias; es la voluntad de Dios que seas lleno de su Espíritu y que hables en los idiomas del cielo! De hecho si quieres escuchar el clamor del corazón de Dios para ti es el siguiente:

Así que, quisiera que todos vosotros hablaseis en lenguas.

1 CORINTIOS 14:5

Quizá digas: "Esas son las palabras de Pablo a los Corintios".

No, claramente se nos dice: "Entendiendo primero esto, que ninguna profecía de la Escritura es de interpretación privada" (2 Pedro 1:20), y que "toda la Escritura es inspirada por Dios, y útil para enseñar, para redargüir, para corregir, para instruir en justicia" (2 Timoteo 3:16). En pocas palabras, estas no son las palabras de Pablo a los Corintios, sino las palabras del Señor para nosotros, ya que la Palabra de Dios "vive y permanece para siempre" (1 Pedro 1:23). ¡Es Dios diciéndole a sus hijos: "Así que, quisiera que todos vosotros hablaseis en lenguas"!

Nunca serás bendecido con algo en lo que no crees. Quiero decir esto de nuevo: Dios no se mueve por tu razonamiento, tus necesidades o tus sentimientos; sino más bien por tu fe. Vas a ver a Jesús diciéndole una y otra vez a la gente: "Conforme a tu fe te sea hecho". La fe simplemente cree que lo que Dios dijo eso hará... eso hará. La fe proviene de escuchar la Palabra de Dios y no las creencias incorrectas de una persona.

Es tan importante que prediquemos y creamos la verdad, en lugar de la experiencia. La experiencia es una forma maravillosa de confirmar la verdad, pero no es maestra de la verdad. El Espíritu Santo es nuestro Maestro y Él nunca va a hablar algo en contra de lo que establece la Palabra de Dios. Cuando creamos la Palabra de Dios entonces vamos a ver y a experimentar. Tantas personas lo tienen al revés; quieren experimentar para luego creer. Nuevamente eso describe las palabras de Jesús a Tomás. Tenemos que tomar una decisión: basar nuestra fe en las experiencias de otros, o en la Palabra del que dijo:

Dios no es hombre, para que mienta, ni hijo de hombre para que se arrepienta. Él dijo, ¿y no hará? Habló, ¿y no lo ejecutará?

NÚMEROS 23:19

En conclusión, el Espíritu Santo nos dice a todos con respecto a orar en lenguas: "No quiero, hermanos, que ignoréis acerca de los dones espirituales" (1 Corintios 12:1). Continúa diciendo lo que hemos escrito en este capítulo y más. Luego en la conclusión de discutir todos estos asuntos. Claramente dice:

No impidáis el hablar lenguas.

1 CORINTIOS 14:39

Esta es una advertencia, si alguna vez escuchas que alguien ataca las lenguas está en directa desobediencia al Señor. Dios sabía que en los postreros días por ignorancia o por necedad algunos les dirían a sus ovejas que hablar en lenguas había cesado, o que no es de Dios.

Es mi oración que veas la maravillosa provisión que Dios les ha dado a sus hijos mientras entramos en el siguiente capítulo y descubrimos el asombroso idioma de intimidad que el Espíritu Santo les da a todos los que creen.

(Nota: Si no has recibido la llenura del Espíritu Santo, ve al Apéndice B; me gustaría dirigirte en una oración para que lo recibas.)

PREGUNTAS DE ESTUDIO

1. Al abrir este capítulo, el autor reflexiona en su fe cuando recién creyó en sus días de estudiante. Describe que recibió una nueva vida, pero que sentía que le faltaba algo aunque estaba leyendo diligentemente la Escritura. ¿Puedes identificarte con esta situación en tu pasado o incluso en la actualidad?

_____

_____

_____

2. Mientras consideras este estudio de lo que significa hablar en lenguas, ¿de qué manera fueron desafiadas tus creencias? ¿Cómo te han afectado las noticias de que es la voluntad de Dios de que seas lleno de su Espíritu y que ores en lenguas celestiales?

_____

_____

_____

3. Tú has estado leyendo este libro por una razón; una experiencia o un suceso te ha impulsado a explorar lo que significa acercarte más a Dios. ¿Podría ser que Él ha provisto un medio para acercarte más a Dios en lo que acabas de leer? ¿Podría ser el don de lenguas para la oración personal o para la oración intercesora el siguiente paso en tu caminar con Dios?

_____

_____

_____

CAPÍTULO DOCE

EL IDIOMA DE LA INTIMIDAD

La sabiduría o consejo de Dios es agua profunda y
muchas veces un misterio para la mente natural.

He escrito esto una y otra vez, pero para asegurarme de que se vuelva real en el mero centro de tu ser voy a seguir repitiéndolo: *Dios desea apasionadamente tener intimidad contigo.* Anhela tu compañerismo. No solo desea interactuar contigo, sino que la interacción sea abundante y rica.

Tener comunión con Dios en este nivel

Para que esta comunión abundante se haga realidad, ¡Él ha provisto una manera para que tengamos comunión con Él en este nivel! Permíteme explicarlo. La Escritura nos dice:

> Porque el que habla en lenguas no habla a los hombres, sino
> a Dios; pues nadie le entiende, aunque por el Espíritu habla
> misterios.
>
> 2 CORINTIOS 14:2

Sabemos que Pablo no se está refiriendo a ninguna de las categorías de lenguas públicas, ya que en uno de ellos la persona habla en un idioma que le es familiar al destinatario. En esta escritura Pablo se está refiriendo a cuando oramos o tenemos comunión con Dios. Cuando *oramos* en lenguas le hablamos directamente a Dios y no a los hombres. Pablo también escribió: "Y de igual manera el Espíritu nos ayuda en nuestra debilidad; pues qué hemos de pedir como conviene, no lo sabemos" (Romanos 8:26). Nuevamente, dos obstáculos diferentes para tener comunión con Dios: muchas veces no sabemos qué pedir; o, segundo, cómo hacerlo.

Esto se ilustra mejor de la siguiente manera: ¿Si yo fuera a entrar en la oficina del presidente de Estdos Unidos, podría comunicarme con él a su nivel? No; él tendría que bajarse a mi nivel de entendimiento. Él sabe mucho más que yo acerca de los asuntos de la nación, incluyendo todos los problemas de seguridad que no son del conocimiento público. Él conoce los muchos planes y proyectos de la nación, junto con los términos y códigos que deben mantenerse en secreto; porque si cayeran en manos de las personas equivocadas, podrían amenazar la seguridad nacional.

Para hacer una comparación, cuando entramos en la oficina del Rey del universo; delante de su trono; ¡si orara solo con mi entendimiento, entonces nuestra comunicación sería limitada! No puedo hablarle al Señor a su nivel porque sabe mucho más que yo. La única manera en que puede comunicarse conmigo es bajándose a mi nivel de comprensión. Como en el ejemplo anterior, sabe mucho más que yo con respecto a los asuntos del universo que incluyen los misterios guardados en secreto por varias razones. Una razón es asegurarse de que los misterios no caigan en manos equivocadas. Esto se puede ver claramente en la exhortación de Pablo:

Mas hablamos sabiduría de Dios en misterio, la sabiduría oculta, la cual Dios predestinó antes de los siglos para nuestra gloria, la que ninguno de los príncipes de este siglo conoció; porque si la hubieran conocido, nunca habrían crucificado al Señor de gloria.

1 Corintios 2:7-8

Aunque esto habla específicamente de la sabiduría de la crucifixión y la resurrección del Señor Jesús y las glorias que siguieron, es sólo un ejemplo de como Dios se asegura de que su sabiduría no caiga en las manos equivocadas. Pero hay otras. (Lee Mateo 7:6). La Escritura nos dice que estamos en guerra, y que los enemigos contra los que luchamos son principados, potestades, gobernadores de las tinieblas y fuerzas espirituales de maldad (Efesios 6:12). En una guerra natural necesita haber comunicación secreta entre los que pelean juntos. Lo mismo es verdad con el Comandante de las huestes del Señor y los guerreros de su Reino. Qué código de comunicación secreto tan fabuloso le ha dado el Señor a sus hijos por el bien del Reino y nuestra protección. El enemigo no tiene idea de lo que le estamos pidiendo al Padre cuando hablamos en lenguas. Las fuerzas demoníacas pueden estar ideando un plan para atacarnos a nosotros o a nuestros seres queridos, pero cuando hablamos en lenguas, de pronto una ola de ayuda angelical aparece para sorpresa de los demonios. Como resultado, los demonios huyen aterrorizados antes de que sus ataques puedan prosperar.

El propósito principal

Nuestro idioma de oración en lenguas no es solo para evitar que conocimiento crucial se filtre a las manos equivocadas. Su propósito principal es la intimidad. Mi esposa y yo hemos estado juntos tanto tiempo que hemos desarrollado una comunicación que es única para nosotros. Ella puede decirme cosas en una habitación llena de gente que nadie más podría entender. Hemos desarrollado un lenguaje de intimidad. Esto no solo pasa entre esposos, sino con todos los que tienen una relación cercana. Puede ser entre amigos de por vida, compañeros de trabajo de años, compañeros de guerra y demás. El punto es que se forma un lenguaje de amistad entre ellos que es único.

De manera similar, Dios nos ha dado una manera de comunicarnos de tener comunión con Él a un nivel profundo: un nivel que nuestras mentes naturales e irredentas nunca podrían alcanzar. El salmista lo anticipó y escribió: "Un abismo llama a otro a la voz de tus cascadas" (Salmos 42:7). Esta comunicación se asemeja a cascadas vivientes. Jesús dice que de nuestro interior "correrán ríos de agua viva. Esto dijo del Espíritu que habían de recibir los que creyesen en él; pues aún no había venido el Espíritu Santo, porque Jesús no había sido aún glorificado" (Juan 7:38-39). Nuestra comunión íntima con el Señor se asemeja al fluir de agua viva.

¡Qué maravilloso es lo que el Espíritu Santo nos ha dado! Es impresionante pensar en ello.

Vamos a explorarlo más, ya que se pone mejor. Pablo dice que a un creyente que habla en lenguas:

[...] nadie le entiende, aunque por el Espíritu habla misterios.

1 CORINTIOS 14:2

¿Qué quiere decir Pablo con *misterios*? La palabra griega es *misterion*. W. E. Vine, que es un experto en palabras griegas del Nuevo Testamento, escribe acerca de esta palabra: "En el Nuevo Testamento denota, no lo misterioso (como la palabra en español), sino lo que está fuera del alcance de la sola comprensión humana, que puede ser conocido solo por revelación divina, y que es dado a conocer [...] a los que son iluminados por su Espíritu. En el sentido ordinario 'misterio' implica un conocimiento restringido; en el sentido de las Escrituras significa verdad revelada".

Así que aquí está uno de los muchos beneficios de orar en lenguas. Dios Espíritu Santo sabe lo que está en la mente del Padre y de Jesús ya que los tres son Uno. También sabe de lo que carecemos ya que es nuestro Compañero constante. Así que media por nosotros al darnos las palabras en el idioma del cielo para pedir, buscar y tener comunión de una manera perfecta. ¡Qué maravilloso! Quizá estés pensando: *Pero no entiendo lo que digo cuando hablo en lenguas.* Así es, y por esta razón Pablo dice:

> Por lo cual, el que habla en lengua extraña, pida en oración poder interpretarla. Porque si yo oro en lengua desconocida, mi espíritu ora, pero mi entendimiento queda sin fruto.
>
> 1 CORINTIOS 14:13-14

Así que sea una petición, intercesión o simplemente tener comunión con Dios; si le pido al Espíritu Santo que ilumine mi entendimiento con lo que le está dando a mi espíritu para orar... ¡lo va a hacer! Así, no solo mi espíritu disfruta de la comunión, sino mi alma también.

Administrar los misterios revelados

Muchas veces, en esta comunión, hay revelaciones de parte del Señor que de pronto cobran vida, y estas son las verdades sobre las que he escrito y enseñado a lo largo de los años de mi ministerio. No obstante, hay muchas más de las que todavía no enseño.

Quizá te preguntes por qué no las he enseñado. La razón es que no es el tiempo, o que Dios quería decir otra cosa y enfatizársela a su pueblo. Cuando hablamos como embajadores del Reino debemos recordar que hablamos como voceros de Dios, y hay cosas que quiere que se digan, y otras que no se deben decir en cierto momento.

Nunca voy a olvidar cuando aprendí esto por experiencia propia. Me reuní con cierto hombre de Dios que era bastante conocido en su parte del mundo. Había escuchado de su ministerio y lo admiraba y anhelaba conocerlo. Otro pastor arregló la cita para que nos conociéramos. Estaba tan emocionado. Así que nos reunimos a cenar un día: el pastor, el hombre de Dios y nuestras esposas. En la cena le compartí las revelaciones más profundas que Dios me había dado y que podía recordar con el propósito de impresionarlo. (En ese momento no estaba consciente de ello, pero en retrospectiva, sé que ese era mi motivo.)

Fuimos llevados de vuelta al hotel esa noche por el pastor. Mi esposa y yo estábamos exhaustos; había sido un largo día. Pero sin importar lo cansado que estaba, tenía un sentimiento de incomodidad en mi espíritu. Sabía que el Señor quería que orara, así que le pedí a mi esposa que se fuera a la cama sin mí. Así lo hizo y yo me fui al balcón de nuestra habitación en el hotel. Tan pronto mis pies cruzaron el umbral escuché al Espíritu Santo diciéndome de forma severa al corazón: "¡Así que, el rey ha mostrado todos los tesoros de su casa esta noche!".

El corazón se me fue a los pies. Estaba perplejo así como avergonzado. Sabía que el Espíritu Santo se estaba refiriendo al error de Ezequías. Hubo personas que lo fueron a visitar y él los quería impresionar, y leemos:

> Y se regocijó con ellos Ezequías, y les mostró la casa de su tesoro, plata y oro, especias, ungüentos preciosos, toda su casa de armas, y todo lo que se hallaba en sus tesoros; no hubo cosa en su casa y en todos sus dominios, que Ezequías no les mostrase.
>
> Isaías 39:2

Después de mostrarles todos sus tesoros el profeta Isaías reprendió a Ezequías de parte del Señor. Me sentí de la misma manera. Sabía que esa noche había hablado de verdades o tesoros que Dios me había mostrado solo para impresionar a este hombre.

Dios entonces me dijo firmemente: "Hijo, no te he revelado mis preciosas verdades para que vayas por ahí y las escupas cuando mejor te parezca. ¡No te las he dado para impresionar a nadie! Eres un mayordomo de lo que te he revelado y no debes decirlo a menos de que yo te inste a hacerlo".

Me arrepentí rápidamente y pedí perdón y la carga fue levantada de inmediato y pude irme a dormir en paz. ¡Su misericordia siempre me sorprendende!

Si somos sabios escogeremos para nuestro círculo íntimo de amigos a personas que no le van a decir por descuido nuestras intimidades a cualquiera. Los amigos íntimos son sabios en la manera en que manejan lo que saben del otro. Si un amigo en varias ocasiones viola esto entonces tenemos que restringir lo que le compartimos, sabiendo que no lo considera tan precioso. Es igual con los secretos del Señor.

Si deseamos que Él nos comparta su corazón, necesitamos ser sensibles con lo que Él quiere que compartamos y cuando.

Obteniendo el consejo de Dios

Cuando oro o tengo comunión con Dios en lenguas, descubro que me vienen a la mente ideas, revelaciones, sabiduría o enseñanzas. La mejor manera que tengo de describirlo es que salen como burbujas de aire a la superficie desde las profundidades del mar. Las ideas burbujean de dentro de mi hombre interior y salen a la superficie de mi mente o de mi entendimiento. La Escritura nos dice:

> Lámpara de Jehová es el espíritu del hombre, La cual escudriña lo más profundo del corazón.
>
> PROVERBIOS 20:27

Debemos tener en mente que el Espíritu Santo no habla a nuestra cabeza, sino a nuestro espíritu. Esa es la parte de nuestro ser que Él ilumina. Cuando oramos en el Espíritu y pedimos interpretación, la sabiduría o el consejo de Dios sale a la superficie de nuestro corazón en el plano del entendimiento o la mente. La Escritura nos dice:

> Como aguas profundas es el consejo en el corazón del hombre;
> Mas el hombre entendido lo alcanzará.
>
> PROVERBIOS 20:5

¿Qué es el consejo? Es sabiduría aplicada a una situación específica. ¿Por qué la gente va con consejeros? Para obtener la sabiduría que necesitan para cierta circunstancia y que es un misterio para ellos.

Observa que el único que puede alcanzar el consejo de Dios, que se asemeja a aguas que provienen de un pozo profundo, es el hombre entendido, o el que conoce los caminos del "Consejero". El Espíritu Santo conoce todos los misterios (consejo no revelado, conocimiento y sabiduría) del Reino. Recuerda lo que Jesús clamó:

> El que cree en mí, como dice la Escritura, de su interior correrán ríos de agua viva. Esto dijo del Espíritu que habían de recibir los que creyesen en él; pues aún no había venido el Espíritu Santo, porque Jesús no había sido aún glorificado.
>
> JUAN 7:38-39

De acuerdo con Proverbios, el agua que sale del corazón es el consejo o los misterios de Dios, y Jesús dice claramente que esta fuente es el Espíritu de Dios. Él es la fuente de agua viva (lee Jeremías 2:13). Ahora lee con cuidado lo que dice Pablo:

> Mas hablamos sabiduría de Dios en misterio [...] Para que sepamos lo que Dios nos ha concedido, lo cual también hablamos, no con palabras enseñadas por sabiduría humana, sino con las que enseña el Espíritu, acomodando lo espiritual a lo espiritual.
>
> 1 CORINTIOS 2:7,12-13

Así que la sabiduría o el consejo de Dios es agua profunda y muchas veces un misterio para la mente natural. Sin embargo, Jesús nos dice que esta agua viva saldrá por el Espíritu Santo. ¿Cómo? Pablo lo dice claramente:

> Porque el que habla en lenguas no habla a los hombres, sino a Dios; pues nadie le entiende, aunque por el Espíritu habla *misterios*.
>
> 1 CORINTIOS 14:2, *énfasis del autor*

¡Eso es! Así es como una persona, que posee entendimiento, saca el consejo de Dios. Cuán a menudo llego a lugares en la Escritura que son un rompecabezas para mí. Me vienen a la mente preguntas sin contestar que, que son un *misterio* para mí. La mayoría de las veces simplemente digo: "Espíritu Santo no entiendo esto, podrías por favor mostrarme...". Luego, sencillamente oro en lenguas y sea en ese momento o un poco más tarde después de salir de mi lugar de oración, la revelación de la verdad sale a flote en mi mente o entendimiento. ¡Qué maravilloso es!

En numerosas ocasiones he estado escribiendo un libro y de pronto llegó a un callejón sin salida. La dirección en la que debo continuar es un *misterio* para mí. Entonces me levanto de la silla y comienzo a orar en lenguas y en cuestión de tiempo, suele ser unos minutos más tarde, me viene la sabiduría como una presa que se abre de par en par, y sigo escribiendo durante varias horas más.

Cuando era soltero, era un *misterio* con quien me debía casar. A lo largo de los años, como cristiano soltero, hubo tres niñas que me gustaron mucho, pero después de pasar tiempo orando en el Espíritu, supe que Dios me estaba diciendo un "no" definitivo. Cuando conocí a Lisa, durante un mes estuve orando en lenguas todos los días durante treinta minutos con respecto a nuestra relación. Dios me dio una señal bastante fuerte de seguir adelante con Lisa en esos tiempos de oración, y, más tarde, muchas confirmaciones. Pero tengo que decir que antes de las confirmaciones yo ya sabía más allá de toda duda que era ella por la claridad, acompañada de paz, que venía al estar orando en lenguas.

Ha habido momentos en los que no comprendo lo que ha sucedido en mi vida o en la vida de otra persona cercana a mí. Es un *misterio* para mí. Simplemente le pido al Espíritu Santo que me muestre su sabiduría o su opinión sobre la circunstancia. Con toda seguridad, después de un tiempo de orar en lenguas, si Él quiere que yo tenga esa información, me viene a la mente.

He tenido situaciones en las que cierto miembro de mi familia necesita oración sin que yo lo sepa, y que el Espíritu de Dios ha venido a mí para orar por esta persona en lenguas, y luego me entero de que le había sido provista asistencia divina o protección contra algún daño.

Los misterios son cosas escondidas de nuestra mente natural. Podría ser adónde debo congregarme, en qué ministerio debo participar, qué casa comprar, cómo orar de manera eficaz por el presidente, por otros líderes o por mi pastor. Como sabes, la lista es interminable.

Paz para conocer la dirección de Dios

El área de *misterio* que parece ser la más importante para la mayor parte de los creyentes es la dirección. Esa es la razón principal por la que la gente va con consejeros. ¡Pero te tengo buenas noticias! Nunca más vas a tener que preocuparte por qué es lo que tienes que hacer. Dios promete: "Y si alguno de vosotros tiene falta de sabiduría, pídala a Dios, el cual da a todos abundantemente y sin reproche, y le será dada" (Santiago 1:5). ¡Podemos pedir de manera perfecta! ¿Cómo? Por medio de hablar en lenguas sobre nuestra situación. He estado anteriormente en embrollos en los que no sabía qué hacer, y después de haber orado en lenguas, cada vez me llega una idea inspirada por Dios que sale a la superficie de mi corazón y que era la sabiduría que necesitaba para la situación.

Así es como hemos funcionado en el ministerio a lo largo de los años. Cuando me ha faltado dirección sobre qué hacer, he orado en lenguas durante un periodo y de pronto ideas inspiradas de lo alto comienzan a fluir. Mi esposa y yo comenzamos el ministerio hace años; cada decisión importante que hemos tomado ha provenido por medio de orar en el Espíritu. Hoy tenemos más de treinta empleados con oficinas en tres continentes. Dios nos ha dado el privilegio de tocar millones de vidas con su Palabra y su presencia. No hemos pedido dinero prestado en catorce años y ahora tenemos activos personales y físicos sustanciales para ayudarnos a servir con eficacia al pueblo de Dios. La razón de todo esto es porque Dios dice:

> Así ha dicho Jehová, Redentor tuyo, el Santo de Israel: Yo soy Jehová Dios tuyo, que te enseña provechosamente, que te encamina por el camino que debes seguir. ¡Oh, si hubieras atendido a mis mandamientos! Fuera entonces tu paz como un río, y tu justicia como las ondas del mar.
>
> Isaías 48:17-18

Puedo decir con toda honestidad que nuestra paz ha fluido como un río. Hemos estado en momentos en los que parecería que deberíamos de entrar en pánico total juzgando por las circunstancias. Sin embargo, al orar en lenguas y someter nuestras obras a Él, la paz ha abundado en nuestra vida. Con respecto a orar en lenguas leemos:

> Porque en lengua de tartamudos, y en extraña lengua hablará a este pueblo, a los cuales él dijo: Este es el reposo; dad reposo al cansado; y este es el refrigerio; mas no quisieron oír.
>
> Isaías 28:11-12

Los que no tienen paz no tienen reposo. El reposo del que Él habla en este versículo es el resultado de la paz que fluye como río. Podría dar incontables historias que han sucedido a lo largo de los años para ilustrar este punto, pero una situación específica me viene a la mente. Podría haber sido sumamente fácil para mí perder la paz porque no sabía qué hacer. Esta situación sucedió cuando viaje a México para predicar en una reunión evangelística. Volé a la ciudad de Monterrey para una noche de alcance. Se iba a llevar a cabo en un auditorio del centro de la ciudad. Había orado todo el día en lenguas y vi una visión en mi espíritu de una luz brillante cayendo del cielo sobre el techo del auditorio en el que nos íbamos a reunir esa noche. El Señor habló a mi corazón y me dijo: "Esa es mi gloria que se manifestará esta noche".

Esa tarde el pastor que estaba coordinando el evento y yo entramos al lugar emocionados. Su iglesia había hecho muchos preparativos para la noche de alcance y llegamos quince minutos antes de que comenzara la reunión y noté que había un hombre enojado con dos guardias armados acompañándolo, se acercó al pastor. Le habló en

español, y puedo decir que no fue en un tono amable. El pastor entonces vino hasta donde yo estaba y me dijo:

—John, no vas a poder predicar esta noche.

—¿Por qué? –le dije.

Me dijo: —Ese hombre es un alto funcionario del gobierno, y
hay una ley que dice que no puedes predicar el Evangelio en México
a menos de que seas un ciudadano mexicano. Es una ley que pocas
veces se hace cumplir, pero este hombre insiste en el hecho de que
debemos obedecerla. Si no lo haces, puedes meterte en serios problemas. De hecho él quiere hablar contigo de inmediato.

En ese momento pensé en Pedro y Juan cuando les dijeron los
líderes que no predicaran el Evangelio, pero no los obedecieron porque era contrario a la Palabra de Dios. Así que le dije al pastor:

—¡No hay forma de que este hombre pueda detener lo que Dios
me mostró que sucedería en esta tarde en oración! ¿Esto le afectaría a
tu iglesia? Porque si no le afecta voy a seguir adelante y voy a predicar
en cuanto se vaya. ¡No vine hasta acá para sentarme y no hacer nada!
Pero si esto puede tener efectos adversos para ti, entonces no lo hago.

Me dijo: —John, este hombre le puede provocar muchos problemas a nuestra iglesia, así que creo que es mejor hacer lo que él dice.

Estuve de acuerdo con el consejo del pastor y caminamos hacia el
funcionario del gobierno.

Lo primero que hizo este hombre fue mirarme y luego brusca-
mente me preguntó:

—¿Habla español?

—No –contesté.

Entonces dijo: —Tengo algo que decirle. Sólo le puede hablar a
estas personas sobre actividades relacionadas con el turismo.

Luego se volteó y siguió hablando con severidad en español con
el pastor; mientras todo ese los guardias armados nos miraban de
manera intimidante. Una vez que el funcionario terminó de advertirle
al pastor, se fueron.

El pastor parecía bastante sacudido y se disculpó conmigo por no
poder ministrar, y entró al auditorio para hacer los preparativos finales para la reunión.

En ese punto, yo estaba bastante molesto. Sabía que necesitaba el consejo de Dios; lo que tenía que hacer era un *misterio* para
mí. Así que salí del auditorio y encontré un lugar casi cerrado en el
podía orar. (Estaba en el centro de la ciudad así que no había ningún lugar completamente cerrado alrededor.) Sabía que la manera

de obtener el consejo de Dios era orando en el Espíritu. Así que comencé a hablar en voz alta en lenguas. Algunas personas pasaron por allí, pero creo que pensaron que era un extranjero caminando por allí hablando solo.

Pocos momentos después de comenzar a hablar en leguas la paz de Dios comenzó a llenar mi alma. Seguí orando durante quince minutos o más y de pronto salió a flote un pensamiento en mi corazón; escuché: *Deja a un lado tu Biblia y háblale a esta gente acerca del Turista más grande que alguna vez ha visitado México.*

Salté de emoción y grité. "¡Eso es, eso es; me dijo que podía hablar de actividades relacionadas con el turismo! Les voy a hablar de Jesús, el mayor Turista que alguna vez haya visitado México".

Me apresuré a volver al auditorio. La reunión ya había comenzado y el pastor estaba al frente saludando al público. Su esposa que estaba al fondo del auditorio me dijo: "John, el pastor quiere que pases al frente".

Pasé y me miró, y me susurró al oído: "Dios me dijo que hagas lo que te ha dicho".

Luego dije: "Amigos, me dijo un funcionario del gobierno que solo les puedo hablar acerca de actividades relacionadas con el turismo. Así que vengo a hablarles del mayor Turista que jamás ha visitado México: Jesús".

Los creyentes en la multitud gritaron de entusiasmo. Luego prediqué durante sesenta minutos la Palabra de Dios. Cuando terminé llamé al frente a todos los que estuvieran dispuestos a dejar sus propias vidas y entregarse al señorío de Jesús.

Mientras muchos pasaban al frente de pronto noté que un policía venía desde el fondo del auditoria hacia la plataforma. Pensé: *Tengo que apurarme a que estas personas se salven antes de que me arresten.* Recordé a Pedro y a Juan que predicaron en la puerta la Hermosa y que fueron arrestados antes de que pudieran siquiera decirle a la gente cómo recibir a Jesús. Así que oré rápidamente con la gente que pasó al frente para ser salva. Después de orar con ellos vi que el policía pasó por un lado del escenario tras bambalinas. De inmediato sentí alivio ya que ahora podía ministrar a la gente.

Luego le dije a la gente que podían ir con los consejeros para que los ministraran más ampliamente. Mientras se alejaban de la plataforma vi a un hombre que estaba cojo. Y luego escuché al Espíritu Santo hablar a mi corazón: "Él es el primero al que quiero sanar. Detenlo y ora por él inmediatamente".

Hice exactamente lo que me dijo y después de orar por él le dije: "Ahora, señor, sea tan amable de dejar a un lado su muleta".

Me miró como si estuviera tratando de decir que no podía hacerlo, pero con mi insistencia lo hizo. Luego lo tomé de la mano y comenzamos a caminar juntos. Comenzó lentamente, pero fue acelerando y acelerando hasta que terminamos corriendo juntos.

El lugar explotó de emoción. La gente comenzó a bajar de todas partes y había cientos de ellos delante de la plataforma. Muchos fueron sanados por el poder del Espíritu Santo, pero voy a menciona a algunos. Oramos por una mujer que estaba sorda y el Señor abrió sus oídos. Ella lloró tan profusamente que su blusa azul claro se puso oscura cerca del cuello por la humedad causada por la cantidad de lágrimas que corrían de su rostro. Dios sanó los ojos de otra mujer y sanó de cáncer a otra.

Luego oramos por un muchacho de cinco años y fue sanado. Ministramos a la gente durante más de una hora; fue hermoso y muchos estaban llorando de gozo. En cierto punto vi que había personas con cámaras, pero no les presté mucha atención a ellos.

Salí del país a la mañana siguiente y regresé a Estados Unidos. Una semana después el pastor voló a Estados Unidos para reunirse conmigo. Me dijo: "John tuve que venir a compartirte esto en persona". Comenzó a decirme que el funcionario del gobierno había enviado dos agentes encubiertos esa noche a la reunión y sus instrucciones eran arrestarme si predicaba.

Cuando llegaron yo estaba orando por el hombre cojo. Cuando lo vieron caminar le dijo uno al otro: "¿Crees que sea real?".

Su compañero contestó: "No sé, pero vamos a acercarnos para ver". El pastor supo de su conversación porque uno de los ujieres los escuchó y se mantuvo cerca de ellos.

Los dos agentes pasaron al frente y fueron testigos de los milagros. Cuando se abrieron los oídos de la mujer sorda, uno de ellos dijo: "Creo que es real".

Y cuando vieron al niño de cinco años ser sanado por el poder de Dios se miraron entre sí y dijeron: "¡Esto es real!".

Entonces el pastor me dijo: "¡John, esos dos hombres que vinieron a arrestarte pasaron al frente y te pidieron que oraras por ellos y los dos fueron salvos esa noche!".

No es necesario decirte que el pastor y yo nos regocijamos en mi oficina; pero eso no fue todo. Sacó el periódico de la ciudad y me mostró un artículo que se había publicado al día siguiente después de nuestra reunión. El artículo declaraba que los agentes habían pensado que yo era un fraude que estaba sacando ilegalmente dinero del país, pero reportaron que vieron que la gente se sanó y que nunca vieron que se pidiera dinero. Lo más interesante es que yo había sentido no pedir ofrenda y el boleto de avión lo pagó nuestro ministerio. No sacamos un solo centavo del país durante esas reuniones.

Qué maravilloso es el Espíritu Santo. ¿Cómo alguien podría sobrevivir a eso sin su dirección? Si no hubiera podido orar en lenguas ese día en mi habitación y esa noche junto al asta bandera me hubiera quedado frustrado por no poder cumplir con el propósito de Dios. Y el pastor no me hubiera dejado predicar debido a la intimidación del funcionario del gobierno. Sin embargo, a causa de orar en otras lenguas, la voluntad y la sabiduría de Dios, que eran un *misterio* para nosotros, se manifestaron. Pude interceder por el pastor de acuerdo con la voluntad de Dios, lo cual dio como resultado que él escuchara la voz de Dios, y que el Señor me diera sabiduría con respecto a como vencer la resistencia. ¡A Él sea toda la gloria!

¡De qué manera el enemigo ha tratado de luchar contra esto en la iglesia! Lo teme, porque es la línea directa de comunicación entre Dios y sus santos y los demonios no tienen idea de lo que está pasando. Hay momentos en los que estamos en una situación o un deseo en nuestro corazón que no podemos pronunciar en nuestro entendimiento, pero además, hay otras ocasiones en las que estamos en una situación que no podemos definir con nuestro propio entendimiento y necesitamos la ayuda de las palabras del Espíritu Santo. Por esta razón Pablo dice: "¿Qué, pues? Oraré con el espíritu, pero oraré también con el entendimiento" (1 Corintios 14:15).

Edificar a nuestro hombre interior

Recientemente mi corazón ha clamado por el pueblo de Dios para que entre en una intimidad mayor con el Espíritu Santo por razones como las de los ejemplos anteriores. Nuestra respuesta a su clamor por cercanía se va a volver cada día más crucial. A medida que el tiempo pase no será suficiente la comprensión de las Escrituras, la cual incluso los fariseos la tenían. Necesitamos desarrollar la sensibilidad a lo que el Espíritu de Dios *esta diciendo*, más que solo saber lo que *ha dicho*. Jesús vivió de esta manera: "No puedo yo hacer nada por mí mismo; según oigo, así juzgo" (Juan 5:30, *énfasis del autor*). La Biblia Amplificada en inglés aclara esto mucho más: "No puedo yo hacer nada por mí mismo [independiente, por mi propia cuenta, sino solo lo que Dios me enseña conforme recibo sus órdenes] [...] [Decido como Dios me da que decida. Conforme la voz viene a mí, así decido]" (Juan 5:30 AMP).

Jesús vivía siendo tan sensible a la dirección del Espíritu Santo y a su voz que muchas veces reconoció su dependencia. Dijo: "No puede el Hijo hacer nada por sí mismo, sino lo que ve hacer al Padre" (Juan 5:19). Nuevamente dice: "Las palabras que yo os hablo, no las hablo por mi propia cuenta" (Juan 14:10). Como sus seguidores se nos dice claramente: "El que dice que permanece en él, debe andar como él anduvo" (1 Juan 2:6). Como Él lo fue, de esa manera, debemos ser sensibles al Espíritu de Dios. De hecho, personalmente creo que el deseo de Dios es que nos volvamos más conscientes de su Reino que de lo que nos rodea en el mundo natural. Orar en lenguas edifica nuestro hombre interior para que podamos ser sensibles a su Espíritu Santo. Nuevamente se nos dice:

> El que habla en lengua extraña, a sí mismo se *edifica*.
>
> CORINTIOS 14:4, *énfasis del autor*

La palabra griega para *edifica* es *oikodomeo*. Su definición literal es "construir una casa". Esto es interesante ya que nuestro cuerpo es el templo del Espíritu Santo. Pablo específicamente nos dice que "vosotros sois labranza de Dios, edificio de Dios" (1 Corintios 3:9). Somos su casa. Por lo tanto, cuando oramos en lenguas estamos ampliando la morada del Espíritu Santo. Le estamos dando más espacio. Por supuesto, no es en el sentido físico, sino figurado; porque W. E. Vine nos dice que esta palabra "significa 'construir', tanto literal como figuradamente".

Así que cuando oramos en lenguas ensanchamos nuestra capacidad para contener su presencia y poder dentro de nuestra vida. Estamos fortaleciendo nuestro hombre interior para que seamos guiados por el Espíritu de Dios con mayor facilidad que nuestra mente natural.

El Sr. Vine también nos dice que la palabra es utilizada metafóricamente en el sentido de "promover el crecimiento espiritual y el desarrollo del carácter de los creyentes". En un sentido similar el apóstol Judas nos dice en su epístola:

> Pero vosotros, amados, edificándoos sobre vuestra santísima fe, orando en el Espíritu Santo.
>
> JUDAS 20

La palabra griega para *edificándoos* en este versículo es *epoikodomeo*. La definición de esta palabra es "sobreedificar". Esto nuevamente denota la acción continua de edificar nuestro espíritu. Pablo les dijo a los creyentes que eran el edificio de Dios, y que él por la gracia de Dios puso el fundamento al traerlos a Cristo, pero luego dice claramente: "Pero cada uno mire cómo sobreedifica" (1 Corintios 3:10).

Hoy el espíritu de demasiados creyentes está débil, ya que no han edificado a su hombre interior. Son más rápidos en ver por medio de sus ojos naturales, en lugar de por los ojos de su corazón. Son más rápidos en creer lo que escuchan con sus oídos naturales que lo que el Espíritu de Dios les está diciendo a su corazón. Su hombre exterior domina su vida. El hombre interior se puede comparar a la persona que se siente todo el día en un sillón, viendo televisión y comiendo papás fritas. Quizá estén trabajando diligentemente en la vida y en el ministerio pero, su hombre interior está siendo desatendido. Estos creyentes a menudo me dicen: "¿Por qué no puedo escuchar a Dios?". Nuevamente la respuesta es bastante simple. Dios se comunica a nuestro espíritu, no a nuestra cabeza. "Lámpara de Jehová es el espíritu del hombre, la cual escudriña lo más profundo del corazón" (Proverbios 20:27). Si nuestro hombre interior no está siendo edificado entonces no somos capaces de escuchar claramente la voz del Espíritu.

Pablo les dijo a los creyentes hebreos que tenía mucho más que decirles pero que no podía ya que se habían hecho tardos para oír (Hebreos 5:11). Estas personas no tenían necesidad de aparatos auditivos; más bien era su hombre interior el que se había atrofiado hasta volverse insensible a lo espiritual. Así que, en esencia, este grupo de personas estaban haciendo exactamente lo opuesto a edificar; se estaban embotando en su corazón para escuchar la Palabra del Señor. Este mismo principio se aplica a los que desatienden la edificación de su hombre interior. ¡Sin un fuerte hombre interior, tenemos una restricción a nuestra intimidad con Dios! Por esta razón Pablo dice con firmeza: "Doy gracias a Dios que hablo en lenguas más que todos vosotros" (1 Corintios 14:18). Y:

> Pero el alimento sólido es para los que han alcanzado *madurez*, para los que por el uso tienen los sentidos *ejercitados* en el discernimiento del bien y del mal.
>
> Hebreos 5:14, *énfasis del autor*

Observa que les menciona los sentidos; estos no son sentidos externos, sino internos. También observa que nos dice que por el uso, como dice el original, por medio de practicarlos, fortalecemos nuestros sentidos internos para discernir lo que es de Dios y lo que es del maligno.

Así como tenemos cinco sentidos naturales, tenemos cinco sentidos espirituales. Las Escrituras nos dan una muestra. A medida que leas cada uno de los siguientes, pregúntate si podrías hacer cualquiera de esas cosas con tus sentidos naturales. Esto te va a ayudar a concluir que los autores están hablando de sentidos espirituales y no de los naturales:

Gusto

Gustad, y ved que es bueno Jehová

SALMOS 34:8, *énfasis del autor*

¡Cuán dulces son a mi *paladar* tus palabras! Más que la miel a mi boca.

SALMOS 119:103, *énfasis del autor*

Fueron halladas tus palabras, y yo las comí; y tu palabra me fue por gozo y por alegría de mi corazón.

JEREMÍAS 15:16, *énfasis del autor*

Tacto

Salid de en medio de ellos, y apartaos, dice el Señor, y no *toquéis* lo inmundo; y yo os recibiré.

CORINTIOS 6:17, *énfasis del autor*R

Apartaos, apartaos, salid de ahí, no *toquéis* cosa inmunda; salid de en medio de ella; purificaos los que lleváis los utensilios de Jehová.

ISAÍAS 52:11, *énfasis del autor*

Olfato

Mas a Dios gracias, el cual nos lleva siempre en triunfo en Cristo Jesús, y por medio de nosotros manifiesta en todo lugar el *olor* de su conocimiento.

Porque para Dios somos grato *olor* de Cristo en los que se salvan, y en los que se pierden; a éstos ciertamente *olor* de muerte para muerte, y a aquéllos *olor* de vida para vida.

2 CORINTIOS 2:14-16, *énfasis del autor*

Y andad en amor, como también Cristo nos amó, y se entregó a sí mismo por nosotros, ofrenda y sacrificio a Dios en *olor* fragante.

EFESIOS 5:2. *énfasis del autor*

Pero todo lo he recibido, y tengo abundancia; estoy lleno, habiendo recibido de Epafrodito lo que enviasteis; *olor* fragante, sacrificio acepto, agradable a Dios.

FILIPENSES 4:18, *énfasis del autor*

Vista

Porque contigo está el manantial de la vida; en tu luz *veremos* la luz.

SALMOS 36:9, *énfasis del autor*

Alumbrando los *ojos* de vuestro entendimiento, para que sepáis cuál es la esperanza a que él os ha llamado, y cuáles las riquezas de la gloria de su herencia en los santos.

EFESIOS 1:18, *énfasis del autor*

La lámpara del cuerpo es el *ojo*; así que, si tu ojo es bueno, todo tu cuerpo estará lleno de luz; pero si tu ojo es maligno, todo tu cuerpo estará en tinieblas. Así que, si la luz que en ti hay es tinieblas, ¿cuántas no serán las mismas tinieblas?

MATEO 6:22-23, *énfasis del autor*

Oído

Entonces Elías dijo a Acab: Sube, come y bebe; porque una lluvia grande se *oye*.

1 REYES 18:41, *énfasis del autor*

El que tiene oídos para *oír, oiga*.

LUCAS 14:35, *énfasis del autor*

El que tiene *oído, oiga* lo que el Espíritu dice a las iglesias.

APOCALIPSIS 2:7, *énfasis del autor*

Con respecto a que nuestro hombre interior se vuelva insensible al Espíritu de Dios, Jesús lo aclara cuando dice:

> Por eso les hablo por parábolas: porque viendo *[hombre exterior]* no ven *[hombre interior]*, y oyendo [hombre exterior] no oyen *[hombre interior]*, ni entienden. De manera que se cumple en ellos la profecía de Isaías, que dijo: De oído oiréis *[hombre exterior]*, y no entenderéis *[hombre interior]*; y viendo veréis *[hombre exterior]*, y no percibiréis *[hombre interior]*. Porque el corazón de este pueblo se ha engrosado, y con los oídos oyen pesadamente *[hombre interior]*, y han cerrado sus ojos *[hombre interior]*; para que no vean con los ojos *[hombre interior]*, y oigan con los oídos *[hombre interior]*, y con el corazón entiendan *[hombre interior]*, y se conviertan, y yo los sane.
>
> MATEO 13:13-15, *énfasis del autor*

El maduro espiritualmente desarrolla sus sentidos internos para discernir lo espiritual; lo que es de Dios y lo que no. Este desarrollo se determina por el uso o el entrenamiento de los sentidos del creyente. Todos tenemos sentidos naturales, y ciertos individuos tienen sus sentidos naturales más desarrollados que otros simplemente a través del entrenamiento. Por ejemplo, hay personas que han desarrollado su sentido del gusto para discernir la calidad de los vinos. Por medio de la práctica pueden saborear y decir la cosecha del vino, si fue una cosecha temprana o tardía, la abundancia o falta de lluvia en ese año, y demás.

Otros han entrenado sus ojos para determinar el valor de piedras preciosas. Para el ojo sin entrenamiento la piedra puede parecer sin defecto, pero el ojo entrenado puede decir la calidad del corte y el color, el número de defectos pequeños o importantes y su clasificación de transparencia.

Hay técnicos de sonido, músicos, directores de orquesta y demás, que han entrenado su oído para escuchar sonidos y melodías. Pueden decir si un instrumento o una orquesta completa está fuera de sincronía. A lo largo de los años han entrenado su sentido del oído para reconocer la armonía.

Están los que han entrenado su sentido del olfato. Pueden distinguir las notas dominantes y las notas subdominantes de una fragancia y nombrar los componentes del aroma ya sean especias, flores o cítricos en cualquier perfume.

Estos individuos escogieron agudizar sus sentidos naturales. No era que fueran más talentosos; sino que estaban más determinados a desarrollar lo que tenían; no sucedió solo, enfocaron su atención con este fin. En este momento probablemente ya estás pensando en muchos otros ejemplos que ilustran como podemos entrenar nuestros sentidos externos. El mismo principio se aplica al espíritu. Puedes ser creyente durante años y no desarrollar tu espíritu. La Escritura nos dice que Juan el Bautista "crecía, y se fortalecía en espíritu" (Lucas 1:80). Pablo le dijo a Timoteo que se entregara enteramente al desarrollo espiritual para que "tu aprovechamiento sea manifiesto a todos" (1 Timoteo 4:15). ¿Cómo edificamos nuestro hombre interior? La Escritura es clara; por medio de la Palabra escrita de Dios (1 Pedro 2:2; Hechos 20:32), obediencia a su Palabra (Hebreos 5:9), y orando en lenguas (1 Corintios 14:4; Judas 20).

La importancia de desarrollar nuestro espíritu

¿Por qué es tan importante desarrollar nuestros sentidos internos? Tenemos mayor libertad para tener comunión con el Espíritu Santo si nuestros sentidos espirituales están desarrollados. Él puede hablar con mayor intimidad a nosotros en muchos niveles. Para explicar, volvamos de nuevo a lo natural. Si tus cinco sentidos no funcionaran sería imposible que yo me comunicara contigo. Si te grito, no me escucharías; si te doy una palmada en el hombro no lo echarías de ver; si te lo escribo, no podrías verlo, y así.

Recientemente mi papá, que ya está en los ochenta y tantos, necesitaba un aparato auditivo, pero no se lo quería comprar. Si estábamos todos juntos en la cena hablando el parecía estar en otro planeta. Así que yo levantaba la voz y le decía: "¿Escuchaste eso papá?". Y me miraba confundido, como si dijera: "¿Qué dijiste?". Me di cuenta de que no disfrutaba de nuestras conversaciones porque su sentido del oído se había atrofiado. (¡Me complace informar que ya tiene su aparato auditivo!) Lo mismo sucede en el espíritu. Si tus sentidos están atrofiados solo escuchas parte de la conversación, ¡si te fue bien! A menudo escucho que la gente dice: "Parece que Dios ya no habla íntimamente". Bueno, nuevamente, lo más probable es que tus sentidos internos estén subdesarrollados. Tenemos que aceptar el hecho de que Dios quiere hablar con nosotros más que lo que nosotros queremos oírlo, pero muy a menudo, como los hebreos, nos volvemos "tardos para oír" (Hebreos 5:11).

Uno fortalece lo que utiliza, y debilita lo que no usa. Al orar en el Espíritu nuestro hombre interior ora, y el entendimiento natural o la carne es hecha a un lado. Es una manera en que podemos hacer ayunar a nuestro entendimiento natural con el fin de entrar en una comunión sin obstáculos con Dios. Te animo no solo a orar en el Espíritu, sino que confíes en que Dios te dará la interpretación, y entrénate a escuchar mientras estas orando.

Muchas mañanas paso más de una hora solo hablando en lenguas. Una vez que voy más allá de soñar despierto, (lo controlo mejor si canto canciones de adoración), o derramo mi corazón delante de Él primero, encuentro que es fácil enfocarme en lo espiritual. Usualmente el sentir de la cercanía del Señor opaca cualquier preocupación o deber natural. Luego, descubro en estos momentos que comienzan a surgir ideas, revelaciones y sabiduría a mi entendimiento. He aprendido que lo más sabio es anotar estas cosas mientras oro y una vez registrados el Espíritu Santo cambia de tema.

En mis primeros años al orar en el Espíritu me frustraba mucho porque pensaba en cosas naturales al estar orando en lenguas. Por ejemplo, al orar, me venían ideas para nuevos libros, un deseo de ponerme en contacto con personas con las que no había hablado en mucho tiempo, un regalo para alguien, cómo invertir las finanzas del ministerio, y demás. Con el tiempo aprendí que muchas veces esto era la dirección y la inspiración del Espíritu Santo. Pronto comencé a anotar estas ideas y descubrí que tan pronto esa idea se iba otra salía a la superficie. Luego ponía estas cosas en práctica y veía la bendición de Dios en ellas. Me di cuenta de que orar en el Espíritu no solo traía personas o naciones a mi mente, sino que me daba dirección para lo que Él quería que hiciera. Nuevamente, es una manera de comunicarnos con Dios en un nivel mucho más profundo.

Viviendo en el plano espiritual

Personalmente, creo que así es como Pablo escribió una buena porción de sus epístolas. Hacía comentarios como: "Porque aunque estoy ausente en cuerpo, no obstante en espíritu estoy con vosotros, gozándome y *mirando* vuestro buen orden y la firmeza de vuestra fe en Cristo" (Colosenses 2:5, *énfasis del autor*) Él no los estaba viendo con sus ojos naturales, porque había dicho claramente que no estaba allí físicamente. Nuevamente a los Corintios les declaró: "Ciertamente yo, como ausente en cuerpo, pero presente en espíritu, ya como presente he juzgado al que tal cosa ha hecho" (1 Corintios 5:3). ¿Cómo es que Pablo podía estar presente, y ver lo que los creyentes corintios y colosenses estaban haciendo y diciendo, sin estar allí físicamente? Debemos recordar que somos seres espirituales, y que no hay distancias en el Reino del Espíritu de Dios. Aquellos cuyos espíritus están edificados en el Señor se vuelven más conscientes de lo que está sucediendo, para poder orar con mayor eficacia por las personas en necesidad. ¿Recuerdas en el capítulo pasado como el líder de la escuela bíblica de la gerente de nuestra oficina en Australia pudo identificar al pastor chino entre tantas personas en la fotografía sin haberlo visto antes?

Pablo simplemente veía en su espíritu que estaba sucediendo en las diferentes iglesias mientras oraba en lenguas; luego abordaba esos asuntos en sus cartas y las enviaba. Durante mis viajes, al estar orando en lenguas he visto lo que están pasando los miembros de mi familia o el personal del ministerio. Luego tomo el teléfono y muchas veces ya sé las noticias antes de que me las digan. Sin embargo, como estaba orando en el Espíritu estoy preparado sobre qué decir o cómo manejar la situación.

Mientras estaba en África. Conocí a un hombre que era un guerrero tribal en Kenya. Él conoció a Jesús años antes, y sigue entre su gente ministrándolos. Su nombre cristiano es John y periódicamente viaja a otros continentes para ministrar. En su viaje más reciente a Estado Unidos se hospedó con una pareja a la que también conozco. Durante su estancia de tres días daba informes periódicos de su familia en África. Un poco confundidos, sus anfitriones le preguntaron como era que sabía lo que estaba sucediendo con su familia en casa porque sabían que su familia no contaba con teléfono; de hecho, no había un solo teléfono en toda la aldea en África. Entonces les dijo: "Esto es lo que Pablo hacia con las iglesias de Asia, Eran su familia en el Señor porque los había dado a luz espiritualmente, y cuando se iba, al orar por ellos, estaba con ellos en espíritu observando su orden; de forma que incluso les podía escribir acerca de estos asuntos. Yo solo estoy haciendo lo que Dios le ha dado a cada creyente la habilidad de hacer por medio del poder del Espíritu Santo. Así es como me mantengo al tanto de las actividades de mi familia, y hago esto siempre que estoy lejos de ellos".

La razón por la que doy el testimonio de Dios es porque se alinea perfectamente con la Palabra de Dios. ¿Por qué alguien debería de sorprenderse de esto? Pablo no lo mencionó solo una vez sino algunas veces en el Nuevo Testamento. A este hombre africano nadie le ha dicho que la Escritura no es verdad o que ha cesado, como muchos en Estados Unidos lo han hecho. ¿Por qué dejamos de lado lo que a Jesús le costó un precio tan alto dárnoslo? ¿Por qué no estamos edificando nuestro hombre interior para que podamos ser siervos más eficaces e hijos de nuestro querido Señor y Salvador Jesús?

¡No es demasiado tarde! No importa si tienes diez u ochenta y cinco años; ni que hayas nacido de nuevo recientemente o hace décadas; puedes edificar tu hombre interior por medio de orar en lenguas, y pedir la interpretación al orar para que tu entendimiento pueda recibir el beneficio de la maravillosa comunión del Espíritu Santo. Hay tanto que desea revelarte; solo tienes que tranquilizar a tu hombre exterior y acercarte al corazón del que lo sabe todo. ¡Qué invitación; no la desaproveches!

PREGUNTAS DE ESTUDIO

1. ¿Has experimentado situaciones en las que el don de lenguas te ha ayudado a entender mejor la manera en que Dios estaba trabajando en tu vida? ¿Qué iluminación, paz o frescura recibiste?

_____

_____

_____

_____

2. El autor escribe acerca de la necesidad de administrar apropiadamente los misterios que Dios revela, haciendo alusión al ejemplo de Ezequías (Isaías 39:2) y su propia situación con un pastor reconocido. ¿Qué tan importante es para ti esperar el tiempo apropiado de Dios para revelarle a otros lo que te ha revelado a ti? ¿Tienes un deseo real de impresionar a otros que necesita ser controlado?

_____

_____

_____

_____

CAPÍTULO TRECE

PLENA CERTIDUMBRE DE FE

Dios no responde a nuestra necesidad.
¡Él responde a nuestra fe!

A lo largo de los años, he conocido varios creyentes sinceros que están llenos del Espíritu Santo, aman y temen a Dios, se abstienen de pecar, y aun así me preguntan: "¿Por qué no puedo escuchar a Dios o experimentar su presencia?". Puedo sentir la frustración de estos santos, ya que están haciendo todo lo que saben que deben hacer, pero no se están conectando en la oración. Al hablar durante unos momentos con ellos solemos descubrir la razón de su lucha. Sumamente a menudo hay una respuesta, y se encuentra en el siguiente versículo:

> Así que, hermanos, teniendo *libertad* para entrar en el Lugar Santísimo por la sangre de Jesucristo, por el camino nuevo y vivo [...] *acerquémonos* con corazón sincero, en *plena certidumbre de fe,* purificados los corazones de mala conciencia, y lavados los cuerpos con agua pura. Mantengamos firme, sin fluctuar, la profesión de nuestra esperanza, porque fiel es el que prometió.
>
> HEBREOS 10:19-23, *énfasis del autor*

Primero, el escritor nos dice que podemos venir al Lugar Santísimo, donde mora el Señor. Recuerda que en el momento en que Jesús entregó el Espíritu en la cruz, el velo del templo se rasgó de arriba abajo. Dios salió y estaba preparándose para mudarse a su nuevo templo: el humano nacido de nuevo. Así que ahora nos acercamos a buscarlo dentro de nosotros, más que tratar de imaginarnos que entramos a un salón del trono a millones de kilómetros de distancia; ya que al conectarnos con el Espíritu de Dios dentro de nosotros es estar en el salón del trono con Jesús y el Padre. Observa que el escritor nos dice que necesitamos entrar con *libertad.*

¿Cómo es que podemos acercarnos con tanta confianza? Simplemente porque Él ya pavimentó el camino para que entremos a su presencia por medio de la sangre real que derramó en el Calvario. Nuestra conciencia fue lavada de la tiranía de la condenación que trae como resultado el pecado, y ahora podemos venir con plena certidumbre a su presencia.

No es una situación al tanteo. Es un hecho; Dios dice que si nos acercamos, ¡Él se acercará a nosotros! Sin embargo, la razón clave para la lucha de la mayoría se encuentra en la declaración: "plena certidumbre de fe".

¡Necesitamos entrar con fe! Porque la Escritura nos dice claramente:

> Pero sin fe es imposible agradar a Dios; porque es necesario que el que *se acerca* a Dios crea que le hay, y que es galardonador de los que le buscan.
>
> Hebreos 11:6, *énfasis del autor*

Escucha estas palabras: "sin fe es imposible agradar a Dios". Toma unos momentos y deja que esas palabras penetren a tu corazón.

"¡Solo estoy buscando a alguien que crea!"

Nunca voy a olvidar cuando apenas tenía unos años en el Señor, era soltero y vivía en un apartamento en Carolina del Norte. Una mañana mientras estaba profundamente dormido de un salto me senté en la cama y de mi boca salió un grito: "¡Solo estoy buscando a alguien que crea!".

Voltee a ver mi reloj despertador y descubrí que eran las 4:00 a.m., había estado tan profundamente dormido que tuve que revisar donde estaba y ver lo que había sucedido. Encendí la luz de la mesita de noche y noté que mis sábanas estaban empapadas donde había estado mi cuerpo, no obstante yo no tenía fiebre ni ningún tipo de enfermedad. Quedé atónito, así como asombrado, porque me di cuenta de que Dios acababa de hablar por mi boca, pero entonces pensé: *¿Por qué no fue más profundo? Yo ya sabía que Él está buscando personas que crean.* Estaba cansado, así que de inmediato me quedé dormido.

La mañana siguiente al despertar seguí escuchando durante toda la mañana: *Solo estoy buscando a alguien que crea... Solo estoy buscando a alguien que crea... Solo estoy buscando a alguien que crea...*

Como a media mañana, de pronto lo entendí. Me dije en voz alta: "¡Es profundo!".

A partir de ese momento comencé a meditar en las siguientes dos preguntas: *¿qué fue lo que contristó más a Jesús?* (no lo que lo hizo enojar más que cualquier otra cosa, ya que por supuesto fueron los fariseos hipócritas) y *¿qué fue lo que más le agradó?* Primero, lo que más le contristó fue ¡que la gente no creyera en que podría hacer lo que dijo! Para ponerlo en pocas palabras; su falta de fe. Esto, en realidad, es lo que la fe es: creer que Dios dice lo que está en su corazón y que lo que está en su corazón es lo que dice. Dios no es hombre para mentir, sino que respalda su Palabra con el honor de su nombre. Jura por sí mismo, ya que no hay otro mayor. Así que cuando dudamos de Él, insultamos su integridad.

Vamos a echarle una mirada a esto. Escucha la decepción de Jesús en las siguientes escrituras; estas solo son algunas tomadas del libro de Mateo:

¿No hará mucho más a vosotros, hombres de poca fe?

Mateo 6:30-31

¿Por qué teméis, hombres de poca fe?

Mateo 8:25-26

¡Hombre de poca fe! ¿Por qué dudaste?

Mateo 14:31

¿Por qué pensáis dentro de vosotros, hombres de poca fe, que no tenéis pan?

Mateo 16:8

¿Escuchas la decepción y la tristeza en su tono en cada una de estas? No obstante, el incidente que más me sorprende es cuando los discípulos no podían echar fuera un demonio de un niño epiléptico. Escucha lo que Jesús le dijo a su propio equipo:

¡Oh generación incrédula y perversa! ¿Hasta cuándo he de estar con vosotros? ¿Hasta cuándo os he de soportar? Traédmelo acá. Y reprendió Jesús al demonio, el cual salió del muchacho, y éste quedó sano desde aquella hora.

Mateo 17:17-18

Ciertamente no contuvo sus sentimientos. ¡Su tono va más allá de la decepción al disgusto y la tristeza, y raya en la ira santa! Más tarde los discípulos le preguntaron por qué no pudieron echar fuera el demonio. Jesús simplemente dijo:

Por vuestra poca fe.

MATEO 17:20

Dios responde a nuestra fe

Todo lo que recibimos del Señor es por medio de la fe. Hay una verdad que he descubierto que muchos en el Cuerpo de Cristo ignoran, y es que: Dios no responde a nuestra necesidad, ¡Él responde a nuestra fe! Detente y medita en esta declaración por un momento. Puedo darte incontables ejemplos que ilustran este punto en la Escritura, pero permíteme darte solo dos. Primero, en cierto día, Jesús le estaba enseñando a muchos líderes en una casa y leemos que:

El poder del Señor estaba con él para sanar.

LUCAS 5:17

Me encanta que la Escritura nos diga de manera específica que el poder de Dios estaba presente para sanarlos. Dice que por lo menos uno de esos líderes necesitaba ser sano, aunque lo más probable es que muchos de ellos lo necesitaran; sin embargo, ninguno de ellos recibió. ¿Por qué? Porque ninguno de ellos tenía fe para recibirlo.

No obstante, hubo un grupo de hombres que trajeron a un hombre paralítico en una camilla pero no podían entrar por la multitud, así que lo subieron al techo removieron las tejas y bajaron al hombre con cuerdas delante de Jesús. Entonces leemos:

Al *ver él la fe de ellos*, le dijo: [...] Levántate, toma tu lecho, y vete a tu casa. Al instante, levantándose en presencia de ellos, y tomando el lecho en que estaba acostado, se fue a su casa, glorificando a Dios. Y todos, sobrecogidos de asombro, glorificaban a Dios; y llenos de temor, decían: Hoy hemos visto maravillas.

LUCAS 5:20-26, *énfasis del autor*

Jesús vio su fe. El paralítico, junto con los que lo cargaban, sabían que el Señor cumplía su Palabra. Lo más probable es que ya sabían lo que Dios le había dicho a su pueblo, y que era: "Bendice, alma mía, a Jehová, y no olvides ninguno de sus beneficios. El es quien perdona todas tus iniquidades, el que sana todas tus dolencias" (Salmos 103:2-3), por otro lado los líderes, se sorprendieron cuando vieron al paralítico sanado y glorificaron a Dios; sin embargo, ninguno de ellos fue sanado. ¿por qué? Porque no podemos recibir, incluso lo que Dios desea que tengamos, ¡a menos que lo recibamos por fe! La voluntad del Padre era que los líderes que estuvieran enfermos recibieran, ¡pero no lo hicieron! Dios responde cuando creemos, lo cual se refleja en que nos movamos en lo que Él dice.

En otro incidente una mujer griega vino a Jesús. Le rogaba que sanara a su hija de opresión demoníaca. Jesús le dijo:

Deja primero que se sacien los hijos, porque no está bien tomar el pan de los hijos y echarlo a los perrillos.

MARCOS 7:27

La llamó perra. Ella se podría haber ofendido e irse furiosa. No obstante, de alguna manera, ella conocía su carácter. Así que de inmediato responde con:

Sí, Señor; pero aun los perrillos, debajo de la mesa, comen de las migajas de los hijos.

MARCOS 7:28

Ella sabía que estaba en la presencia del Hijo de Dios, y creía que era un Dios bueno sin escasez de poder. Ella estaba decidida, porque sabía que todo lo que tenía que hacer era insistir en su petición y que no se la negaría. Permaneció en fe y por eso Jesús dijo:

Por esta palabra, ve; el demonio ha salido de tu hija.

MARCOS 7:29

Cuando llegó a su casa encontró a su hija completamente sana. Nuevamente, Jesús respondió a su fe no a su necesidad, porque su primera petición fue dicha por necesidad, pero su respuesta a las palabras de Jesús fue impulsada por su fe.

La fe es la clave para recibirlo todo

Este principio se aplica a todo en el Reino. De hecho Santiago es lo suficiente valiente para decir que cuando venimos a Dios en oración debemos hacerlo:

> Con fe, no dudando nada; porque el que duda es semejante a la onda del mar, que es arrastrada por el viento y echada de una parte a otra. No piense, pues, quien tal haga, que recibirá cosa alguna del Señor.
>
> SANTIAGO 1:6-7

¡Qué maravilloso! Escucha esas palabras una vez más: "No piense, pues, quien tal haga, que recibirá *cosa alguna* del Señor". Medita en esto por solo un momento. Piensa en las palabras *cosa alguna*. ¡Esa es una declaración determinante sin áreas grises y sin excepciones! ¡Dios se está asegurando de que entendamos claramente este punto! ¡Él responde a la fe y a nada más!

Por eso es que muchos no han recibido el Espíritu Santo. No piden con fe. La Escritura nos pregunta:

> Esto solo quiero saber de vosotros: ¿Recibisteis el Espíritu por las obras de la ley, o por el *oír con fe*?
>
> GÁLATAS 3:2; *énfasis del autor*

Esto se une a lo que dice Santiago, No puedes recibir *cosa alguna* del Señor si no te acercas a Él con fe, y "cosa alguna" incluye su Espíritu. Demasiadas veces me he encontrado con creyentes hambrientos que no hablan en lenguas. Saben que hay más y lo están buscando, pero después de escuchar la Palabra de Dios sobre la llenura del Espíritu Santo, me dicen: "Oré una vez para recibirlo y no sucedió nada". O cuando piden recibir lo hacen con una actitud de "a lo mejor". No tienen la determinación de la mujer griega que mencionamos. ¡No vienen con plena certidumbre de fe! ¡No vienen con libertad! Dios espera que sepamos su voluntad porque se nos dice: "Por tanto, no seáis insensatos, sino entendidos de cuál sea la voluntad del Señor" (Efesios 5:17); entonces una vez que lo sabemos, pedimos con fe y confianza.

Con respecto a acercarnos más a Dios para tener intimidad se aplica el mismo principio. Demasiadas veces cuando los creyentes se acercan al Señor lo hacen esperando poder conectarse con Él (no estoy hablando de la palabra bíblica *esperanza*, que es una "expectativa confiada", sino la esperanza "quizá esta vez sí" que es tan común en nuestro idioma actual). Los creyentes muchas veces dicen palabras al aire esperando ser escuchados. Su actitud no es de fe y no van a tener acceso a la presencia de Dios. Nuevamente, se nos dice: "Pero sin fe es imposible agradar a Dios; porque es necesario que el que se acerca a Dios crea que *le hay*" (Hebreos 6:11, *énfasis del autor*). El escritor les está diciendo a los creyentes hebreos que cuando se acerca uno a Dios debe creer *que le hay*. ¡En otras palabras, que Él va a estar allí; que Él va a escuchar y que va a responder!

Santiago dice: "No piense, pues, quien tal haga, que recibirá cosa alguna del Señor. El hombre de doble ánimo es inconstante en todos sus caminos" (Santiago 1:7-8). Un hombre de doble ánimo es el que se acerca a Dios, pero se cuestiona si está en su presencia o no. Incluso puede preguntarse si Dios sabe que vino a buscarlo.

Un síntoma de tener doble ánimo son los pensamientos de distracción o soñar despierto. En las reuniones muchas veces cuando la gente viene a pedir oración después de un mensaje les pido a los músicos que dejen de tocar. La razón es que aunque están tocando música instrumental, muchos en su interior van a empezar a cantar las canciones conocidas, y no se van a enfocar en el Señor. Santiago dice: "Acercaos a Dios, y él se acercará a vosotros [...] y vosotros los de doble ánimo, purificad vuestros corazones" (Santiago 4:8). ¿Cómo podemos estar buscando a Dios cuando ni siquiera nuestra mente está enfocada en Él? ¿Te puedes imaginar acercarte a un amigo de la misma manera?

La gente se distrae fácilmente porque esperan conectarse con Dios al acercarse. No, así no. Debes creer que *le hay*. Debes creer que *Él está allí*. Debes creer que *Él está* escuchando y que va a responder; y que se merece tu atención total. La fe te da la certidumbre de que *Él te está* dando toda su atención, porque tú sabes que Él lo ha prometido y que no puede mentir; si te acercas a Él, Él, entonces, se va a acercar a ti. Ay, la emoción en mi corazón en este momento es casi incontenible. Qué Dios tan maravilloso es el que servimos. ¡Él nos va a responder si nos acercamos a Él con fe!

¿Cómo obtenemos fe?

Ahora debemos abordar la pregunta que se hace con tanta frecuencia. ¿Cómo incremento mi fe? Esto se ha preguntado durante años, de hecho desde los apóstoles:

Dijeron los apóstoles al Señor: Auméntanos la fe. Entonces el Señor dijo: Si tuvierais fe como un grano de mostaza,
podríais decir a este sicómoro: Desarráigate, y plántate en el
mar; y os obedecería.

LUCAS 17:5-6

Observa que al principio les dice: "Si tuvierais fe como un grano
de mostaza". La semilla es algo bastante pequeña, pero contiene dentro de sí el potencial de crecer en un árbol inmenso. Así que antes de
hablar acerca de desarrollar nuestra fe en un árbol inmenso que lleve
fruto, primero debemos preguntarnos, ¿y cómo obtenemos la semilla?
La pregunta se responde claramente en este versículo:

Así que la fe es por *el oír, y el oír*, por la palabra de Dios.

ROMANOS 10:17, énfasis del autor

Es tan simple. La semilla de fe viene por escuchar la Palabra de
Dios. Observa que también dice: "Por el oír, y el oír". Algunas veces
puede suceder por medio de escuchar una sola vez, pero a menudo
la semilla es depositada en nuestro corazón al escucharla una y otra
vez. Por eso es que muchos creyentes hambrientos escuchan o leen un
mensaje que contiene la Palabra de Dios en repetidas ocasiones. Gran
cantidad de personas han venido a mí a decirme, leí uno de tus libros
varias veces, o vi el video del mensaje varias veces y en la quinta vez
explotó en mí. ¡En ese momento fue cuando la semilla fue depositada
y echó raíz!

Es tan sencillo que casi podemos perderlo si lo complicamos.
La semilla de fe viene por simplemente escuchar la Palabra de Dios
hablada o escrita por la inspiración del Espíritu Santo. Qué triste es
que se prediquen tantos sermones, que se escriban tantos libros y que
se hablé tan poco la Palabra de Dios. El primer libro que escribí fue
rechazado por una editorial importante porque en sus propias palabras: "Predicaba demasiado". Demasiada Escritura, demasiado de lo
que Dios dice. Creo que querían algo que apelara a las emociones
humanas o incluso la carne.

Qué triste, pero esa es la presión a la que muchos ministros se
están rindiendo en la actualidad. Ahora tenemos iglesias "abiertas al
buscador espiritual", donde la gente que asiste no lleva su Biblia porque no la necesita. Escuchan un "discurso" gracioso o lindo que los
ayuda en sus vidas ocupadas en busca de placer. Cuando medito en

el estado de la iglesia occidental, es bastante irónico para mí, porque en los últimos dos años nuestro ministerio ha enviado cincuenta mil Biblias a la iglesia clandestina de China porque están desesperados por la Palabra de Dios. Las Biblias son tan escasas en China que los líderes les entregan páginas del Nuevo Testamento a los ancianos y les piden que memoricen esas porciones para que siempre puedan hablar la Palabra de Dios si las autoridades les confiscan sus Biblias. Estos hombres y mujeres conocen el valor de la Palabra escrita de Dios. Sin embargo en nuestras iglesias occidentales, estamos tratando de salir con un mensaje que entretenga el alma y sea un consuelo para la carne, en lugar de mensajes de la Palabra de Dios para traer transformación al alma y muerte a la carne. Al escuchar estos mensajes podemos reír e incluso derramar alguna lágrima por una historia conmovedora, ¿pero qué sucede cuando el pecado toca a la puerta del "buscador espiritual"?

¿Tendrá la fuerza para resistirlo? ¿Qué sucede cuando necesitan conocer la voluntad de Dios para una situación crucial... sabrán cómo orar o qué pedir? ¿Tendrán la fe de los que recibieron en los Evangelios? ¡Los escenarios son infinitos!

Estoy contento de que el editor haya rechazado mi primer libro, porque de haberlo aceptado le hubiera pedido a sus editores que aligeraran el mensaje, y las multitudes que han sido fortalecidas por él habrían sido desatendidas. (El libro finalmente se publicó.) Lo irónico es que el dueño de la editorial finalmente dejó ir a la cabeza de la empresa y contrató a un hombre con un corazón por Dios. El nuevo editor contrató a un equipo de personas que tenían una pasión similar de ver que los mensajes de Dios le fueran proclamados a su pueblo. Este nuevo editor se me acercó y me preguntó si podría publicar mi siguiente libro. Terminé escribiendo cinco libros para esa misma editorial, cuatro de los cuales se convirtieron en éxitos de venta; pero más que eso, seguimos recibiendo innumerables testimonios de vidas, familias e iglesias que han sido cambiadas. ¡A Dios sea toda la gloria!

Te comparto esto porque hay una gran hambre en la tierra, no de pan o de agua, sino de la Palabra de Dios (lee Amós 8:11). En la iglesia estadounidense en su mayoría se está predicando demasiado poco la Palabra de Dios. No digo que no tengamos mensajes, porque tenemos una enorme cantidad de libros, videos, cintas de audio, pero lo que nos ha faltado es la Palabra de Dios. ¿Por qué es que voy a naciones en África y Asia y veo personas que tienen mucho menos recursos que los estadounidenses, y sin embargo reciben con tanta facilidad de

Dios y tienen mucha más fe y fruto en su vida? Es simple, ¡están escuchando la Palabra del Señor, y no mensajes legalistas o que apelen al buscador espiritual!

Le prometí a Dios que nunca me rendiría a la presión de traer mensajes para agradar a la gente, en lugar de los mensajes que Él estuviera hablando. Pablo dice: "Pues, ¿busco ahora el favor de los hombres, o el de Dios? ¿O trato de agradar a los hombres? Pues si todavía agradara a los hombres, no sería siervo de Cristo" (Gálatas 1:10). ¿Cuántos comenzaron como siervos de Cristo, pero que ahora son esclavos de su congregación o su público? Ahora están atados a la presión de darle a los que supuestamente dirigen lo que ellos quieren.

La fe proviene de oír y el oír por la Palabra de Dios. Es la Palabra de Dios la que deposita las semillas de fe en nuestro corazón. Como líderes debemos de darle al pueblo de Dios lo que necesita, no lo que creen que necesitan. Necesitamos alimentarlos con la palabra de Dios eterna que es capaz de edificarlos y darles una herencia (lee Hechos 20:32).

Muchos líderes están viniendo al frente de la batalla para proclamar nuevamente la Palabra de Dios pura y sin adulterar. Algunos cayeron en la trampa de agradar a los hombres y ahora están siendo liberados, mientras que hay otros nuevos que se están levantando. ¡Están llamando al pueblo de Dios de vuelta a Él! ¿Por qué Dios está enfatizando en este tiempo la intimidad con Él? La respuesta es simple. Él quiere que tengas la fe de vivir en dulce comunión con Él ¡porque no puedes tener intimidad sin fe! Él está sembrando su palabra en la gente para que se acerque a Él. ¡Qué emocionante!

¿Cómo incrementamos nuestra fe?

Ahora llegamos a la pregunta de cómo incrementamos nuestra fe. Jesús les dijo a sus discípulos:

> Entonces el Señor dijo: Si tuvierais fe como un grano de mostaza, podríais decir a este sicómoro: Desarráigate, y plántate en el mar; y os obedecería. ¿Quién de vosotros, teniendo un siervo que ara o apacienta ganado, al volver él del campo, luego le dice: Pasa, siéntate a la mesa? ¿No le dice más bien: Prepárame la cena, cíñete, y sírveme hasta que haya comido y bebido; y después de esto, come y bebe tú? ¿Acaso da gracias al siervo porque hizo lo que se le había mandado? Pienso que

no. Así también vosotros, cuando hayáis hecho todo lo que os ha sido ordenado, decid: Siervos inútiles somos, pues lo que debíamos hacer, hicimos.

LUCAS 17:6-10

Solía dejarme boquiabierto que Jesús pasara de hablar de la fe como una semilla, al papel de un siervo con su señor. Me parecía que Jesús no estaba siendo congruente, pero sabía que no podía ser. Entonces cierto día el Espíritu Santo me abrió los ojos.

Primero, nos dice que la fe viene en la forma de una semilla. Las semillas son sumamente pequeñas, pero contienen dentro de ellas el potencial de convertirse en árboles inmensos. Así que no es suficiente plantar una semilla, sino que las semillas deben ser cultivadas para que alcancen su

destino. La segunda parte de su respuesta contiene la clave para hacer que la semilla de fe crezca en inmensos árboles fructíferos. ¡En otras palabras, la fe que puede desarraigar sicómoros, mover montañas o llevarnos a la misma presencia de Dios!

¿Por qué es que un siervo atiende los campos o los rebaños para su señor? La meta final es para poner comida en su mesa. Lo que Jesús está preguntando es: ¿Por qué un siervo atendería los campos o las ovejas, y luego no terminar el trabajo de poner la comida en la mesa de su señor? Para tener éxito necesita completar *todo* lo que se le ha pedido que haga. No terminar podría ser comparado con tener la semilla, agua y fertilizante; pero justo antes de que venga el tiempo de la cosecha, destruirla o por descuido permitir que el fruto se pudra.

Jesús está hablando de la obediencia a Él. Él es el Señor, y nosotros somos sus siervos en sus campos, Si queremos ver que nuestras semillas de fe crezcan hasta fructificar y producir, entonces necesitamos ser siervos obedientes en todo lo que se nos pida que hagamos. Observa sus palabras: "Así también vosotros, cuando hayáis hecho todo lo que os ha sido ordenado". Estas palabras confirman que está hablando de nuestra obediencia, y esa es la clave para ver crecer nuestra fe.

La obediencia parcial es desobediencia

No es suficiente obedecer parcialmente, o comenzar siendo obediente para retroceder al final. Este es el error en el que muchos en la Biblia cayeron. Un ejemplo específico podría ser el rey Saúl. Se le dijo expresamente por Palabra de Dios que fuera y destruyera por completo a

Amalec: matar todo: hombres, mujeres y niños, así como a todos los animales. Nada de lo que tuviera aliento debía ser dejado con vida.

Saúl no responde: "No lo voy a hacer". Demasiado a menudo limitamos la desobediencia a lo meramente obvio: la rebelión descarada. Sin embargo, esto dista de ser correcto. Otra cosa que Saúl no hace es estar de acuerdo, por lo que más tarde cambia de opinión. La mayoría de nosotros entiende también esta forma de desobediencia. Saúl tampoco descuida sus prioridades de tal forma que termina desobedeciendo por descuido u olvido. Muchos admitirían que su conducta no fue obediente, pero lo excusan diciendo que tuvo buenas intenciones. Lo más probable es que todos estarían de acuerdo en que los escenarios representan patrones de conducta desobediente, pero centremos nuestra atención en las acciones del rey Saúl.

De inmediato reúne a su ejército y ataca; matando a todo hombre, mujer, niño y bebé. Decenas de miles son masacrados por la espada de Saúl y su gran ejército. Sin embargo, Saúl le perdona la vida al rey de Amalec. ¿Por qué? Creo que se estaba conformando con la cultura de la época. Si se conquistaba una nación, y se tomaba vivo a su rey y se hacía un esclavo de él en su palacio entonces se convertía en un trofeo viviente.

Saúl también mató miles de animales. Sin embargo, perdona lo mejor de las ovejas, los bueyes, los carneros y todo lo bueno y se los da a su gente para que puedan sacrificar a Dios y cumplir con "lo que dice la Escritura". Imagínate cómo lo habrá visto el pueblo. Mientras sacrificaban a Jehová estos animales condenados pensaban *Que rey tan piadoso tenemos, siempre pone al Señor en primer lugar.*

Pero Dios tenía una perspectiva un poco diferente. Se lamenta con Samuel: "Me pesa haber puesto por rey a Saúl, porque se ha vuelto de en pos de mí, y no ha cumplido mis palabras" (1 Samuel 15:11). Saúl mató a decenas de miles y solo dejó vivo a uno. Hizo el 99.99% de lo que se le había mandado. La mayoría de nosotros hubiera considerado obediente su misión, pero Dios la consideró desobediencia. De hecho, unos pocos versículos más tarde lo llama rebeldía por medio del profeta. Esto nos dice que la obediencia parcial no es obediencia a los ojos de Dios. De hecho, la obediencia casi completa, incluso la del 99%, no es considerada obediencia, sino más bien rebelión. ¿Qué tan a menudo escuchamos esto: "Pero, ¿por qué no ves todo lo que hice? ¡Solo te estás enfocando en lo poco que no hice!"? De seguro Saúl podría haber dicho eso. Aunque esto está alineado con el razonamiento humano, ¡no está en línea con el divino!

La intimidad es directamente proporcional a nuestra fe

Si sigue la vida de Saúl vas a observar un deterioro continuo de su fe. También vas a observar que cada vez se vuelve más distante del Señor. Su nivel de intimidad se agota porque nuestra habilidad para tener intimidad con Dios es directamente proporcional a nuestra fe. Con respecto a lo cual el apóstol Juan dice:

> Y en esto conocemos que somos de la verdad, y aseguraremos nuestros corazones delante de él; pues si nuestro corazón nos reprende, mayor que nuestro corazón es Dios, y él sabe todas las cosas. Amados, si nuestro corazón no nos reprende, confianza tenemos en Dios; y cualquiera cosa que pidiéremos la recibiremos de él, porque guardamos sus mandamientos, y hacemos las cosas que son agradables delante de él.
>
> 1 JUAN 3:19-22

Nuestra habilidad para tener intimidad con Dios es directamente proporcional con nuestra fe, y nuestra fe es proporcional a nuestra obediencia a Él. Ahora, déjame aclarar este punto. No estoy hablando de desobediencia que es seguida de inmediato por confesión y arrepentimiento. El pecado de David fue mucho mayor que el de Saúl, pero se arrepintió de inmediato. Su fe no falló ni su capacidad de tener comunión íntima con el Señor. Por el otro lado, Saúl siguió buscando su propio beneficio para proteger y mejorar lo que percibía ser suyo. Su corazón no estaba inclinado a Dios como el de David.

Un buen ejemplo de esto en la vida diaria sería la dinámica entre un esposo y su esposa. Si uno de los dos se vuelve egoísta y no se somete al otro, se pierde la confianza y la intimidad. Un esposo puede decir: "Oye, yo pago las cuentas, pongo comida en la mesa, un techo sobre tu cabeza y te compro ropa. ¿Qué hay de malo con que tenga una novia por allí?". Puede decirle que la ama e incluso cuidar bien de ella. Pero te garantizo que su nivel de intimidad se deterioraría rápidamente a causa de su desobediencia en ese pequeño aspecto.

Podemos preguntar: "Señor, asisto a la iglesia con regularidad, pago mis diezmos, leo la Biblia y oro, ¿por qué mi fe está tan débil?". Bueno, déjame hacerte una pregunta: ¿cómo estás tratando a tu esposa? Dios dice: "Vosotros, maridos, igualmente, vivid con ellas sabiamente, dando honor a la mujer como a vaso más frágil, y como a coherederas de la gracia de la vida, *para que vuestras oraciones no tengan estorbo*" (1 Pedro 3:7, *énfasis del autor*). Nuestra comunión con Dios es estorbada porque no estamos siendo obedientes en todos los aspectos. Recuerda las palabras de Jesús. "Así también vosotros, cuando hayáis hecho todo lo que os ha sido ordenado". ¡La obediencia parcial nunca va a "incrementar nuestra fe"!

Este mismo principio se aplica a la manera en que las esposas tratan a su marido, los hijos tratan a sus padres o incluso la manera en que los padres tratan a sus hijos.

Otra pregunta que se podría hacer es: ¿Eres un hombre o una mujer que cumple su palabra? La Escritura nos dice que la persona que tiene intimidad con Dios es: "El que aun jurando en daño suyo, no por eso cambia" (Salmos 15:4). ¿Das tu palabra y no la cumples? ¿Habitualmente pecas con tu boca y luego te preguntas por qué tu fe es débil? Podría seguir y seguir con las preguntas.

¡El punto es que vivimos nuestra vida buscando ser obedientes por completo a la Palabra de Dios! Porque se nos dice en términos claros:

> Hijitos míos, estas cosas os escribo *para que no pequéis.*
>
> 1 JUAN 2:1, *énfasis del autor*

Muchos han visto el pecado de una manera ligera o legalista. Los que lo ven de manera casual creen que pueden violar la Palabra de Dios porque tenemos la gracia y la misericordia, y que todo ha sido cubierto en la cruz. Es verdad, ha sido resuelto en la cruz, pero debemos recordar lo que Pablo les dice a los creyentes: "¿No sabéis que si os sometéis a alguien como esclavos para obedecerle, sois esclavos de aquel a quien obedecéis, sea del pecado para muerte, o sea de la obediencia para justicia?" (Romanos 6:16). Nuevamente Jesús mismo les dijo a los que los llamaban Señor y que pecaban de manera habitual: "Apartaos de mí, hacedores de maldad" (Mateo 7:23).

Los legalistas ven la violación del pecado como remover a una persona de su "club de santidad". Eso no es lo que nos debería motivar para mantenernos alejados de cualquier forma de desobediencia; de hecho es a motivación no puede evitar que caigamos en pecado. Sin embargo, cuando vemos al pecado como dañino a nuestra fe, que a su vez va a estorbar nuestra intimidad con Dios, ¡vamos a huir de él! ¿Por qué? Porque deseamos, sobre todas las cosas, tener cercanía con Él.

Ahora podemos entender por qué Santiago nos dice antes y después de darnos la invitación de acercarnos a Dios:

> *Someteos, pues, a Dios*; resistid al diablo, y huirá de vosotros. Acercaos a Dios, y él se acercará a vosotros. *Pecadores, limpiad las manos; y vosotros los de doble ánimo, purificad vuestros corazones.*
>
> SANTIAGO 4:7-8, *énfasis del autor*

¡Todo gira alrededor de la obediencia! ¿Por qué? Para que podamos acercarnos en plena certidumbre. Nuevamente, vamos a ver este pasaje desde el principio del capitulo:

> Así que, hermanos, teniendo *libertad* para entrar en el Lugar Santísimo por la sangre de Jesucristo, por el camino nuevo y vivo [...] *acerquémonos* con corazón sincero, en *plena certidumbre de fe*, purificados los corazones de mala conciencia, y lavados los cuerpos con agua pura. *Mantengamos firme, sin fluctuar, la profesión de nuestra esperanza*, porque fiel es el que prometió.
>
> HEBREOS 10:19-23, *énfasis del autor*

Nuestra confianza o plena certidumbre tiene su raíz en nuestra fe, que proviene de oír la Palabra de Dios, que a su vez incrementa por nuestra obediencia continua. Si pecamos, abogado tenemos para con el padre, y si somos rápidos en arrepentirnos, entonces nuestra conciencia estará libre de condenación porque su sangre nos lava más blancos que la nieve. Pero, si voluntariamente seguimos en pecado, entonces nuestra conciencia nos condenará, y Dios es mayor que nuestra conciencia. A su vez somos estorbados de acercarnos al Dios viviente con certidumbre.

Esperanza

Ahora vamos a ver la segunda declaración hecha en la Escritura antes mencionada. "Mantengamos firme, sin fluctuar, la profesión de nuestra esperanza". La esperanza muchas veces es malentendida, ya que no es una palabra "quizás sí". Más bien quiere decir "una expectativa confiada".

Cuando Dios se le apareció por primera vez a Abraham le prometió lo siguiente: "No temas, Abram; yo soy tu escudo, y tu galardón será sobremanera grande" (Génesis 15:1). Abraham no tenía *esperanza natural* de tener hijos con su esposa estéril así que su respuesta para Dios fue un poco desalentadora:

> Señor Jehová, ¿qué me darás, siendo así que ando sin hijo, y el mayordomo de mi casa es ese damasceno Eliezer? Dijo también Abram: Mira que no me has dado prole, y he aquí que será mi heredero un esclavo nacido en mi casa.
>
> GÉNESIS 15:2-3

Era claro, este hombre tenía poca esperanza o nada de ella, y Dios sabía que Abraham no podía recibir sus bendiciones a menos que la tuviera. Así que el Señor lo llevó fuera a contar las estrellas. Creo que así es como sucedió. Abraham finalmente se quedó dormido contando las innumerables estrellas. A la mañana siguiente el Señor lo despertó con un pregunta:

¿Las contaste todas?

Abraham dijo: ¡No, son demasiadas!

Dios tenía la respuesta que estaba buscando y siguió con: Así será tu descendencia (Génesis 15:5). Dios había puesto dentro de Él esperanza divina, una imagen clara de su promesa a Abraham, multitudes de hijos. Siempre que volteara a ver las estrellas recordaría la promesa de Dios y escucharía a incontables descendientes clamando: "¡Padre Abraham, padre Abraham!". En referencia a esto el Nuevo Testamento dice que Abraham:

> El creyó en esperanza contra esperanza, para llegar a ser padre de muchas gentes, conforme a lo que se le había dicho: Así será tu descendencia.
>
> ROMANOS 4:18

¿Qué fue lo que se le había dicho? "Así será tu descendencia". Sin esperanza natural, lo divino entró para ponerse por encima de lo visible con la promesa. La esperanza divina miró más allá de lo evidente hacia el plano de Dios de la expectación confiada. Abraham escogió poner lo divino sobre lo obvio. De hecho, la Escritura dice que estaba "plenamente convencido de que era también poderoso para hacer todo lo que había prometido" (Romanos 4:21). Recibió la promesa por fe facultado por la esperanza. Se nos dice:

> Es, pues, la fe la certeza de lo que se espera, la convicción de lo que no se ve.
>
> HEBREOS 11:1

Nuestra fe le da sustancia a la esperanza o a las promesas de Dios. Como hemos visto en Abraham, la esperanza divina es la visión o el plano de la voluntad de Dios que todavía no podemos ver con los ojos naturales. La esperanza divina es extremadamente importante , porque sin esperanza, la fe no tiene a que darle sustancia. La Palabra de Dios no solo pone fe dentro de nuestro corazón sino que también le da esperanza, o visión, a la fe.

Podría compararse con un grupo de materiales de construcción, como tejas, ventanas, losetas, madera, cemento, ladrillos y demás. Podríamos tener todos los recursos, pero sin el plano, ¡el proceso de construcción sería un desastre! Quizá pienses: *Yo podría edificar sin planos*. Posiblemente si tuvieras el plano en tu mente, pero siempre sería necesario tener algún tipo de plan.

Entrar a la presencia detrás del velo

Con respecto a la intimidad, consideremos nuevamente lo que dice nuestro pasaje base:

> Así que, hermanos, teniendo *libertad* para entrar en el Lugar Santísimo por la sangre de Jesucristo, por el camino nuevo y vivo [...] *acerquémonos* con corazón sincero, *en plena certidumbre de fe*, purificados los corazones de mala conciencia, y lavados los cuerpos con agua pura. *Mantengamos firme, sin fluctuar, la profesión de nuestra esperanza*, porque fiel es el que prometió.
>
> HEBREOS 10:19-23, *énfasis del autor*

El escritor está halando claramente sobre acercarnos al Señor. Nuevamente observa las palabras: "Mantengamos firme, sin fluctuar, la profesión de nuestra esperanza". Recuerda que la esperanza es un plano, una visión, una imagen divina que no podemos ver con el ojo natural. Con esto en mente lee con cuidado lo siguiente:

Porque los hombres ciertamente juran por uno mayor que
ellos, y para ellos el fin de toda controversia es el juramento
para confirmación. Por lo cual, queriendo Dios mostrar más
abundantemente a los herederos de la promesa la inmutabi-
lidad de su consejo, interpuso juramento; para que por dos
cosas inmutables, en las cuales es imposible que Dios mienta,
tengamos un fortísimo consuelo los que hemos acudido para
asirnos de la esperanza puesta delante de nosotros. La cual
tenemos como segura y firme ancla del alma, y *que penetra
hasta dentro del velo.*

Hebreos 6:16-19, *énfasis del autor*

¿Lo ves? Si juntas estos dos pasajes tenemos:

Acerquémonos con corazón sincero, *en plena certidumbre de
fe* [...] *Mantengamos firme, sin fluctuar, la profesión de nuestra esperanza,* porque fiel es el que prometió [...] la esperanza puesta delante de nosotros. La cual tenemos como segura
y firme ancla del alma, *y que penetra hasta dentro del velo.*

Hebreos 10:22-23; 6:19, *énfasis del autor*

La versión de la Biblia en inglés *The New Living Bible Translation* [La nueva versión de la Biblia viviente] lo dice así: "Nos guía a
través de la cortina del cielo al santuario interior de Dios". Fue Dios
quien le dio a Abraham la clara visión de la esperanza divina. Cuando hablamos de intimidad, el Espíritu Santo da la visión divina que
nuestros ojos terrenales no pueden ver, el Señor mismo que mora en
el salón del trono del cielo. Cuando nos acercamos nos volvemos al
Espíritu de Dios dentro de nosotros, y traspasamos el velo de nuestra
carne y de nuestro pensamiento limitado natural, y entramos en su
presencia. Una vez allí, hemos pasado al santuario interno del cielo
donde nos encontramos con el Padre y con Jesús. ¡En este santuario
interno experimentamos intimidad con la Gloria del Señor!

Los creyentes a menudo intentan imaginarse entrando a un salón
del trono mientras oran. No obstante, sin la ayuda del Espíritu Santo
esto podría asemejarse a la inhabilidad de Abraham de apropiarse de
la promesa sin la visión. Solo después de que el Señor mismo le pin-
tó una imagen clara fue que Abraham pudo asirse de lo que Dios le
había prometido.

No podemos experimentar verdadera intimidad cercana en el santuario interno sin el Espíritu Santo. Nos da la esperanza, o la visión clara, de lo que nuestro ojo natural no puede ver. Con esta visión, nos acercamos con plena certidumbre de fe y con libertad disfrutamos lo que Jesús pagó por un tan alto precio para que vivamos en ello. ¡Ay, gracias, Jesús, por derramar tu sangre real para que nosotros pudiéramos entrar con confianza a la misma presencia de Dios, tanto ahora como para siempre!

PREGUNTAS DE ESTUDIO

1. La palabra bíblica esperanza (expectación confiada) es contrastada con la esperanza "quizá sí" que se ha desarrollado en el idioma español. ¿Te has descubierto diciendo palabras al aire con una actitud "quizá sí", sin una expectación confiada? Si así fue, ¿qué te dice esto de la condición de tu fe?

_____

_____

_____

_____

2. Los creyentes han hecho dos preguntas desde el tiempo de los apóstoles. Las preguntas son sumamente similares en las palabras que utilizan, pero profundamente distintas en lo que preguntan:

   • ¿Cómo obtenemos la fe?

_____

_____

_____

   • ¿Cómo incrementamos la fe?

_____

_____

_____

De lo que has aprendido en este capítulo, ¿cómo responderías estas preguntas?

3. Al comparar la naturaleza de la obediencia de Saúl con la de David, ¿qué diferencias encuentras? ¿De qué manera su obediencia influyó en su intimidad con Dios?

_____

_____

_____

_____

4. ¿De qué manera la obediencia afecta nuestra habilidad para acercarnos con libertad a Dios?

_____

_____

_____

_____

CAPÍTULO CATORCE

ACÉRCATE A ÉL

Puedes atreverte a acercarte a Él, porque Él
te ha extendido su invitación eterna.

E n este último capítulo, voy a abordar un lado más práctico de
acercarnos al que nos ama tan ricamente. Pero, hacer esto podría
compararse a darle un instructivo detallado al que está a punto de
casarse sobre cómo entrar en intimidad en la alcoba. Sólo se puede
enseñar hasta cierto punto y el resto fluye del corazón. Y precisamen-
te en eso yace la belleza de la intimidad: florece de nuestro corazón;
no se enseña desde nuestra mente.

Al acercarnos al Señor, necesitamos recordar que hemos sido creados a su imagen. Así como nuestra emociones son diferentes, también
las suyas. Así como necesitamos ser sensibles a los estados de ánimo de un amigo, también deberíamos de serlo con los del Señor. Por
ejemplo, hay momentos en los que debemos entrar en su presencia con
cántico; otras veces con quebrantamiento; tiempos para entrar con
libertad, y momentos para entrar temblando. Vamos a experimentar
tiempos de risa, y tiempos de llorar, tiempos de guerrear con su ayuda
contra las fuerzas de las tinieblas, y tiempos de paz y tranquilidad en
su maravillosa presencia.

Un ejemplo de estos últimos contrastes seria un hogar bajo la
amenaza de ataque de bandidos. Supón que los bandidos están a punto de abrir la puerta trasera. Imagínate que en ese momento uno de
los hijos se acerca a su Padre que está buscando un arma diciéndole:
"Papá, yo creo que eres el mejor. Siempre nos provees, eres divertido
e inteligente..."

El padre interrumpiría a su hijo fríamente diciéndole: "¡Este no es
momento para que me hables de tus sentimientos, ve y toma tu bate
de béisbol y acompáñame a la parte trasera de la casa!".

Tienes que recordar que nosotros, la Iglesia de Jesucristo, somos la casa de Dios. Hay enemigos verdaderos. Así que en momentos he entrado en oración y el impulso del Espíritu Santo era luchar, y la manera en la que me ha guiado a pelear ha sido variada también. Puede ser por medio de hablar la Palabra, orar fuertemente en el Espíritu o incluso mediante fuertes alabanzas (como Josafat y el ejército de Israel, lee 2 Crónicas 20:20-24). No solo nosotros debemos ser sensibles a la atmósfera, sino ser sensibles a cómo llevar a cabo su deseo también.

De vuelta a nuestro ejemplo; miremos el otro lado de la moneda. Imaginemos la misma casa: todo está bien, y el padre está descansando cerca de la chimenea. Esta vez su hijo entra con su casco puesto y con el bate de béisbol en las manos gritando: "¡Vamos a darles duro, papá!".

El padre podría mirarlo y decirle: "Hijo, no hay nada contra qué pelear por el momento; por qué no te sientas aquí junto a mí y disfrutamos de nuestra compañía".

Estoy seguro que ahora puedes pensar en muchos otros escenarios semejantes. Incluso hay varios momentos y temporadas de oración. Las Escrituras hacen referencia a cualquiera de los mencionados anteriormente y más. La clave es conocer lo que está en el corazón de Dios en el momento.

Los intereses de Dios

¿Cómo te sientes si un amigo viene a ti con sus propios intereses en mente? ¿Cómo se siente un padre si su hijo solo se acerca para hacerle peticiones? ¿Abrirías tu corazón a los egoístas, o a los que no tienen compasión? Si vamos a tocar el corazón de Dios debemos buscar saber lo que Él desea y necesita. Ah, sí: ¡necesita! Aunque Él es omnipotente, todopoderoso y no carece de nada, aun así le ha dado a la humanidad libre albedrío y ciertas libertades en la tierra. Al hacerlo se volvió vulnerable. A causa de la caída del hombre, junto con las fuerzas de las tinieblas para desviarlo, atraparlo y atormentarlo hay muchos en necesidad y dolor. Él anhela moverse a su favor y espera que alguien clame por ellos. Por esta razón vas a encontrar que el Señor está sumamente cerca de los intercesores y trae su ayuda por la gracia de Dios a las personas en dolor. Jesús dice en el trono del juicio:

Porque tuve hambre, y me disteis de comer; tuve sed, y me disteis de beber; fui forastero, y me recogisteis; estuve desnudo, y me cubristeis; enfermo, y me visitasteis; en la cárcel, y vinisteis a mí.

MATEO 25:35-36

Aquí ves al Señor de gloria, el que posee toda la autoridad y poder en el universo diciendo que estaba en necesidad. Su necesidad es nuestra, aquellos a los que Él ama. Porque dice: "En cuanto lo hicisteis a uno de estos mis hermanos más pequeños, a mí lo hicisteis" (Mateo 25:40). Los que interceden, los que dan ayuda física, predican la liberadora Palabra de Dios, sanan heridas por medio del poder de Dios, y demás, van a encontrar su corazón más rápido que nadie más.

En cierto punto, el pueblo de Dios estaba presentándose delante de Él diligentemente, y les dijo: "Que me buscan cada día, y quieren saber mis caminos" (Isaías 58:2). Sin embargo, el Señor no les estaba respondiendo. La gente comenzó a preguntar por qué Dios no se estaba acercando a ellos. No podían dilucidar por qué no respondía sus oraciones. Luego dijo:

He aquí que en el día de vuestro ayuno buscáis vuestro propio gusto, y oprimís a todos vuestros trabajadores. He aquí que para contiendas y debates ayunáis y para herir con el puño inicuamente; no ayunéis como hoy, para que vuestra voz sea oída en lo alto.

ISAÍAS 58:3-4

Observa que estaban en contiendas y debates. Volvamos al versículo base de este libro: "Acercaos a Dios, y él se acercará a vosotros". Vas a encontrar que Santiago comienza el capítulo diciendo:

¿De dónde vienen las guerras y los pleitos entre vosotros? ¿No es de vuestras pasiones, las cuales combaten en vuestros miembros? Codiciáis, y no tenéis; matáis y ardéis de envidia, y no podéis alcanzar; combatís y lucháis, pero no tenéis lo que deseáis, porque no pedís. Pedís, y no recibís, porque pedís mal, para gastar en vuestros deleites. ¡Oh almas adúlteras! [...] Someteos, pues, a Dios; resistid al diablo, y huirá de vosotros. Acercaos a Dios, y él se acercará a vosotros.

Pecadores, limpiad las manos; y vosotros los de doble ánimo, purificad vuestros corazones.

SANTIAGO 4:1-8

Allí lo tienes. Este es el paso práctico número uno: debemos perder nuestra vida por causa del Evangelio. Debemos vivir para sus deseos. Debemos amar lo que Él ama y odiar lo que Él odia. Lo que es importante para Él se vuelve importante para nosotros, lo que es vano para Él se vuelve vano para nosotros. ¡Debemos tener su corazón!

¿Esto significa que nuestra vida no tendrá momentos de refrigerio personal? ¿Dios le niega a su pueblo la recreación y el reposo? ¡Por supuesto que no! La Escritura nos dice que Dios "nos da todas las cosas en abundancia para que las disfrutemos" (1 Timoteo 6:17). Es cuando buscamos nuestros propios deseos para descuidar los suyos, que perdemos contacto con su corazón.

Están los que creen que no están cumpliendo con los deseos de Dios a menos que estén ayudando físicamente a los pobres. Si esto fuera cierto, entonces por qué cuando las viudas estaban en necesidad Pedro dijo: "No es justo que nosotros dejemos la palabra de Dios, para servir a las mesas. Buscad, pues, hermanos, de entre vosotros a siete varones de buen testimonio, llenos del Espíritu Santo y de sabiduría, a quienes encarguemos de este trabajo. Y nosotros persistiremos en la oración y en el ministerio de la palabra" (Hechos 6:2-4). Pedro se dio cuenta de que había quienes podían ministrar a las necesidades de los pobres (personas necesitadas) mediante alimentarlos con la Palabra de Dios, y otros que podían satisfacer sus necesidades físicas. Pero todos tienen una cosa en común: están satisfaciendo la necesidad de Jesús: "Porque tuve hambre, y me disteis de comer…".

Los que tienen el interés del Señor en su corazón son los que van a acercarse con mayor facilidad a Él. Moisés era un hombre así, porque pastoreó al pueblo de Dios con los intereses del Señor en mente, él era sensible al corazón de Dios y tenía una rica comunión con Él.

Dios habló de Josías que era un buen líder y dijo de él: "El juzgó la causa del afligido y del menesteroso, y entonces estuvo bien. ¿No es esto *conocerme a mí*? dice Jehová" (Jeremías 22:16, *énfasis del autor*).

Los que llevan a cabo sus ministerios bien, sea ayudando, presidiendo, enseñando, administrando, dando y demás van a acercarse a Él con mayor facilidad que los que tienen sus propios programas impulsando su vida e incluso su ministerio. Porque el Señor mismo dijo: "¿No es esto *conocerme a mí*?".

Acércate a escuchar

El siguiente consejo práctico que se les puede dar a los que se acercan al Maestro se encuentra en el siguiente pasaje:

Cuando fueres a la casa de Dios, guarda tu pie; y acércate más para oír que para ofrecer el sacrificio de los necios; porque no saben que hacen mal. No te des prisa con tu boca, ni tu corazón se apresure a proferir palabra delante de Dios; porque Dios está en el cielo, y tú sobre la tierra; por tanto, sean pocas tus palabras. Porque de la mucha ocupación viene el sueño, y de la multitud de las palabras la voz del necio.

ECLESIASTÉS 5:1-3

Vamos a aislar la primera parte. Leemos: "Acércate más para oír que para ofrecer el sacrificio de los necios". He descubierto que hay muchos que cada vez que se acercan a Dios vienen hablando o cantando. Esto es ciertamente válido; no obstante, he encontrado mucho éxito en acercarse a Él en silencio y escuchar antes de decir una palabra, o cantar una canción de alabanza.

Recientemente, estaba con el pastor de una iglesia grande y poderosa. En la comida me dijo: "John, he llegado a un punto en el que le he dicho al Señor: 'Estoy cansado de venir a esta habitación cada mañana y escucharme a mí mismo hablar si ninguna respuesta. Así que hasta que no me hables voy a venir aquí cada mañana solo a escuchar'".

Pasaron varias mañanas porque el Señor estaba probando la sinceridad de su corazón, pero una mañana entró a la habitación y de pronto el Espíritu Santo comenzó a hablarle. Fue en este periodo que Dios le dio las revelaciones más poderosas que le ha dado, y las proclamó delante de su gente durante varias semanas. Su vida de oración ha sido revolucionada.

He aprendido que una manera sumamente poderosa de entrar a la presencia de Dios es tomar mi Biblia y leer un pasaje (especialmente de Salmos o del Nuevo Testamento); no muchos versículos sino solo uno, y algunas veces, incluso, medio versículo, para meditar en él y luego leer lentamente otro y de un momento a otro la presencia de Dios se manifiesta. Entonces dejo de leer y me enfoco solo en Él para que me enseñe lo que ha de venir.

En cualquier caso suele ser sumamente eficaz entrar a su presencia a escuchar antes de hablar. He llegado a reuniones de alabanza y primero tranquilizo mi mente y miro hacia dentro al Espíritu de Dios para sentir su deseo o su humor. Y luego comienzo a cantar con los ministros de alabanza. No siempre es así, ya que hay otras veces en las que me he acercado a Él de inmediato con acción de gracias, alabanza o regocijo fluyendo de mi corazón. Como si el Espíritu de Dios estuviera diciendo: "¡Vamos!". Porque la Escritura también nos dice:

> Lleguemos ante su presencia con alabanza; Aclamémosle con cánticos.
>
> SALMOS 95:2

Y otra vez:

> Servid a Jehová con alegría;
> Venid ante su presencia con regocijo.
>
> SALMOS 100:2

Así que encontramos que la Escritura aquí nos exhorta a venir a la presencia de Dios con cánticos y acciones de gracias, mientras que la escritura anterior nos invita a acercarnos a escuchar. Todo se resume en ¡ser sensibles a Él! Así como no le puedes dar a una persona un proceso paso a paso de cómo hacerle el amor a su esposa, así es cuando nos acercamos al Señor para tener intimidad.

¿Puedes imaginarte a un hombre en su noche de bodas con una tarjeta de recordatorio punto por punto para tener intimidad con su esposa? Toma la tarjeta y lee, paso uno: decirle que es hermosa. Paso dos: acariciarle el cabello. Paso tres: apagar la luz. Paso cuatro: (recórcholis, no lo puedo leer sin luz, voy a necesitar una linterna). ¡Qué absurdo! Sin embargo, así de absurda es la manera en la que algunos oran. Han perdido la habilidad de tocar y sentir su corazón. Pero no me malentiendas, hay ciertas directrices que seguir de parte de la Escritura, pero tenemos que venir con la ayuda del Espíritu de Dios, porque la Escritura claramente nos dice: "Porque la letra mata, mas el espíritu vivifica" (2 Corintios 3:6). Así que el Espíritu de Dios puede dirigirnos a interceder, cantar, gritar, clamar, estar en silencio y demás.

Otra cosa que se nos exhorta es que no nos demos prisa con nuestra boca o con nuestras peticiones. Incluso las relaciones naturales nos muestran esto. Cuando alguien parlotea, tendemos a no escucharlo con demasiada atención. Sin embargo, cuando una persona escoge sabiamente sus palabras, escuchamos con atención, aun y cuando hablen frecuentemente. Por esta razón mucho de mi tiempo de oración lo paso en silencio, hablando en lenguas o hablando la Palabra de Dios.

Sé que cuando oro en lenguas estoy orando conforme a la voluntad perfecta de Dios. El Espíritu Santo me está dando palabras para presentárselas a mi Padre celestial en el nombre de Jesús. ¡No puedo orar de manera incorrecta ni decir palabras vanas cuando estoy en el Espíritu! Cuando estoy hablando su Palabra escrita también descubro que me edifica, lo cual, por supuesto, abarca mi mente. Por eso es que orar con el entendimiento es tan importante.

Sin embargo, cuando sé que estoy en su presencia y estoy escuchando es cuando la revelación, la comprensión y la sabiduría viene. Es tan importante que le demos al Señor tiempo para hablarnos. ¿Puedes imaginarte a alguien que cada vez que se acercara a ti hablara sin parar y no te diera la oportunidad de decir una sola palabra? Creo que así es como el Espíritu Santo algunas veces se siente con nosotros. Necesitamos escuchar, así como también hablar. ¡Recuerda, la oración es un diálogo, no un monólogo!

Múltiples maneras de impartición

Cuando Dios se acerca a nosotros, se revela a sí mismo y sus caminos. Nos muestra cosas grandes y ocultas que no conocemos (Jeremías 33:3). La clave para entender esto es que tenemos que darnos cuenta de que hay diferentes maneras en las que el nos imparte cuando viene. Algunas veces sólo lo vamos a escuchar hablar. Puede ser una voz fuerte en nuestro corazón, que algunas veces se puede confundir con una voz audible que escuchamos con nuestros oídos físicos o puede ser un silbo apacible que escuchamos en lo profundo de nuestro corazón, que, como en las demás maneras, siempre viene acompañada de paz interna y se alinea con la Escritura. Algunas veces, nos comunica algo por medio de otro creyente o líder. Cuando hablan, o cuando leemos sus escritos, sucede una explosión dentro de nuestro corazón. Puede escoger hablarnos por medio de un sueño o una visión. Otras veces, encuentro que esta forma es bastante frecuente, simplemente sabemos cosas que antes no sabíamos. También hay frecuentes ocasiones en el que deposita su Palabra y que nos está velada hasta que hablamos. Cuando abrimos la boca y hablamos viene la iluminación de parte de Dios.

Esta es la forma que sucedió con Pedro el día de Pentecostés. Antes de que la presencia de Dios viniera sobre él realmente solo tenía un conocimiento mental de la Palabra de Dios, con la excepción de la revelación que le dio Dios acerca de que Jesús es el Cristo (Mateo 16). Aparte de esa revelación, casi cada vez que hablaba de lo espiritual se metía un pie en la boca. Al estar en el aposento alto, intentó llevar a cabo algún tipo de administración espiritual al escoger sustituto para Judas. Era obvio, por el fruto, que fue prematura, ya que el hombre escogido jamás se vuelve a mencionar; y más tarde Pablo habla de si mismo como "un abortivo" (1 Corintios 15:8). Al parecer, Pablo fue la selección de Dios para reemplazar a Judas, y no el intento de Pedro fuera de tiempo de escoger a un hombre echando suertes.

En esencia, Pedro en lo espiritual parecía estar continuamente fuera de tiempo. No obstante, una vez que Dios se acercó a Él, en pocos instantes estaba hablando un mensaje profundo y poderoso acerca de Joel y los Salmos para explicar lo que les acaba de suceder a los 120. No podía haber estudiado un mensaje tan profundo en los momentos antes de que las multitudes se juntaran. Ahora, casi instantáneamente, había adquirido un conocimiento que nunca había tenido antes. No solo Pedro, sino también todos los demás, instantes después de que la presencia de Dios vino sobre ellos todos comenzaron a hablar "las maravillas de Dios" (Hechos 2:11).

Así que en esencia, hay maneras divinas en las que Él nos imparte cuando se acerca; pero algo es seguro, nunca seremos los mismos en todas y cada una de las veces que se acerque.

Una palabra final

Como dije en el primer capítulo de este libro, este mensaje no tiene el propósito de ser un mensaje de "cómo", porque la intimidad nunca ha sido un proceso paso por paso. Tiene el objetivo de ser un mapa del tesoro, que lleva al corazón de Dios. Creo que es un mensaje profético, un llamado de su corazón a todos nosotros, los que Él tan apasionada y afectuosamente desea. Si dedicamos la energía y el tiempo para seguir el mapa que establece la Palabra de Dios en este libro, con toda seguridad encontraremos la presencia y el corazón de Dios. Porque recuerda, su promesa de acercarse a nosotros de manera individual, si primero nos acercamos a Él, no es un asunto al tanteo; más bien es una promesa de su Palabra que Él siempre va a honrar y que nunca se apartará de ella.

Permíteme terminar este libro con algunos versículos más que te van a inspirar a acercarte a Él:

Porque Jehová abomina al perverso; mas su comunión íntima es con los justos.

PROVERBIOS 3:32

Pero en cuanto a mí, el acercarme a Dios es el bien.

SALMOS 73:28

Cercano está Jehová a todos los que le invocan, a todos los que le invocan de veras. Cumplirá el deseo de los que le temen; oirá asimismo el clamor de ellos, y los salvará. Jehová guarda a todos los que le aman.

SALMOS 145:18-20

Y le haré llegar cerca, y él se acercará a mí; porque ¿quién es aquel que se atreve a acercarse a mí? dice Jehová.

JEREMÍAS 30:21

Puedes atreverte a acercarte a Él, porque Él te ha extendido su invitación eterna. Así que conságrate a ser uno de los que moren en su presencia. Él te está esperando... ¿qué estás esperando? ¡Acércate a Él!

Y a aquel que es poderoso para guardaros sin caída, y presentaros sin mancha delante de su gloria con gran alegría, al único y sabio Dios, nuestro Salvador, sea gloria y majestad, imperio y potencia, ahora y por todos los siglos. Amén.

JUDAS 24-25

PREGUNTAS DE ESTUDIO

1. ¿Antes de leer este capítulo, habías considerado que el Señor tiene "necesidades"? ¿De qué manera ministramos esas necesidades?

_____

_____

_____

_____

_____

2. ¿Qué tan importante es para ti escuchar hablar al Espíritu Santo? ¿Aunque tienes a la mano una riqueza de canciones de alabanza y adoración o de escritos llenos del Espíritu Santo, alguna vez has intentado acercarte a Dios en silencio? Considera intentar este ejercicio en la intimidad con Dios y escribe o comparte con otros lo que aprendas.

_____

_____

_____

_____

_____

3. En el primer capitulo, el autor describe este libro como un mapa del tesoro más que un mensaje de "cómo" acercarnos a Él. Al meditar en lo que has aprendido, ¿qué tesoros has descubierto? ¿Qué tesoros te quedan todavía por descubrir?

_____

_____

_____

_____

_____

NUESTRA NECESIDAD DE UN SALVADOR

Hay dos estándares para vivir; uno establecido por la sociedad y el otro establecido por Dios. Nuestra cultura puede considerar que tú eres "bueno" de acuerdo con sus parámetros, pero ¿qué piensa Dios? La Escritura dice que todo hombre ha sido destituido del estándar de Dios de lo que es correcto: "Como está escrito: No hay justo, ni aun uno" (Romanos 3:10) y otra vez: "Por cuanto todos pecaron, y están destituidos de la gloria de Dios" (Romanos 3:23).

Pecar significa errar el blanco del estándar de Dios. El hombre no fue creado para ser un pecador; más bien, Adán escogió este rumbo por su propia voluntad. Dios colocó al primer hombre, Adán, en un mundo hermoso sin enfermedad, dolencias, pobreza o desastres naturales. No había temor, odio, contienda, envidia y demás. Dios llamó a ese lugar Edén, el mismo huerto de Dios.

Adán decidió desobedecer el mandamiento de Dios y experimentó la muerte espiritual de inmediato, aunque no cayó muerto físicamente sino hasta cientos de años después. Las tinieblas entraron a su corazón, y su muerte espiritual difiere de su muerte física porque en la muerte física el cuerpo deja de tener vida; no obstante, la muerte espiritual se describe mejor como separación de Dios, el mismo dador y fuente de toda vida.

El pecado entró al ser de Adán y tuvo hijos conforme a esta naturaleza: "Y vivió Adán ciento treinta años, y engendró un hijo a su semejanza, conforme a su imagen" (Génesis 5:3).

Como padre, su descendencia nació conforme a su naturaleza y desde ese momento en adelante todos y cada uno de los seres humanos nacen a la imagen del pecado por medio de sus padres, Adán se entregó a sí mismo y entregó a sus descendientes a un nuevo señor: Satanás, y con esta cautividad el mundo natural siguió la misma suerte. Un señor cruel ahora tenía derechos legales sobre la amada creación de Dios. Esto es claro en los siguientes versículos: "Y le llevó el diablo a un alto monte, y le mostró en un momento todos los reinos de la tierra. Y le dijo el diablo: A ti te daré toda esta potestad, y la gloria de ellos; porque *a mí me ha sido entregada*, y a quien quiero la doy" (Lucas 4:5-6, *énfasis del autor*).

Observa que le había sido entregada. ¿Cuándo? La respuesta es en el huerto, ya que Dios originalmente le había dado el dominio de la tierra al hombre (lee Génesis 1:26-28), Adán lo perdió todo... y esto lo incluía a él y a su simiente por todas las generaciones. Nuevamente leemos: "El mundo entero está bajo el maligno" (1 Juan 5:19).

Antes de que Dios sacara a Adán del huerto, hizo una promesa. Un libertador se levantaría y destruiría el cautiverio y esclavitud a la que la humanidad había sido sujeta.

Este libertador nació cuatro mil años después de una virgen llamada María. Tenía que ser virgen ya que el padre de Jesús fue el Espíritu Santo que la hizo concebir. Si Jesús hubiera nacido de padres naturales hubiera nacido bajo el cautiverio de Adán.

Fue engendrado por Dios y su madre fue humana. Esto lo hizo completamente Dios y completamente humano. Tenía que ser un hijo de hombre, el que comprara nuestra libertad. Por esta razón Jesús constantemente se refirió a sí mismo como el "Hijo del hombre". Aunque estuvo con el Padre desde el principio, se despojó de sus privilegios divinos y se hizo hombre con el fin de darse a sí mismo como una ofrenda por el pecado.

Cuando fue a la cruz, llevó el castigo por nuestro pecado sobre sí mismo para liberarnos de nuestra esclavitud. La Escritura declara: "Quien llevó él mismo nuestros pecados en su cuerpo sobre el madero, para que nosotros, estando muertos a los pecados, vivamos a la justicia" (1 Pedro 2:24).

Es asombroso: el hombre pecó contra Dios, mas Dios (manifiesto en la carne) pagó el precio por el grave error del hombre. Nuevamente leemos: "Al que no conoció pecado, por nosotros lo hizo pecado, para que nosotros fuésemos hechos justicia de Dios en él" (2 Corintios 5:20-21).

Observa que dice: para que fuésemos hechos justicia de Dios. No recibimos la libertad por la que pagó un precio tan grande hasta que no creemos en nuestro corazón que murió por nosotros y que resucitó de los muertos. Y al recibirlo como nuestro Señor; en ese momento es que se convierte en nuestro Salvador personal. Como la Escritura declara: "Mas a todos los que le recibieron, a los que creen en su nombre, les dio potestad de ser hechos hijos de Dios; los cuales no son engendrados de sangre, ni de voluntad de carne, ni de voluntad de varón, sino de Dios" (Juan 1:12-13).

Cuando recibimos a Jesucristo como nuestro Señor y Salvador personal, morimos y renacemos espiritualmente. Morimos como esclavos en el reino de Satanás y nacemos como nuevos hijos de Dios en su Reino. ¿Cómo sucede esto? Simple, cuando creemos esto en nuestro corazón todo lo que tenemos que hacer es confesar con nuestra boca a Jesús como Señor, y somos nacidos de nuevo. La Escritura afirma esto: "Que si confesares con tu boca que Jesús es el Señor, y creyeres en tu corazón que Dios le levantó de los muertos, serás salvo. Porque con el corazón se cree para justicia, pero con la boca se confiesa para salvación" (Romanos 10:9-10).

¡Así de simple! No somos salvos por nuestras buenas obras. Nuestras buenas obras jamás podrán hacernos ganar un lugar en su Reino. Porque si así fuera, Cristo hubiera muerto en vano. Somos salvos por su gracia. Es un regalo gratuito que no nos podemos ganar con esfuerzos. Todo lo que tenemos que hacer es renunciar a vivir para nosotros mismos y entregarle nuestra vida al Señor, que significa Amo Supremo. "Y por todos murió, para que los que viven, ya no vivan para sí, sino para aquel que murió y resucitó por ellos" (2 Corintios 5:15).

Así que si crees que Cristo murió por ti y estás dispuesto a darle tu vida y ya no vivir para ti mismo; entonces podemos hacer esta oración juntos y vas a convertirte en un hijo de Dios:

Dios en el cielo, reconozco que soy un pecador y que he sido destituido de tu estándar de justicia. Merezco ser juzgado por la eternidad por mi pecado. Gracias por no dejarme en este estado, porque creo que enviaste a Jesucristo, tu único Hijo, que nació de la virgen María, para morir por mí y llevar mi castigo en la cruz. Creo que Él resucitó al tercer día y que ahora está sentado a tu diestra como mis Señor y mi Salvador. Así que en este _____ de _____ de 20___ , entrego mi vida por entero al señorío de Jesús.

Jesús, te confieso como mi Señor y mi Salvador. Entra en mi vida por tu Espíritu y transfórmame en un hijo de Dios. Renuncio a todas las cosas de las tinieblas de las cuales alguna vez me tomé, y desde este día en adelante ya no vivo para mí mismo, sino para ti que te diste a mí para que pueda vivir para siempre.

Gracias, Señor; mi vida ahora es completa en tus manos y en tu corazón, y de acuerdo con tu Palabra nunca seré avergonzado.

Ahora has sido salvo; eres un hijo de Dios. ¡Todo el cielo se está regocijando contigo en este mismo momento! ¡Bienvenido a la familia!

CÓMO SER LLENO DEL ESPÍRITU SANTO

Recibir la llenura del Espíritu Santo es tan fácil como recibir a Jesús como tu Señor y Salvador. Algunos luchan, se desaniman y no pueden recibir muchas veces debido a la falta de instrucciones básicas bíblicas antes de pedir ser bautizados. He aprendido que siempre es mejor mostrarle a los creyentes lo que Dios dice antes de orar, ya que esto desarrolla la fe para recibir. Así que antes de que te guíe en oración para recibir, primero permíteme enseñarte. (Nota: es importante que hayas terminado de leer el capítulo 11 antes de avanzar.)

Primero que nada, ya debes haber recibido a Jesucristo como tu Señor y Salvador personal (lee Juan 14:17).

No puede existir un patrón continuo de desobediencia en tu vida. Se nos dice que Dios da su Espíritu "a los que le obedecen" (Hechos 5:32). He aprendido por experiencia que esto especialmente incluye el área de la falta de perdón. En nuestras reuniones he visto muchas veces como cientos de personas reciben el Espíritu Santo y comienzan a hablar en lenguas, mientras que una docena o un par de los cientos se quedan mirando sorprendidos a los demás. En casi todos los casos al abordar a esos pocos que no reciben descubro que el Señor me guía a tratar con un resentimiento en sus vidas. Una vez que los creyentes perdonan de inmediato reciben y comienzan a hablar en lenguas. Así que antes de ir más allá, oremos juntos.

Padre, te pido que me examines y me muestres si hay alguna desobediencia en mi corazón. Por favor, muéstrame si hay alguna persona a la que no haya perdonado. He decidido obedecer y perdonar sin importar lo que me reveles. Te pido esto en el nombre de Jesús y muchas gracias.

¡Pare recibir al Espíritu Santo todo lo que tienes que hacer es pedirlo! Jesús simplemente dice: "¿Qué padre de vosotros, si su hijo le pide pan, le dará una piedra? ¿o si pescado, en lugar de pescado, le dará una serpiente? ¿O si le pide un huevo, le dará un escorpión? Pues si vosotros, siendo malos, sabéis dar buenas dádivas a vuestros hijos, ¿cuánto más vuestro Padre celestial dará el Espíritu Santo a los que se lo pidan?" (Lucas 11:11-13). Simplemente está diciendo que si nuestros hijos nos piden algo que queremos darles, no les vamos a dar algo diferente y malo. De la misma forma, si le pides al Padre por su Espíritu, no te va a dar un espíritu maligno. Todo lo que tienes que hacer es pedirle al Padre en el nombre de Jesús, y vas a recibir su Espíritu Santo.

Tienes que pedir con fe. El Nuevo Testamento nos dice que es imposible recibir de Dios sin fe. Santiago 1:6-7 dice: "Pero pida con fe, no dudando nada; porque el que duda es semejante a la onda del mar, que es arrastrada por el viento y echada de una parte a otra. No piense, pues, quien tal haga, que recibirá cosa alguna del Señor". Así que pregúntate en este momento: "¿Cuándo voy a recibir? ¿Será cuando hable en otras lenguas o en el momento en que pida?". Tu respuesta debe ser: ¡en el momento que pida! Porque en el Reino, creemos y luego recibimos. Los que no tienen fe dicen: "Ver para creer", pero Jesús dice: "Todo lo que pidiereis orando, creed que lo recibiréis, y os vendrá" (Marcos 11:24). Observa que crees primero y luego recibes lo que has pedido.

Hechos 2:4 dice: "Y fueron todos llenos del Espíritu Santo, y comenzaron a hablar en otras lenguas, según el Espíritu les daba que hablasen". Observa que ellos eran los que hablaban en lenguas, no el Espíritu Santo. Ellos tenían que hacerlo a medida que el Espíritu Santo les daba las palabras. ¡Así que hay que rendirse! Puedo estar dentro de un río de corrientes rápidas, pero si no levanto los pies y me rindo al fluir del río no voy a fluir con él. Así que hay tres áreas que debemos de rendir: Primero: nuestros labios. Si no muevo mis labios, las palabras, sin importar que estén en español, o en un idioma extranjero o celestial, no pueden salir de mi boca. Segundo: nuestra lengua. Si no muevo la lengua, no puedo hablar. Tercero: nuestra cuerdas vocales. Si no rindo mis cuerdas vocales a mis pulmones, entonces no puedo hablar.

En este punto quizá pienses que estoy siendo sarcástico, pero no es así. Después de años de ver a la gente batallar, he aprendido que muchos subconscientemente piensan que el Espíritu Santo va a tomar sus labios, su lengua y sus cuerdas vocales para hacerlos hablar. No, sino que hablamos, o nos rendimos a Él, según el Espíritu nos dé que hablar.

Jesús dice: "El que cree en mí, como dice la Escritura, de su interior correrán ríos de agua viva. Esto dijo del Espíritu que habían de recibir los que creyesen en él; pues aún no había venido el Espíritu Santo, porque Jesús no había sido aún glorificado" (Juan 7:38-39).

Cuando pides el Espíritu Santo, quizá tienes una sílaba burbujeando o moviéndose en tu cabeza. Si la hablas en fe, será como abrir una presa, y el idioma saldrá. Me gusta verlo como una madeja de hilo en tus entrañas y la punta o el principio del hilo se asoma en tu lengua, pero al comenzar a tirar de él (a hablar), sale el resto del hilo. Algunos piensan que van a tener todo el idioma en la mente cuando hablen. No es así, tenemos que hablar en fe.

Recuerdo que cuando mi esposa oró para recibir el Espíritu Santo no habló en lenguas durante un tiempo; luego ella y unas amigas estaban orando y comenzó a hablar en lenguas. Entonces ella dijo: "Tenía una silaba rondando mi cabeza durante estas dos semanas al orar, pero no me rendí a ella hasta anoche". Creo que así es para muchos: piden y reciben, pero no se rinden.

La Escritura declara: "Y los espíritus de los profetas [de los que hablan] están sujetos a los profetas" (1 Corintios 14:32, *énfasis del autor*). Esto simplemente nos dice que nosotros somos los que hablamos, y que el Espíritu Santo no nos va a forzar a hacerlo. Recuerdo que al siguiente día después de que fui bautizado en el Espíritu Santo ya no sabía cómo volver a orar en lenguas. Así que me acerqué a otro hermano en el gimnasio y le pregunté: "¿Cómo puedo hacerlo otra vez?". Él me dijo: "¡John, solo hazlo!". Salí a correr y comencé a hablar en lenguas mientras corría. Estaba sobrecogido de gozo. Debemos de recordar que el Espíritu Santo siempre está listo; nosotros somos los que debemos rendirnos. Es como una fuente de agua, el agua siempre está allí; todo lo que hay que hacer es darle vuelta a la llave y sale el agua. ¡Así que ora en lenguas frecuentemente!

Ahora que has recibido las instrucciones básicas de la Escritura para hablar en lenguas, si crees que vas a recibir podemos orar juntos. Una cosa más, no puedes hablar español y francés al mismo tiempo. De igual modo no puedes hablar en español y en lenguas al mismo tiempo. Así que recuerda: ¡solo cree y ríndete! Vamos a orar:

Padre, en el nombre de Jesús, vengo a ti como tu hijo. Tú dijiste que si te pedía el Espíritu Santo tú me lo darías. Con gozo ahora te pido en fe; por favor bautízame y llename en este mismo instante con tu Espíritu Santo. Recibo todo lo que tienes para mí incluyendo la habilidad de hablar en lenguas. ¡Así que ahora en fe voy a hablar en nuevas lenguas! ¡Amén!

CASA CREACIÓN

Te invitamos a que visites nuestra página web, donde podrás apreciar la pasión por la publicación de libros y Biblias:

www.casacreacion.com

f @CASACREACION

@CASACREACION

@CASACREACION

Para vivir la Palabra